FERNANDO ALONSO

TOUTE UNE VIE EN FORMULE 1

MATTHIEU MASTALERZ

SOUS LA DIRECTION
DE FRÉDÉRIC VEILLE

City
Biographie

Retrouvez tous les titres City Editions :

www.city-editions.com

Photo de couverture : © Peter Fox/Getty Images
ISBN : 978-2-8246-2846-2
Code Hachette : 55 3391 8
Collection dirigée par Christian English et Frédéric Thibaud
Catalogues et manuscrits : city-editions.com

Dépôt légal : Mai 2025

Sommaire

1

« La valeur n'attend point le nombre des années »

Les débuts pour les pilotes de course ne suivent pas systématiquement le même schéma. Certains commencent très tôt, d'autres, bien plus tard. Quelques-uns ont baigné dans l'univers automobile grâce à leur famille, impliquée ou juste passionnée, quand beaucoup ont tout appris en autodidactes. Pour une poignée, ce fut un coup de foudre immédiat. Pour une section, la greffe mit plus de temps à prendre. Fernando Alonso appartient au premier de ces trois cas de figure.

Trois ans. C'est l'âge auquel Fernando toucha à son premier kart et disputa sa première course. Comment être étonné de voir l'homme si profondément ancré dans la compétition et la course automobile quand sa vie semble n'avoir tourné qu'autour de cela ? Il semblait y être prédestiné… à un détail près : son tout premier kart ne lui était pas adressé. Son père José Luis l'avait fabriqué pour sa grande sœur Lorena, de cinq ans plus âgée, qui n'était pas intéressée par l'engin. Les belles mécaniques ne furent jamais son rayon. Ainsi, Fernando en hérita. Et à un si jeune âge, il n'était pas tant question d'outil de compétition que de jouet. À 3 ans, un enfant commence à peine à courir et faire du vélo sans stabilisateur. Il n'y avait donc aucune arrière-pensée ni ambition de la part de son père à ce moment, même si la passion du sport automobile l'habitait. Mais dès le premier contact, quelque chose naquit au sein du petit Fernando Alonso Diaz.

S'il courut sa première course à 3 ans, on ne peut pas en dire autant de ses adversaires. On comptait des enfants allant jusqu'à 7 ou 8 ans. Inévitablement, il ne pouvait soutenir la comparaison, aussi bien au niveau de l'expérience que du matériel. Quand Fernando conclut son troisième tour, ses adversaires en avaient bouclé jusqu'à six fois plus. Ce n'était qu'un jeu pour lui. Ou presque. Car une fois la course finie, Alonso s'exclama avec joie qu'il avait gagné la course ! Il ne pouvait en être autrement, il n'avait jamais été aussi rapide de sa vie. Puis il fondit en larmes quand il comprit l'affreuse vérité. Le virus de la compétition l'avait pris et n'allait jamais le lâcher.

Mais comment piloter et se confronter aux autres à cet âge de façon régulière ? Grâce à José Luis Echevarria, un ami de la famille et promoteur de sport mécanique de la région, fut créée une catégorie pour les moins de 10 ans dans laquelle Fernando put se faire la main : on sentait que quelque chose de fort sommeillait en ce jeune garçon. Ainsi, il disputa près de vingt courses par an en moyenne, sur des circuits le plus souvent improvisés au milieu des rues et délimités par des bottes de paille. Il n'y a pas que la F1 qui a beaucoup progressé sur ce domaine depuis. Une fois, Fernando renversa même un chien qui s'envola sur le kart de son ami ! Sa sœur Lorena s'étonna après coup que ses parents, en particulier sa mère, aient laissé leur fils jouer à des jeux si dangereux. Mais comme Echevarria, son père avait compris que l'insouciance de la jeunesse n'était pas le seul moteur d'Alonso. José Luis alla jusqu'à mettre à contribution la fabrique d'explosifs pour laquelle il travaillait afin de faire construire un circuit de karting sur un terrain de l'usine, lui qui mettait déjà la main à la pâte pour les tracés improvisés sur lesquels Fernando courait.

L'entraînement porta ses fruits. Alonso finit par remporter sa première course peu avant ses 7 ans. Il réédita cette performance dans toutes les courses constituant le championnat enfant des Asturies, et gagna son premier titre officiel en 1988. Deux ans plus tard, il accéda à la catégorie cadets avec un an d'avance grâce au soutien d'un sponsor local. Car déjà à ce moment, l'aspect financier devint un problème pour les Alonso. Ce manque de fonds stoppa son père José Luis dans ses rêves de carrière et le poussa à suivre le chemin de son propre père dans l'usine d'explosifs. Malgré son propre emploi et celui de sa femme Ana Diaz, vendeuse de cosmétiques dans un centre commercial, il était évident que le soutien familial n'allait plus suffire. Tous deux avaient déjà multiplié les heures supplémentaires et les petites économies pour que Fernando sillonne la région et remporte ses courses locales de karting, ce dont il garda conscience tout au long de son apprentissage. « Honnêtement, je ne pensais pas pouvoir aller plus loin que le karting, le sport automobile étant réservé aux fils de riches ou à ceux qui bénéficient des dotations de leur filière. Jeune adolescent, je craignais qu'un jour nous ne puissions plus suivre financièrement[1]. » Il lui arriva même, lui, si déterminé, de vouloir abandonner pour soulager ses parents de cette pression qui n'était pas que financière : plus Alonso progressait en karting, plus il lui fallait se déplacer aux quatre coins du pays. Des milliers de kilomètres

1. Martine Camus, *Fernando Alonso. Le sacre de la jeunesse*, Chronosports, 2006.

à parcourir avant et après chaque course par ses parents, ce qui n'était pas de tout repos.

À terme, cette situation motiva Alonso. S'il voulait remercier ses parents, se faire remarquer et attirer des commanditaires susceptibles de payer les factures, il devait sortir du lot et gagner le plus possible, faire comprendre qu'il y avait un beau coup de pub à sponsoriser un jeune talent qui pourrait, avec un peu de chance, faire briller l'Espagne au plus haut niveau. Il se confronta hélas constamment à des portes closes car une difficulté s'ajoutait à son cas : contrairement à la France, l'Allemagne ou la Grande-Bretagne, l'Espagne n'était pas un pays féru de sport automobile. Elle ne figurait même pas au calendrier de la F1 de 1982 à 1985 et, lorsqu'il revint en 1986 à 1990 à Jerez de la Frontera, le Grand Prix se disputa dans l'anonymat avec des tribunes vides et une diffusion sporadique malgré la présence de pilotes hispaniques comme Adrian Campos et Luis Perez-Sala. Alonso lui-même ne vit pas sa première course avant ses 13 ans ! Ainsi, toute aide financière majeure durant sa formation ne provint pas de son pays.

Le soutien vint du milieu automobile lui-même. Sa famille finit par être en partie soulagée en 1993 lorsque Fernando remporta une course en Catalogne sous les yeux du patron de Genikart, une structure officielle. De plus, José Luis n'eut plus à jouer le mécanicien pour son fils, Fernando étant autonome désormais. Et le jeune pilote mit à profit ces nouvelles compétences en mécanique pour d'autres enfants contre rémunération. En fin d'année 1995, Genis Marco – patron de Genikart – et la firme Iame, une des équipes de pointe de la discipline, acceptèrent de prendre en charge les frais et de démarcher des commanditaires pour les longs déplacements. À partir de ce moment, Alonso ne coûta plus la moindre peseta à sa famille. Il commença à goûter aux épreuves internationales et finit troisième au championnat du monde junior, puis décrocha le titre en 1996, année où une rencontre allait lui permettre de toucher à la monoplace.

Un pilote déjà complet

Si José Luis croyait autant en Fernando, ce n'était pas par simple amour d'un père envers son fils. Il remarqua que, très vite, Fernando considéra de moins en moins la chose comme un jeu. Son désir de vaincre, cette compétitivité déjà exposée durant sa première course, devint sa marque de fabrique. Certes, tout pilote un tantinet compétitif devient allergique à la défaite ou, du moins, la digère très mal. Mais chez Alonso, ce point atteint un stade presque maladif. Chez lui, toute activité était bonne pour la compétition, et pas uniquement les échanges sportifs tels que le football ou le tennis. Sa sœur Lorena se souvient de leur enfance où, depuis le quatrième étage de leur immeuble sans ascenseur, la descente de l'escalier fit l'objet de nombreuses courses. Plusieurs journalistes eurent l'occasion d'observer son attitude, comme le commentateur belge Gaëtan Vigneron qui, durant un tournoi de tennis à Monaco tournant à son désavantage, vit Alonso s'en prendre à la terre entière, adversaires comme coéquipiers, jusqu'à l'organisateur du tournoi qu'il accusait d'avoir composé des paires déséquilibrées en termes de niveau ! On peut saisir d'où vient la mauvaise foi qui caractérise certains de ses comportements en F1.

Cette compétitivité, qui n'était pourtant pas héréditaire, Alonso l'assume pleinement. « Quelle que soit l'activité je cherche la compétition, j'ai toujours fait ça. Même avec des amis je finis toujours par dire : "Au meilleur des 5 points ?" Alors ils me disent : "Pourquoi casser cette harmonie ? On passe un bon moment, pourquoi ajouter une compétition ?" La vie sans compétition, ça me paraît impossible. J'ai besoin d'être compétitif. Si je ne suis pas doué au golf, je refuse d'y jouer. C'est un style de vie extrême. » Il lui arrivait d'être taquin sur le sujet avec ses proches. Un jour, il proposa à son compatriote et ami Pedro de la Rosa de s'entraîner avec lui sur un circuit de karting en Italie, que Pedro ne connaissait pas. Afin de le piéger, le sachant aussi méticuleux que lui, il lui envoya une caméra embarquée d'un autre circuit afin de prendre de l'avance !

Cette compétitivité maladive le poussa à développer un autre aspect de sa personnalité qui lui fait honneur : son perfectionnisme. Dès ses premières années en karting, il commença à aborder la chose de façon plus professionnelle. Il devait être le premier arrivé et le dernier parti. Il fallait mémoriser les circuits par cœur. Il cherchait à économiser son moteur et ses pneus pour mieux surprendre ses adversaires fatigués sur la fin, repérer les virages propices au dépassement aussi bien en tant que chasseur qu'en position de proie. Tout détail pouvait avoir son importance. C'est tout autant une manière d'être le plus compétitif possible que de se rassurer quand la pression se fait sentir, et de minimiser les chances d'échec. « Une façon d'être calme avant une course est de tout savoir à propos de la stratégie, des pneus, écouter les ingénieurs et stratèges jusqu'à quatre fois, demander quel est le plan. C'est mon approche afin d'être en confiance[1]. »

Ce perfectionnisme et ce besoin de tout enregistrer aboutirent à une de ses plus grandes qualités, à savoir

1. *High Performance Podcast*, 21 août 2023.

sa mémoire. Il passa maître dans l'art de retenir chaque virage des circuits de karting qu'il sillonnait, jusqu'aux temps réalisés l'année précédente, qu'il pouvait donner au millième près. « C'était un ordinateur qui mémorisait parfaitement les courses, où il avait attaqué et pourquoi[1] », dira José Luis Echevarria. Une mémoire qu'il développa au point de se souvenir d'éléments, en théorie réservés aux ingénieurs, que la majorité des pilotes ne relèvent pas. « Il est parfaitement clair qu'il se trouve à un niveau différent des autres pilotes avec lesquels j'ai travaillé, confia Will Joseph, son ingénieur performance de McLaren, en 2016 à *Motorsport Magazine*. Sans les rabaisser, ça tient à son expérience, à sa présence et sa capacité d'enregistrer un tas d'informations, laquelle est assez incroyable. Avec lui, on a un niveau de discussion qui dépasse celui qu'on attend d'un pilote, il évoque des idées auxquelles seuls les ingénieurs pensent en théorie. Il a tellement d'expérience qu'il est capable de penser à d'autres choses, de se soucier des détails les plus précis. Ça change votre façon de travailler. »

Une capacité assez rare mais que Fernando lui-même nuance. « Quand je commente ça à la radio, ils sont parfois surpris de voir que je pense à ça confie-t-il au podcast *High Performance*. Mais ce n'est pas que je m'en rends compte sur le moment en rassemblant toutes les informations à ma disposition, l'information était présente dès le matin quand j'ai étudié cette stratégie et ces possibilités. Ce n'est pas comme s'ils n'étaient pas au courant, c'était leur suggestion et leur stratégie et je me souviens de ce dont nous avions parlé quelques heures plus tôt. »

Or non seulement Alonso se souvenait de moult détails, mais il parvenait de plus à évoquer ces éléments de

1. Miguel Sanz, Marca.com, 11 février 2010.

réglage ou de stratégie en course tout en conservant un rythme soutenu. Cette capacité de réflexion, Alonso la développa probablement mieux que quiconque dans la F1 moderne. « Vous devez traiter ces pensées et prendre ces décisions très rapidement lors d'une course, car la voiture n'est pas la même – elle ne pèse pas le même poids, il y a moins de carburant et les pneus sont plus vieux. Vous pensez constamment dans la voiture à des moyens d'attaquer et de défendre. C'est comme si votre cerveau était un disque dur, tout ce que vous savez est sur ce disque dur et vous y accédez lorsque vous en avez besoin dans ces moments[1]. »

Niveau supérieur

En 1996, Fernando Alonso fit une rencontre qui influa grandement sur son avenir en sport automobile. Opposé à d'anciens pilotes de F1 durant une course de karting à Barcelone, Fernando se permit non seulement de doubler tous ces noms illustres, mais de leur prendre un tour vingt boucles plus tard ! On y trouvait des vainqueurs de Grands Prix comme Jacques Laffite ou René Arnoux, mais aussi les anciens pilotes espagnols Luis Perez-Sala et Adrian Campos. Ce dernier n'oublierait jamais ce moment. Il était désormais patron de sa propre équipe pour une nouvelle discipline de monoplaces, l'Euro Open Movistar by Nissan, plus communément appelée Formule Nissan. Lancée en 1998 par le promoteur hispanique Jaime Alguersuari (dont le fils du même nom courut en F1 de 2009 à 2011), elle offrait aux jeunes espoirs du coin une occasion de se faire la main avant de passer aux échelons supérieurs, voire

1. Alexandre C., Nextgen-Auto.com, 5 octobre 2024.

d'obtenir un volant en F1. C'est ce qui se produisit lorsque Marc Gene, pilotant pour Campos, remporta la saison inaugurale de la discipline : Minardi lui offrit un test, puis l'engagea pour 1999. Lorsqu'il fut temps de remplacer Gene, Campos avait déjà une idée en tête.

Pourtant, Alonso n'était pas certain de se lancer en monoplace dans un premier temps. Il se voyait bien faire carrière en karting, étant désormais payé par son équipe, et avec ses compétences de mécanicien, il pourrait à terme créer sa propre équipe. De plus, sa première expérience dans une monoplace, une Formule Fiat, ne lui laissa pas de bonnes sensations, car il la considérait comme grossière et moins amusante à piloter qu'un kart. Une expérience si désagréable qu'il colla cinq secondes aux autres pilotes présents ce jour-là, après avoir appris à passer les vitesses dans le parking du circuit !

En octobre 1998, Alonso connut son premier test d'importance en monoplace, un modèle construit par l'ancienne équipe de F1 Coloni. En termes de performances, elle se situait entre la Formule 3 et la F3000 (F2 aujourd'hui), avec un moteur Nissan de 250 chevaux. Il y avait donc un certain écart à franchir, qui pouvait s'avérer trop grand pour certains, entre les forces centrifuges plus importantes et le passage de rapports qui n'était pas encore instinctif pour un jeune homme de 17 ans. Marc Gene assista à la scène et finit par en rire. De consternation d'abord car il jugea l'entreprise absurde. Comment un adolescent dépourvu du permis de conduire pourrait-il s'en sortir au volant de ce bolide ? Pour finir, il rit jaune : Alonso avait rejoint les chronos du champion en titre à la fin de la journée. L'expérience fut si concluante que non seulement Campos l'engagea pour 1999, mais qu'il décida de prendre en charge tous ses frais. Il n'eut pas à le regretter. Si Fernando sortit de piste lors de la première manche, il menait avec plus de vingt secondes d'avance. Erreur des plus compréhensibles, et déjà pardonnée lorsqu'il remporta la seconde manche. Il n'y avait plus de quoi rire. Alonso accumula six victoires et neuf poles, et lutta pour le titre contre le Portugais Manuel Giao, de dix ans son aîné. Ce dernier mena la compétition jusqu'au round final sur le circuit permanent flambant neuf de Valence. Fernando fit parler la tête autant que le cœur lorsqu'il remporta la deuxième manche grâce à un arrêt anticipé, le fameux « undercut » très utilisé de nos jours. Le titre était à lui, ainsi qu'une opportunité précieuse, son premier test en F1.

2

Signes avant-coureurs

13 décembre 1999. Circuit de Jerez de la Frontera, plus tard renommé Angel Nieto en hommage au multiple champion motocycliste espagnol. Le tracé a accueilli le Grand Prix d'Espagne de 1986 à 1990, hélas sans grand succès côté affluence, d'où le déménagement vers Barcelone encore valable aujourd'hui. Jerez revint en 1994 puis en 1997 sous l'appellation Grand Prix d'Europe, un nom d'emprunt fréquent à l'époque au moment de placer deux courses du même pays au calendrier. La dernière édition offrit à Jerez ses lettres de noblesse puisqu'elle accueillit la finale du championnat cette année-là, avec la fameuse bataille entre Jacques Villeneuve et Michael Schumacher. Une lutte conclue par le coup de volant irrespectueux et infructueux de l'Allemand contre son rival, et le couronnement du Canadien. Depuis, Jerez restait un rendez-vous privilégié pour les compétitions de moto mais aussi un terrain d'essai pour la F1. Outre le climat idéal, le tracé disposait d'un panel varié de difficultés côté pilotage et réglages. C'est donc en ce lieu que Minardi organisa une séance d'essais. Une session anecdotique sur le moment, mais qui se révéla avec le recul

primordiale et assez révélatrice du pilote qui sommeillait en Fernando Alonso.

Si le test d'Alonso chez Minardi fut généralement crédité comme sa récompense à la suite de son titre en Formule Nissan, il n'était pas inclus dans cette séance à l'origine. L'opportunité fut surtout concrétisée grâce à l'appui d'Adrian Campos, qui avait encore des contacts dans l'équipe pour laquelle il pilota en 1987 et 1988. Aussi, avec la marque de téléphone locale Telefónica comme sponsor majeur, Minardi pouvait flatter un de ses principaux bailleurs de fonds et possiblement obtenir une rallonge budgétaire si elle enrôlait ce jeune Espagnol. Alonso allait donc être confronté à Giorgio Vinella, champion de F3000 italienne, et Peter Sundberg, lauréat en Formule 3 italienne. Tous les trois avaient pour valeur étalon Marc Gene, pilote Minardi en 1999 et auteur de débuts convaincants cette année-là. Lors d'une épreuve riche en péripéties au Nürburgring, il parvint à finir sixième et à marquer le premier point de l'équipe en quatre ans ! Il n'était donc pas qu'un pilote payant, lui qui avait ramené Telefónica chez Minardi.

Mais avant Jerez, Minardi fit un crochet par Valence afin d'y effectuer une démonstration. Celle-ci s'acheva dès le troisième tour après que Gene eut cassé son moteur ! Pour tuer le temps, on prépara la mise en place d'Alonso dans sa monoplace, en moulant notamment son siège en fonction de ses dimensions et de son confort. Et avant même de piloter la monoplace, Fernando fit forte impression auprès de ses mécaniciens. Nullement intimidé par la situation, Alonso se glissa dans le cockpit et demanda quelques ajustements avec une prestance et un regard dignes d'un vétéran. Voire… d'Ayrton Senna. Car oui, Frédéric Dhainaut, responsable de l'équipe d'essais de Minardi, et Gabriele Paglarini, le chef mécanicien, eurent le même sentiment au moment d'observer ce jeune Espagnol à peine majeur et parfaitement inconnu. Selon eux, Fernando avait le même regard que le légendaire pilote brésilien, encore considéré par beaucoup comme le plus grand de son sport. Les comparaisons plus ou moins pertinentes entre une star montante et Ayrton fleurirent dans les années suivant sa disparition mais celles-ci faisaient à la suite d'excellentes performances en piste. Ici, pas le moindre kilomètre n'avait encore été couvert que déjà deux vétérans de la F1 – Paglarini fut chef mécanicien chez Ferrari pour Alain Prost, rien que ça – étaient subjugués par l'aura que dégageait Fernando. Ce soir-là, tous deux n'eurent qu'Alonso comme sujet de conversation.

Le test n'allait qu'accentuer leur enthousiasme, et toute l'équipe en fut témoin. Fernando sortit des stands et prit la mesure de sa voiture sans aucun round d'observation. Le patron et fondateur Giancarlo Minardi s'en effraya en bord de piste « Mais qu'est-ce qu'il fait ? Il est fou ? Il roule trop vite, il faut l'arrêter tout de suite[1] ! » Minardi craignait sans doute un accident par excès de fougue, la dernière chose dont avait besoin une équipe au budget limité comme la sienne. On rappela donc Fernando aux stands avant de commettre l'irréparable. Le directeur sportif Cesare Fiorio, un autre ancien cadre de Ferrari, remonta gentiment les bretelles de l'Espagnol à son retour au stand. Il lui rappela qu'il pilotait une F1 et non une Formule Nissan, qu'il devait y aller lentement dans un premier temps et s'habituer à la voiture au lieu de tout donner. « Je vous assure, je roulais doucement. J'apprenais la piste en attendant de

1. Martine Camus, *Fernando Alonso. Le sacre de la jeunesse*, *op. cit.*

pousser un peu plus dans le deuxième tour[1]... » Telle fut la réponse d'Alonso. Qui confirma son ressenti puisque de retour en piste, il roula plus vite encore, au point de signer le meilleur temps provisoire ! Toujours pas rassuré, Minardi interrompit prématurément son roulage pour préserver l'intégrité de sa monoplace.

À la fin de la journée, Alonso avait signé un chrono de 1'43"474, soit une seconde de plus que Gene seulement, et deux de moins que Vinella. C'en était déjà assez pour que Frédéric Dhainaut veuille l'engager pour la saison 2000. « Un surdoué, un futur super champion », clama-t-il à son patron. À cet instant, la petite Scuderia n'avait pas encore officialisé son second pilote et Dhainaut souhaitait mettre le grappin sur Fernando avant que des équipes concurrentes et surtout plus richement dotées l'accaparent. Minardi le ramena à la raison : c'était encore trop tôt, même pour Alonso. À l'époque en F1, la plupart des débutants venaient des deux dernières disciplines qui précédaient la catégorie reine : la Formule 3 et la F3000. Si Gene fit ses débuts après son titre de Formule Nissan, c'était au bout de sept saisons en monoplace contre une seule pour Fernando. La donne n'allait, cela dit, pas tarder à changer.

Alonso eut donc droit à sa chance en F3000 après qu'un autre compatriote du milieu, le team manager Joan Villadelprat, l'eut aiguillé vers l'office belge Astromega, associé à l'équipe Benetton où il travaillait. Astromega avait une monoplace de libre durant un test à Barcelone après qu'un pilote avait été décommandé faute de pouvoir payer sa place. Il était trop tard pour adapter le baquet aux mensurations d'Alonso mais même ce détail n'émut pas l'Espagnol. Après tout, s'il avait maîtrisé une F1, une F3000 ne

1. *F1 Racing*, n° 63, mai 2004

poserait pas plus de difficultés. C'est donc tout naturellement qu'Alonso signa le deuxième meilleur temps de la journée. Une nouvelle première expérience éblouissante de plus. « Rien ne semblait l'intimider, cette performance m'a donné le frisson, je savais que je devais le signer[1] », dira le team manager Sam Boyle. Ce qu'il fit malgré la maîtrise toute relative qu'Alonso avait de l'anglais. Lors d'un test suivant à Silverstone en mars, sous un ciel typiquement britannique, lorsque son ingénieur lui demanda quels étaient ses progrès dans la langue de Shakespeare, sa réponse fut : « *Is fucking cold!* » (« Putain de froid ! »). « Sous-virage et survirage étaient les seuls autres mots qu'il connaissait », se souvient Chris Murphy, ancien chef designer chez Lotus dans les années 1990. Heureusement, ses progrès furent notables au bout de quelques mois.

Fernando rejoignit la F3000 au moment où la discipline était à son apogée. Non seulement la compétition se disputait en parallèle de la F1 sur les mêmes circuits, telles la F2 et la F3 de nos jours, mais pas moins de vingt et une équipes avaient participé au championnat l'année précédente, aboutissant à un plateau surchargé. La Fédération internationale de l'automobile fut contrainte d'imposer une limite de quinze équipes éligibles pour la saison 2000, espérant conserver les entités les plus solides. En ce sens, certaines d'entre elles s'allièrent directement avec les équipes engagées en F1, devenant une équipe satellite (une *junior team*, comme on disait dans le jargon), comme Astromega avec Benetton. Villadelprat finança l'engagement d'Alonso grâce à Telefónica, la marque espagnole qui soutenait également Gene chez Minardi, et que Fernando allait retrouver plus tard chez Renault. Notons aussi une marque déjà présente sur sa Formule Nissan, LeasePlan,

1. *Motorsport Magazine*, 5 février 2018.

une entreprise de location de véhicule qui régla elle aussi la facture. Son directeur marketing, à ce moment, était un certain Luis Garcia Abad, qui n'allait pas tarder à devenir le manager d'Alonso, ce qu'il est encore aujourd'hui.

« On va beaucoup entendre parler de ce jeune Espagnol »

Néanmoins, Alonso eut le plus grand mal à confirmer les belles promesses du test de Jerez dans un premier temps. Après huit courses sur dix, il figurait en vingt et unième position au championnat pilote avec un seul point marqué ! Si on se basait sur les simples chiffres, rien n'aurait pu annoncer la future star qu'il allait devenir. Payait-il les conséquences de son âge précoce et de son inexpérience latente par rapport à ses congénères ? En partie seulement. Les essais libres de F3000 étaient assez réduits pour ne pas empiéter sur ceux de la F1, ce qui pénalisait fatalement les plus novices comme lui. Mais surtout, il devait s'adapter à une monoplace préparée pour l'ancien pilote Astromega Gonzalo Rodriguez, troisième du championnat 1999, car les ingénieurs avaient mis du temps à lui accorder leur confiance. Naturellement, si on lie les mains d'un magicien, il ne peut pas faire ses meilleurs tours… Par conséquent, il enchaîna les résultats hors des points et les abandons en début de saison, accompagnés de certains coups du sort telle sa disqualification à Silverstone. La raison ? Les fixations reliant le moteur au châssis dépassaient le diamètre réglementaire ! Preuve absolue qu'en sport automobile, chaque détail même infime peut avoir son importance. Une leçon qu'Alonso se chargea bien d'apprendre.

Une des premières étincelles jaillit à Monaco. S'il ne marqua pas de point, il produisit un superbe effort, remontant de la dernière place jusqu'en huitième position, meilleur tour en course en prime, sur un circuit où les dépassements sont généralement une gageure. Le tout malgré un tête-à-queue pour éviter la monoplace accidentée de Darren Manning au premier virage. Le patron d'Astromega, Mikke Van Hool, comprit qu'il n'avait pas affaire à un touriste et le mentionna auprès de son compatriote, le commentateur de la RTBF, Gaëtan Vigneron. « Note son nom dans ton carnet, on en reparlera un jour ou l'autre, c'est sûr [...]. Il est phénoménal, je pense vraiment qu'il deviendra une star mondiale[1]. » Assurément une phrase prophétique. Ses performances s'améliorèrent petit à petit en qualifications comme en course, tout en dominant son équipier, et il sortit l'artillerie lourde pour les deux dernières manches. En Hongrie, il partit troisième et passa l'essentiel de sa course à menacer le leader du championnat Bruno Junqueira pour la victoire, concluant sa belle course par une deuxième place.

Et puis vint Spa-Francorchamps, où Alonso fit presque oublier qu'il n'avait que 19 ans et moins de deux saisons complètes de monoplace au compteur. Libre de régler sa monoplace comme bon lui semblait désormais, il produisit un sans-faute : pole position, meilleur tour en course, et victoire. Mieux encore, Alonso mena de bout en bout en dépit d'une neutralisation, gérant la reprise de course comme un vétéran. Le Grand Chelem, comme on dit dans le jargon. Le tout sans jamais avoir roulé à Spa-Francorchamps auparavant. « On va beaucoup entendre parler de ce jeune Espagnol », prédit le commentateur Simon

1. Gaëtan Vigneron, *Trente ans au cœur de la F1*, Kennes, 2023.

Taylor dans son récapitulatif de la course. Ironie de l'histoire, cette victoire qui allait compter beaucoup pour la carrière d'Alonso resta la seule de sa carrière (en monoplace) sur ce tracé. Jamais il ne parvint à triompher en F1 sur le « Toboggan des Ardennes ». Avec cette fin en trombe, Alonso finit quatrième du championnat avec dix-sept points, tout juste derrière Mark Webber, un de ses futurs rivaux et amis, et devant Justin Wilson et Tomas Enge, deux pilotes qui goûtèrent eux aussi à la F1 par la suite, bien que plus brièvement. À l'inverse, quand bien même le champion Bruno Junqueira et son rival Nicolas Minassian dominèrent la saison, aucun des deux n'eut droit à sa chance en F1 et ils partirent tenter leur chance aux États-Unis.

Fernando, lui, suscitait les convoitises. Son récital de Spa-Francorchamps avait eu lieu sous les yeux des têtes pensantes de la F1, qui n'en manquèrent pas une miette. Et Minardi n'avait rien oublié du fameux test de Jerez. « Tu es obligé de l'engager, tu ne peux pas le laisser traîner une autre saison dans cette discipline sous prétexte qu'il va décrocher le titre, sinon tu vas le gâcher, ce gamin[1] ! », lâcha Frédéric Dhainaut au patron Giancarlo Minardi. Si le Français poussa Alonso à poursuivre les célébrations dans les installations de la petite Scuderia afin de mieux conclure un accord pour 2001, la grande Scuderia avait aussi pris bonne note, ainsi qu'un constructeur au losange. En effet, Ferrari et Renault furent contactés par Minardi, la petite équipe n'ignorant pas qu'il serait à la fois difficile de payer convenablement son pilote, ainsi que de le conserver à long terme. L'idée était que l'un des constructeurs prête le pilote à Minardi pour 2001 avant de le récupérer pour les années suivantes.

1. Martine Camus, *Fernando Alonso. Le sacre de la jeunesse*, *op. cit.*

Dans cette course parallèle, c'est Flavio Briatore de Renault qui dégaina son chéquier le plus vite… non sans une petite entourloupe dont il a le secret. Car lorsque Ferrari entama des négociations avec Adrian Campos pour s'attacher les services d'Alonso, Campos n'avait plus aucune autorité sur la question. Le filou Flavio avait repris le contrat de manager de l'ancien pilote Minardi tout en lui donnant le droit de le prétendre pour créer une fausse piste ! Ainsi, le temps que Ferrari entame les pourparlers et propose un accord de principe, Briatore avait déjà un coup d'avance. « Ferrari nous a dit d'attendre et de ne signer avec personne d'autre, mais Briatore s'est présenté avec un contrat sous le bras », dira Campos en 2010. Cet incident fâcha le patron de Ferrari, Jean Todt, au point de refuser catégoriquement l'engagement d'Alonso lorsqu'il reprit sa liberté pour 2007, en dépit du premier retrait de Michael Schumacher fin 2006. Il bouda également Minardi qui avait pris contact avec Ferrari et Renault par fax… sauf que Briatore avait le dispositif à domicile, au contraire de Todt qui reçut la missive à son bureau de Ferrari. D'où l'avance prise par Renault.

Briatore reprit non seulement le contrat de management à son compte mais aussi celui liant Alonso à Minardi. Cela permit à la petite équipe de l'engager sans débourser la moindre lire pour payer son salaire, estimé à un million de dollars l'année. Alonso allait pouvoir commencer sans pression en fond de grille avant que Renault le reprenne, une fois prêt à entamer les choses sérieuses. Mais encore fallait-il que Minardi soit toujours présent en 2001.

3

Des débuts miraculeux

Minardi était actif en F1 depuis 1985. Si l'équipe marqua des points ici et là et connut quelques moments de gloire – un tour mené en 1989, une première ligne en 1990 –, elle était désormais bien installée en tant qu'équipe de fond de grille. Aussi, sa survie ne tenait qu'à un fil malgré plusieurs rachats. Le dernier datait de 1998, par Gabriele Rumi, fondateur de l'entreprise de jantes Fondmetal, laquelle avait déjà repris un autre petit artisan transalpin, Osella, au début des années 1990. Hélas, Rumi, souffrant d'un cancer, ne pouvait plus alimenter les caisses de l'équipe en pure perte. Il fallait un repreneur. Telefónica fut longtemps candidat en tant que sponsor principal de Minardi en 2000, mais rien n'aboutit. Alors que l'année 2001 commençait, la fin semblait proche pour Minardi. Plus de sponsor de valeur et aucun contrat avec un fournisseur moteurs signé. Les débuts d'Alonso en F1 risquaient d'être reportés. C'est alors qu'arriva sur le marché Paul Stoddart.

Cet Australien, propriétaire de la compagnie d'aviation European, était un fan de longue date de ce sport. En plus d'être un collectionneur d'anciennes monoplaces – dont il prenait occasionnellement le volant – il avait déjà posé le nom de son entreprise sur quelques monoplaces, comme Arrows ou Tyrrell. Il était d'ailleurs un des candidats à la reprise de l'équipe championne du monde 1971 fin 1997, avant que le groupe British American Tobacco rafle la mise. Mais dans les faits, l'équipe qui débuta en 1999 sous le nom de British American Racing ou BAR était en vérité une toute nouvelle entité, avec une usine neuve et des ingénieurs repris dans toutes les équipes adversaires. Les membres de l'ex-équipe Tyrrell furent réemployés par Stoddart pour fabriquer des F1 biplaces, lesquelles permettaient à de riches passionnés d'obtenir quelques tours de manège. Plus concrètement, il lança également une équipe de F3000 en 1999, ce qui fit de lui l'un des concurrents d'Alonso l'année suivante. Il eut tout le temps de constater sa maestria à Spa-Francorchamps. « C'était un chef-d'œuvre de pilotage. J'avais un œil sur lui durant toute la saison mais il n'a plus quitté mon esprit après Spa. Ce que j'ai vu ce jour m'a fait comprendre qu'il était destiné à devenir champion du monde, ce avant même de l'avoir vu piloter une F1[1]. »

Stoddart fut approché pour le rachat le 15 décembre 2000 par Flavio Briatore, le patron de l'équipe Renault. Ce n'était pas un hasard : Flavio avait déjà pris part à un premier rachat de Minardi en 1997, et en avait profité pour placer un de ses poulains, Jarno Trulli, afin de se faire la main en toute discrétion. Il a donc toujours gardé un œil sur la petite équipe italienne et n'ignorait pas que Stoddart avait l'ambition de diriger sa propre équipe. Or sauver Minardi signifiait officialiser les débuts de Fernando Alonso dans l'équipe, avant de le récupérer chez Renault. Paul prit donc l'avion pour Faenza, où

1. Podcast *Beyond the Grid*, mars 2023.

se situait l'usine Minardi. L'accord avec le fondateur Giancarlo Minardi – aujourd'hui directeur du circuit d'Imola – fut signé le jour même, mais il ne fut rendu public qu'à la fin du mois de janvier. Une course contre la montre commença alors, où Minardi défia toutes les attentes, témoignant d'une détermination et d'une passion admirables. Car quand Stoddart mit les pieds dans l'usine Minardi de Faenza, la seule construction prête était une maquette en bois avec un moteur Renault à l'arrière ! Il lui restait six semaines et trois jours pour que deux monoplaces soient prêtes à courir à Melbourne, soit à domicile pour Stoddart. Le tout avec un personnel réduit puisque plusieurs membres, craignant de perdre leur travail, avaient choisi de signer ailleurs. Il convoqua alors son équipe de F3000. Entre-temps il contacta Cosworth pour obtenir un contrat moteur. Problème : la firme ne pouvait ni lui vendre les blocs, ni même les construire. Pour contourner le problème, Stoddart acheta les droits sur le moteur – qui fut officiellement badgé European, le nom de sa compagnie aérienne – et engagea quelques employés de Cosworth afin que l'équipe construise elle-même les moteurs !

Il fallut non seulement monter la monoplace en se basant sur la maquette présente mais comme celle-ci était conçue autour d'un moteur Renault (l'équipe avait négocié en vain avec le constructeur avant le rachat), il fallut aussi modifier le train arrière pour qu'il puisse être adapté au Cosworth. Le tout en réglant les factures impayées envers certains fournisseurs, tandis que les membres présents travaillaient jusqu'à l'épuisement. « Ce fut du vingt-quatre heures sur vingt-quatre, sept jours sur sept, vraiment. Les gens dormaient sur le sol de l'usine, ne rentraient jamais chez eux. Nous n'avions plus de vêtements propres mais plutôt que de passer chez nous pour en changer, nous avons pris de vieux uniformes du team[1]. » Et parmi les personnes qui enchaînèrent les nuits blanches se trouvait Fernando Alonso. Lui-même mit la main à la pâte pour surmonter ce treizième travail d'Hercule, car il n'ignorait rien de l'enjeu. « Déjà, il avait compris que si la voiture n'arrivait pas à Melbourne, il ne courrait pas. Ensuite, quand vous travaillez en étant si proche de l'équipe et avec si peu de personnes, vous finissez par comprendre tout ce qu'il se passe », raconte Stoddart à *Motorsport Magazine* en 2021. Paul se chargea de monter un aileron arrière !

Tous ces efforts se révélèrent payants. Après avoir présenté la PS01 (PS pour Paul Stoddart) sur les marches du Parlement de Victoria le mercredi de la course, ils parvinrent avant les autres équipes à Melbourne, avec Fernando et le second pilote Tarso Marques, qui avait produit quelques prestations pour l'équipe en 1996 et 1997. Mais tout n'était pas prêt à 100 % : la voiture de Marques fut montée dans les stands de l'équipe juste avant le début de la première séance d'essais ! Quant à celle de Fernando, elle eut droit à un simple test en ligne droite avant de partir en Australie, pour une distance totale de 50 kilomètres. Alonso était tellement à court de kilomètres (il ne participa qu'à deux journées d'essais fin décembre pour le compte de Benetton) qu'il prit même le temps de piloter une dernière fois une F3000 mi-février à Imola, pour se roder davantage et aider son ex-équipe !

Dans de telles circonstances, on aurait pu s'attendre à voir Minardi faire simplement acte de présence, avec les deux voitures cassant au bout de quelques tours ou bien à

1. *F1 Racing*, n° 72, février 2005

la traîne derrière les autres monoplaces. Il existait d'ailleurs en 2001 une règle selon laquelle toute monoplace dont le meilleur tour s'établissait au-delà de 107 % de la pole position était exclue de la course, à moins d'un repêchage en cas de contexte spécifique. Mais à la fin de la séance de qualification, non seulement Alonso se qualifia bien en dessous de la limite fatidique, mais, en plus de son équipier, il devançait une Prost et une Jaguar sur la grille. Le premier exploit de l'Espagnol en F1. Et encore, il était en avance sur ce chrono de quelques dixièmes avant un freinage manqué dans un virage. Le tout alors qu'il ne pouvait se donner totalement à fond. Minardi n'avait aucune voiture de réserve à disposition, et un gros crash aurait signifié la fin de son week-end. Restait à finir la course, ce qui n'allait pas de soi, d'autant que son équipier Marques renonça pour panne de batterie après seulement trois tours couverts. S'il fut sanctionné d'une pénalité de dix secondes pour avoir bouchonné la Ferrari de Rubens Barrichello qui lui prenait un tour, le reste de son Grand Prix fut sans histoires, conclu en douzième position sans la moindre alerte de fatigue. Ses mécaniciens ne pouvaient en dire autant. « Quand Alonso a terminé douzième, l'équipe était aux bords des larmes, submergée par l'émotion, relata plus tard Stoddart. Nos hommes n'avaient plus dormi depuis des jours et après l'arrivée, ils se sont littéralement effondrés, épuisés tant physiquement que nerveusement. Moi-même j'étais censé répondre à des interviews mais je ne parvenais pas à m'exprimer tellement j'étais sous l'effet du contrecoup des semaines précédentes[1]. »

1. *F1i Magazine*, 2002.

Exploits en toute discrétion

Cette performance de hisser la Minardi au-delà de la dernière ligne, Alonso l'accomplit à dix reprises durant la saison, soit plus d'une fois sur deux. Sept fois, il monta même sur la neuvième ligne. Et parmi les victimes d'Alonso se trouvèrent parfois les Benetton-Renault, l'équipe avec laquelle il était lié par contrat. La plus belle (ou pire) humiliation se déroula en Espagne à Barcelone, pour son premier Grand Prix à domicile. Sur un circuit où toutes les équipes couvrirent des milliers de kilomètres durant l'hiver pendant que Minardi assemblait ses pièces en catastrophe, Alonso devança les deux monoplaces ainsi que la Jaguar de Pedro de la Rosa, l'autre Espagnol du plateau. Flavio Briatore commenta à ce sujet : « Ce gamin est un diamant brut. Il n'a besoin que d'être taillé[1]. » Alonso se chargea de lui donner raison en gardant cet avantage en course. L'honneur de Benetton fut tout de même sauf, puisque leur monoplace progressa en cours d'année jusqu'au top 10. Mais Fernando trouva d'autres équipes à taquiner. Sa meilleure qualification en termes de position fut signer à Indianapolis, où la F1 s'était implantée pour conquérir le cœur des Américains jusqu'alors peu concernés par la discipline. Alonso se plaça dix-septième, juste devant Jacques Villeneuve, champion du monde 1997 et vainqueur des 500 Miles en ces lieux en 1995. Notons qu'il pilotait pour BAR, l'entité qui avait racheté Tyrrell sous le nez de Stoddart. Hélas sa transmission le stoppa à mi-parcours le lendemain.

En revanche, Alonso offrit à Minardi et Stoddart un superbe baroud d'honneur à Suzuka pour la clôture du championnat. Dix-huitième en qualification devant les

1. Renaud de Laborderie, *Le Livre d'or 2003 de la F1*, Solar, 2001.

deux Arrows et une Prost, il se plaçait sur la même ligne que la BAR d'Olivier Panis. En course, il fit mieux encore avec la onzième place devant quatre voitures en plus de son équipier, incluant la BAR de Panis. Le tout avec le quatorzième meilleur tour de la course. Selon Stoddart, fâché de ne pas avoir eu l'occasion de réaliser un tour rapide à vide d'essence durant l'échauffement du dimanche matin, Alonso avait décidé de produire cinquante-trois tours « de qualification » en course. « Si le monde avait vraiment besoin de savoir à quel point il était bon, regardez les images de Suzuka 2001[1] », dit le patron de Minardi, en recommandant chaudement aux fans de retrouver les images de sa course pour appuyer ses dires.

S'il ne put faire mieux que dixième (en Allemagne) à une époque où les points étaient limités au top 6, il était difficile de prendre Fernando en défaut. Ses qualifications, où il parvint régulièrement à dépasser les prévisions de son équipe, en sont la preuve. « Nos ingénieurs établissaient un temps de référence et nous savions que la voiture allait bien au-delà de ses limites s'il était dépassé. Fernando le faisait, tout le temps[2] », se souvient Giancarlo Minardi en 2013. Et malgré cet acharnement, il limita au maximum les erreurs de pilotage. On n'enregistra que deux sorties éliminatoires de sa part, à Saint-Marin et en Hongrie, soit moins que pour des pilotes plus expérimentés. Et encore, un problème de freins l'avait pénalisé dans le premier cas. L'Espagnol dominait également sans problème son équipier Tarso Marques, pourtant plus expérimenté. À sa décharge, le Brésilien était handicapé par une monoplace plus lourde dûe à un budget extrêmement serré. Le Brésilien ne devint qu'un pilote parmi d'autres dans

1. Podcast *Beyond the Grid*, mars 2023.

2. *Motorsport Magazine*, juin 2013.

l'histoire mais Alonso admit avoir été inspiré par Tarso sur un aspect qui deviendrait une de ses spécialités, le départ. « Tarso était un bon pilote. Il m'a appris à être beaucoup plus agressif au départ. À mon premier Grand Prix à Melbourne, j'ai freiné pour le premier virage… et il s'est propulsé devant. Il a dû gagner quatre places sur moi, rien qu'à ce moment-là[1]. »

Pour compléter le tableau, Alonso fit étalage d'un discernement étonnant pour son âge et son expérience. Lors des essais du samedi en Australie pour ses débuts, un problème d'équilibre se fit sentir mais il ne chercha pas à modifier un quelconque réglage : il supposa qu'un changement de pneus allait régler le problème. Et ce fut le cas. En Espagne, Giancarlo Minardi affirma qu'Alonso n'avait même pas besoin de la télémétrie pour décrire le comportement de sa voiture à ses ingénieurs ! « Il donne spontanément toutes les informations dont ils ont besoin. Je n'avais jamais rencontré un garçon comme lui[2]. » Une parole déjà répandue à son sujet. Physiquement, il n'afficha aucun signe de faiblesse.

Sa saison ne reçut pas une attention particulière pour autant. Non seulement l'exposition télévisuelle du fond de grille était marginale mais deux autres débutants bénéficiant d'un meilleur matériel lui volèrent la vedette. D'un côté, Juan-Pablo Montoya, champion F3000 en 1998 et vainqueur des 500 Miles d'Indianapolis en 2000, avait déjà un statut de star avant même de débuter et son dépassement de Michael Schumacher au Grand Prix du Brésil solidifia ce statut. De l'autre côté, Kimi Räikkönen avait rebattu les cartes sur le paddock avec son adaptation éclair en dépit d'une expérience de vingt-trois courses en

1. *F1 Racing*, n° 44, octobre 2002.

2. Renaud de Laborderie, *Le Livre d'or 2003 de la F1*, *op. cit.*

monoplaces moins puissantes qu'une Formule Nissan. En conséquence, le potentiel pourtant énorme d'Alonso n'était évident que pour ceux qui avaient assisté à sa saison. Mais au moment de faire le bilan de 2001, les spécialistes eurent quelques mots à son attention. Dans son annuel *L'Année F1*, le journaliste suisse Luc Domenjoz écrit : « Tenter de le juger par comparaison avec Kimi Räikkönen, placé d'entrée de jeu dans un contexte technique nettement plus favorable, reste illusoire, mais il illustre lui aussi cette nouvelle génération abordant la F1 avec une assurance naturelle et sans aucun complexe. »

Et certains de ses pairs ne s'y trompaient pas. Lorsqu'on demanda à Alonso quel était le meilleur souvenir de son Grand Prix d'Espagne, Fernando évoqua une discussion avec Michael Schumacher. Le champion en titre lui avait proposé d'adhérer au GPDA, l'association des pilotes dont Michael était président. De quoi davantage légitimer Alonso en tant que pilote de Grand Prix à part entière. En attendant de pouvoir concurrencer Michael en piste, Alonso allait devoir prendre son mal en patience et suivre le tableau de marche de son manager Flavio Briatore. À savoir apprendre le métier dans l'ombre, en tant que pilote d'essais de Renault.

4

Un mal pour un bien

Renault est l'un des constructeurs les plus influents dans l'histoire de la F1. La marque au losange sera à jamais associée à l'introduction du moteur turbocompressé à Silverstone en 1977. D'abord moqué pour sa fiabilité toute relative (le fameux surnom « théière jaune » que lui donnèrent ses rivaux britanniques lui collait à la peau), il finit par toucher au but à Dijon en 1979 grâce à Jean-Pierre Jabouille, une performance reléguée au second plan auprès du public par un duel magistral opposant l'autre Renault de René Arnoux et la Ferrari de Gilles Villeneuve. Néanmoins, la Scuderia en prit bonne note et commença à développer son propre turbo, les autres suivirent petit à petit, si bien qu'en 1984, tout le plateau était passé à cette technologie. Renault se retira en tant qu'équipe à part entière fin 1985 et cessa toute fourniture moteur l'année suivante mais revint en 1989 avec Williams, équipe avec laquelle la marque connut une association des plus fructueuses ponctuée de plusieurs titres mondiaux (ainsi qu'avec Benetton en 1995). Fin 1997, Renault quitta la F1 une deuxième fois… officiellement. Dans les faits ses moteurs continuèrent d'être sous-traités et actualisés sous d'autres noms. En 2000,

Renault officialisa son rachat de Benetton pour une prise de pouvoir complète en 2002, sous la houlette de Flavio Briatore, directeur général de Benetton de 1989 à 1997.

2001 fut une saison compliquée pour Benetton, en partie à cause d'un moteur novateur disposant d'une ouverture en V plus grande que celle de ses adversaires. Là où le moteur gagnant de 1997 avait un angle de 71 degrés, celui présenté en 2001 dépassait les 100. Renault conserva toujours une certaine confidentialité sur l'écart précis qu'il proposait mais il était question dans les médias d'un bloc à 111 degrés. En vérité, l'angle exact était de 102[1]. Une telle ouverture permettait de diminuer la hauteur du bloc, ce qui abaissait le centre de gravité pour la monoplace et devait améliorer son adhérence globale. Ainsi, Renault entretenait son image d'innovateur que lui avait valu le turbo. Si ce moteur apporta plus d'inconvénients que d'avantages dans un premier temps, l'ensemble fut développé avec bon sens, si bien que Benetton passa du fond de grille en début d'année – l'une ou l'autre fois devancé par Alonso – au top 10 en fin de saison. De quoi envisager 2002 avec optimisme puisque l'objectif annoncé de Briatore était le top 4 au classement constructeur. Avec Ferrari, McLaren et Williams bien installés devant, Renault envisageait donc le rôle de l'outsider de luxe avec l'Italien Jarno Trulli, autre pilote couvé par Briatore, et le Britannique Jenson Button, révélation de la saison 2000 chez Williams mais vite dépassé par les événements et par son inexpérience en 2001. L'un comme l'autre se devaient de briller sous peine de perdre leur volant en 2003 en faveur de leur autre compagnon de garage : ce cher Fernando Alonso, qui allait parfaire son apprentissage dans leur ombre pour mieux leur subtiliser la lumière plus tard.

1. Christian Contzen, *Mes années Renault sport*, Ouest France, 2021, p. 121.

Effectuer une année de tests après une première saison de course n'allait pas de soi en F1. Des exemples existaient, comme Mark Blundell, débutant chez Brabham en 1991 avant de limer le bitume hors des caméras pour le compte de McLaren en 1992. Mais ce n'était clairement pas la norme. De l'extérieur, on aurait pu croire à un retour en arrière, comme si le rookie n'avait pas donné satisfaction et qu'il nécessitait d'être davantage formé avant de mériter sa place parmi l'élite. Or on l'a vu, Alonso avait gagné cette place. Si Flavio Briatore agissait de la sorte, c'était pour préparer l'avenir et sa carrière avec Renault. Le manager italien voulait faire de l'Espagnol sa nouvelle star, celle qui allait se développer avec l'équipe et, à terme, l'imposer. Le recruter comme pilote essayeur dans un premier temps permettait de faciliter son intégration sans payer les pots cassés en piste, ce que Fernando expliqua en ces termes l'année suivante : « Quand vous changez d'équipe, assimiler de nouvelles procédures de travail, apprendre de nouveaux automatismes, trouver ses marques, tout cela demande du temps. Moi j'ai déjà passé cette étape. Cette année de tests aura été plus importante qu'il n'y paraît[1]. » Même chose pour son travail de pilote d'essais. Le rôle de celui-ci est, entre autres, d'éprouver les nouvelles pièces prévues pour la voiture de course, d'aiguiller les titulaires sur d'éventuels réglages qu'ils n'auraient pas soupçonnés, de suggérer de nouvelles pistes de réflexion. Or dès la fin d'année 2001, il confia à l'agence de presse espagnole Efe qu'il allait non seulement travailler sur la monoplace de 2002 en complément des titulaires, mais aussi sur le développement du modèle 2003 pour qu'il « soit adapté à mon style de pilotage », afin d'avoir un petit avantage lorsqu'il piloterait cette année-là. Tout était prévu.

1. *F1i Magazine*, n° 20, mai 2003.

Mais cet hiver ne se limita pas aux kilomètres couverts sur les pistes espagnoles. Alonso participa aussi à un camp d'entraînement au Kenya, dans la résidence secondaire de Flavio Briatore. Il dut suivre avec Jenson Button et Jarno Trulli un programme strict conçu par un ancien militaire durant une semaine entière. Au programme : VTT, jogging, canoë, musculation… L'idée était de développer aussi bien sa condition physique que la synergie entre les pilotes. « L'entraînement proposé ici ne vise pas uniquement à améliorer la condition physique de Jarno, Jenson et Fernando, précise Bernie Shrosbree, à la tête du programme en question. En testant leurs aptitudes face à des situations qu'ils ne maîtrisent pas, mon but est à la fois de les rendre plus forts personnellement et de leur créer une histoire commune. Je les emmène hors de leur zone de confort, sans exposer leurs faiblesses. Mon programme est avant tout anti-grosse tête. Je connais la situation de chacun et je veille à ce qu'aucun ne soit le meilleur en tout[1]. » Encore nouveau dans l'équipe et pas aussi à l'aise avec l'anglais que les titulaires, Fernando fit profil bas dans un premier temps mais finit par se détendre au fil du séjour en démontrant son affection pour les tours de cartes. Une activité que les médias mirent davantage en avant plus tard dans sa carrière.

Malheureusement, la saison 2002 de Renault ne prêta pas à rire pour notre pilote espagnol. Le début en fut très prometteur avec Button et Trulli passant près du podium à l'une ou l'autre occasion mais la fiabilité de la R202 laissait à désirer. À quatorze reprises, la mécanique céda, parfois même sur les deux machines comme à Barcelone

1. *F1 Racing*, n° 36, février 2002.

ou Spa-Francorchamps. Dans l'ensemble Renault rivalisa davantage avec les modestes Sauber-Petronas et Jordan-Honda qu'avec les trois meilleures équipes du plateau dont le Losange était censé se rapprocher. En revanche, les titulaires n'avaient que peu de choses à se reprocher dans cette situation. Button apprit de ses errements de 2001 et prit le dessus sur Trulli, plus brillant en qualifications qu'en course mais aussi plus souvent touché par les pannes mécaniques (cinq abandons sur les six premières courses). Avec Jarno encore sous contrat et Jenson de retour à son meilleur, l'hypothèse d'une promotion d'Alonso pour 2003 devenait plus incertaine.

Alonso, lui, n'avait guère prévu de filer à l'anglaise, même si un certain test fit planer le doute un instant. Le 30 mai, il disputa une séance d'essais pour le compte de Jaguar, couvrant cinquante-sept tours pour finir à quatre centièmes devant Pedro de la Rosa, un des titulaires. Ce dernier mit d'ailleurs un moment avant de rouler dans son rythme alors que Fernando découvrait la voiture à l'inverse de son compatriote. De la Rosa fut impressionné aussi bien par sa vitesse que par la pertinence de son analyse, preuve que son travail de pilote d'essais payait. « Tout ce que l'on avait dit qu'il fallait améliorer sur la voiture, il l'avait identifié en seulement quelques tours », confie-t-il en 2023 à Motorsport.com. Il n'avait échappé à personne que l'autre pilote, Eddie Irvine, était en fin de contrat et qu'Alonso pouvait faire office de remplaçant logique. Mais Fernando réaffirma qu'il restait concentré sur sa mission pour Renault. Et le patron de Jaguar, Niki Lauda, avança qu'il s'agissait d'un simple test comparatif entre Alonso et ses propres pilotes d'essais, approuvé par Briatore. Pour finir, c'est un autre pilote de la sphère Flavio, l'Australien Mark Webber, qui rejoignit Jaguar en

2003. Webber effectuait à ce moment sa propre (belle) saison inaugurale avec Minardi. Il fallut attendre près de deux décennies pour voir Alonso s'habiller de vert.

Douche froide pour les Britanniques

Il fallait se rendre à l'évidence, ce serait Renault ou rien. Juste après les qualifications du Grand Prix de France le 20 juillet, Renault officialisa son choix : Alonso remplacerait Button pour la saison 2003, en dépit de sa bonne saison. Beaucoup furent surpris, notamment Jenson lui-même qui résume ainsi la situation dans son autobiographie : « Ça a été un choc, parce que je ne savais pas que Jarno et Fernando avaient signé des contrats. Je savais que le mien touchait à son terme bien sûr, mais je pensais en avoir fait suffisamment lors de cette deuxième saison pour gagner ma place. Objectivement, j'en avais vraiment fait assez pour gagner ma place si l'on considère le fait que l'annonce avait été faite juste avant le Grand Prix de France, et qu'à ce moment-là, j'étais largement devant Jarno au classement [...]. À quoi jouait Flavio ? Il m'avait mis au fond du trou puis il m'avait aidé à en sortir, pour mieux m'y refaire tomber. »

Cette dernière phrase faisait allusion à sa saison 2001 où Briatore démontra son absence de compassion quand un pilote traversait une phase difficile. Ce qui rendait le retour en force de Button cette saison d'autant plus louable... et son éviction, plus injuste. Ce sentiment d'injustice, la presse anglo-saxonne n'hésita pas à l'exprimer dans ses journaux périodiques, mettant notamment l'accent sur l'ingérence de Briatore, désireux de mettre ses pilotes en avant au détriment des autres. « La clé de ce puzzle est Flavio Briatore, le patron italien de Renault, constamment bronzé et fumant à la chaîne. Il est aussi le manager de plusieurs pilotes, parmi lesquels Alonso mais pas Button. Briatore, comme la plupart des personnes qui dirigent une équipe de F1, est bon à jouer les vierges effarouchées. Il a ainsi pris son air le plus indigné quand il a été suggéré qu'il choisissait ses pilotes en fonction de ce qu'ils pouvaient lui rapporter [...]. Un certain nombre de personnes en F1, dont des millions devant leur écran, seront particulièrement satisfaites si Button, quel que soit le véhicule qu'il a entre les mains l'année suivante, répond constamment à Trulli, Alonso et Briatore[1]. »

Certains journalistes spécialisés ne cachaient même pas leur sentiment dubitatif quant à ce transfert. Dans un article consacré à la signature entre BAR et Button pour le magazine *F1 Racing*, Matt Bishop écrit : « Tout cela n'aurait jamais dû avoir lieu ! Car Button n'aurait pas dû être disponible pour aller chez BAR, puisque Renault n'aurait sans doute jamais dû se passer de ses services ! » David Richards, le directeur général de BAR et ironiquement l'ancien patron de Benetton en 1998, embraye en ce sens : « Cela m'a atterré de savoir que Renault pouvait vouloir laisser partir Jenson. On peut se demander s'ils veulent vraiment gagner en F1[2] ! »

Même au sein de l'équipe, le choix divisait, et pour cause : si Renault est une équipe française, elle avait récupéré la base britannique de Benetton, située en Angleterre, à Enstone. Néanmoins, avec le recul, non seulement le choix d'Alonso se révéla le bon, mais cela amena Button chez BAR-Honda. La même équipe qui devint ensuite Honda,

1. Andrew Baker, *Daily Telegraph*, 22 juillet 2002.

2. *F1 Racing*, n° 43, septembre 2002.

puis Brawn GP, avec qui il remporta le titre mondial en 2009. Un joli effet papillon.

De plus, Button admit qu'à l'inverse d'Alonso, il ne s'était jamais entièrement intégré chez Renault. « J'avais toujours eu l'impression d'être quelqu'un de passage plutôt qu'un membre permanent », dit-il dans son livre. Il n'aura d'ailleurs pas appris le moindre mot en français pour communiquer avec les ingénieurs moteur, là où Alonso prit rapidement des leçons en plus d'avoir emménagé dans un appartement à Oxford pour se rapprocher de l'usine. Le travail de Fernando avait donc porté ses fruits auprès d'autres cadres de l'équipe, parmi lesquels le président de Renault Sport de l'époque, Patrick Faure. « Fernando a passé l'année 2002 dans le rôle de pilote d'essais, et il vivait donc les Grands Prix dans le garage. Je le voyais, je bavardais beaucoup avec lui. À 21 ans, ce garçon a une confiance en lui incroyable. Je le sentais quand il regardait les autres, il se disait : “Je ferais mieux qu'eux.” Cela se sentait, c'était évident[1]. » Le directeur de l'ingénierie Pat Symonds faisait également partie de ses supporters. « Durant les débriefings, Alonso m'impressionnait. Les premiers jours, avant que j'apprenne à le connaître, il était assis et donnait l'impression de ne pas être attentif, de ne pas être avec nous. Puis il s'est mis à poser la meilleure question provenant d'un pilote dans ma carrière, et vous vous demandez comment il en est venu là ! À ce partir de là, vous saviez qu'il était au top dans tous les domaines[2]. »

Il est donc évident qu'Alonso fit bon usage des 7 000 kilomètres couverts durant cette année 2002. Après deux saisons de relatif anonymat, il allait se retrouver

1. *F1i Magazine*, n° 20, mai 2003.

2. Podcast *Beyond The Grid*, mars 2024.

sous les feux des projecteurs, contraint de réussir afin de justifier un transfert qui n'allait pas de soi pour tout le monde, surtout en Grande-Bretagne. On le savait rapide, il devait maintenant briller sous la pression et ne pas décevoir un grand constructeur.

De son côté, Flavio Briatore ne prévoyait pas d'être déçu ou de regretter son choix. À quel point avait-il confiance en son pilote ? Juste avant le premier Grand Prix de la saison 2003, le directeur osa lâcher un : « Les pilotes veulent la perfection, Fernando la possède » digne d'une phrase d'accroche sur une affiche de cinéma. Peu de temps après, plus personne n'allait remettre en question le choix de Renault et Briatore.

5

De l'ombre à la lumière

2003 s'annonçait comme le vrai début d'Alonso en F1, du moins comme l'année qui allait lui permettre de révéler son plein potentiel dans un contexte adapté. S'il n'a jamais caché ses rêves de titre mondial, Fernando avançait à pas mesurés, n'oubliant pas les difficultés de son équipe. Ainsi, son premier objectif avoué peu après sa titularisation officialisée était de « marquer autant de points que possible et espérer monter sur un podium[1] ».

En ce qui concerne les points, la tâche allait s'avérer plus aisée qu'en 2002. Face à la domination de Ferrari et à la baisse d'audience généralisée qui en résulta, la FIA imposa une série de mesures censées redonner du tonus à la discipline. Les pilotes n'avaient droit qu'à un tour chronométré en qualification pour signer le meilleur temps et le barème de points s'élargit aux huit premiers pour la première fois dans l'histoire de la discipline. Il fut notamment proposé aux équipes volontaires de participer à une séance d'essais libres supplémentaire le vendredi matin en échange de dix jours d'essais limités entre les Grands Prix. Une nouvelle tentative de la part des autorités de réduire les coûts, leur cheval de bataille favori avec

1. Atlas F1 News, 20 juillet 2002

la sécurité et le spectacle. Outre Jordan et Minardi, qui n'avaient pas les moyens de beaucoup tourner en essais privés, Renault accepta la proposition, ce qui en surprit certains. C'est oublier que même en tant que constructeur, l'ex-régie n'avait pas un budget aussi élevé que d'autres grosses marques engagées en F1. Une enquête de *F1 Racing* estime le montant de dépenses de Renault en 2003 à 255,23 millions de dollars[1], classant le constructeur au sixième rang sur dix. En comparaison, Ferrari déboursa un peu plus de 418 millions de dollars. Aussi, cette séance bonus autorisait la présence d'un troisième pilote. Dans le cas de Jordan et Minardi, celui-ci servit surtout à renflouer les caisses puisqu'il s'agissait généralement d'un pilote payant. Pour Renault, c'était l'occasion de recueillir un maximum de données supplémentaires pour le Grand Prix à venir et de bénéficier du retour technique d'un pilote qualifié en la matière. Allan McNish, pilote Toyota en 2002 et futur triple vainqueur des 24 heures du Mans, fut engagé pour cette tâche et tourna sur presque tous les circuits du calendrier.

Renault avait donc d'autant plus intérêt à réussir ses essais d'avant-saison, lesquels offrirent des résultats contrastés. Dans un premier temps, Renault fit rouler un modèle hybride, avec la partie aérodynamique issue de la vieille R202 tandis que les éléments mécaniques devaient se retrouver sur la future R23, une pratique commune à l'époque. Le premier retour d'Alonso fut positif : « Quand Fernando est descendu de la voiture à Jerez, il était tellement excité qu'il voulait y retourner, et nous avons dû le retenir[2] », raconte le directeur technique Mike Gascoyne. Cependant, une fois le programme d'hiver achevé, ce

1. *F1 Racing*, n° 62, Avril 2004

2. *F1 Racing*, n° 48, Février 2003

dernier considéra que le moteur pouvait être amélioré. Pour sa troisième saison, le moteur ouvert à 102 degrés continuait de manquer de puissance comme de fiabilité et il devint évident que Renault n'allait pas faire de cette innovation une référence comme pour le turbo ou le V10. En tout cas, Alonso semblait convaincu de pouvoir compenser ce handicap. Lors d'une séance en décembre, après différents essais de réglages et une amélioration des chronos, il déclara à son ingénieur Paul Monaghan que ses modifications n'avaient pas changé grand-chose et que ces chronos étaient simplement le résultat de son pilotage. « Ça va être une aventure intéressante ! » pensa Monaghan qui découvrait alors ce jeune espoir. Il ne croyait pas si bien dire.

Le véhicule tint ses promesses au Grand Prix de Melbourne, mais l'événement ne manqua pas de rebondissements pour autant. Les deux pilotes finirent seulement dixième et douzième après de petites erreurs, Renault fit le choix de partir en pneus secs sur une piste encore un peu humide. Alonso secoua la tête en signe de désapprobation dans le cockpit au moment de sangler ses ceintures de sécurité. « Il va me tuer après ça ! » se dit Monaghan. Heureusement il retrouva très vite les premiers rangs avec Trulli. Renault avait vu juste. Hélas, la *safety car* intervint dans leur fenêtre de ravitaillement et Fernando vit à nouveau rouge, assommant son ingénieur de questions pour comprendre comment il avait pu se retrouver à court d'essence. Et non seulement il repartit en fond de classement, mais il manqua de peu de s'accrocher avec la Williams de Ralf Schumacher durant cette neutralisation. Ce ne sera pas la dernière fois. Ni lui ni Trulli ne baissèrent les bras et ils parvinrent tous les deux à finir dans le top 8, Trulli cinquième et Alonso septième. Il devenait ainsi le premier pilote à marquer des points (deux) à partir de cette place. On oublia vite qu'il n'avait pas couru en course pendant une année complète. « Sa vraie carrière commence à Melbourne. Jusqu'à maintenant, personne n'a encore rien découvert à propos de Fernando[1] », prédit Bruno Michel, associé de Flavio Briatore et futur dirigeant de la F2. Le monde de la F1 en prit pleinement conscience lors de son deuxième week-end de course en Malaisie.

Une étoile est née

Onzième des vingt pilotes à tenter son tour unique, Alonso réalisa le meilleur temps provisoire, bientôt accompagné par Trulli avec le deuxième. Restaient les McLaren, la Williams de Montoya et les Ferrari qui allaient probablement les repousser. Que nenni. Les favoris échouèrent les uns après les autres, offrant à une audience médusée une première ligne 100 % Renault et la première pole d'Alonso !

Fernando devenait le plus jeune poleman à 21 ans, 7 mois et 23 jours[2], détrônant Rubens Barrichello et ses 22 ans et 3 mois lors du Grand Prix de Belgique 1994. Chose amusante : Alonso ne fut le plus rapide dans aucun des trois secteurs délimitant le circuit.

Si on félicita l'exploit de l'Espagnol, le commentaire le plus répandu au soir de cette séance était teinté de scepticisme, puisqu'on imaginait une Renault très légère en carburant. En effet, les pilotes disputaient désormais la qualification avec l'essence nécessaire pour leur premier relais de course. Il était donc facile de visualiser une équipe de seconde zone viser la pole avec un réservoir quasiment vide afin de créer l'illusion d'une

1. Renaud de Laborderie, *Le Livre d'or 2003 de la F1*, *op. cit.*

2. En 2024, il est le troisième plus jeune poleman, derrière Sebastian Vettel et Charles Leclerc.

belle performance auprès des observateurs ou d'éventuels annonceurs à séduire. Heureusement, personne ne s'essaya à un tel coup d'esbroufe. Même si on ne considéra pas la performance d'Alonso à sa juste valeur dans un premier temps. Seuls ceux qui le connaissaient vraiment comprirent que le génie d'Alonso commençait à se manifester. « Il va surprendre quelques personnes demain[1] », prédit son ancien patron Paul Stoddart.

Et Alonso continua sur sa lancée, dépassant toutes les espérances. Déjà, bien que plus léger que ses adversaires, il n'effectua que deux arrêts, la stratégie classique au Grand Prix de Malaisie, réduisant les mauvaises langues au silence. Ensuite, il tint la tête de course jusqu'à son premier ravitaillement, n'ayant pas faibli au moment du départ. S'il se fit dépasser par la McLaren de Kimi Räikkönen d'abord, par la Ferrari de Rubens Barrichello ensuite, il ne laissa pas le podium lui échapper en dépit de nombreux handicaps. Handicap technique d'un côté avec la perte de sa cinquième vitesse et l'absence de changement automatique des rapports dont disposaient les F1 à l'époque. Fernando s'adapta le plus naturellement du monde. Mais surtout, Alonso était malade depuis le début du week-end. Une grippe l'avait affaibli et avait abouti à une fièvre de 39°. Ce qui n'était pas idéal en temps normal l'était moins encore sur un territoire connu pour ses fortes chaleurs et une humidité insoutenable. On aurait donc compris une baisse de régime au fil de la course, voire un retrait. Rien de tout cela. À aucun moment le pilote ne laissa transparaître une quelconque faiblesse durant son effort, quand bien même sa vision devint problématique en fin de course. Selon Paul Monaghan, avec la transpiration, il ne parvenait plus à lire le panneau des stands dans les derniers tours.

1. *Atlas F1 News*, 22 février 2003.

Et ainsi, alors que Kimi Räikkönen remportait sa première victoire, Fernando Alonso montait sur son premier podium. Un autre record de précocité récupéré par l'Espagnol[1], que détenait jusqu'alors un pilote en activité, à savoir Ralf Schumacher (21 ans, 9 mois et 14 jours en Argentine 1997). Sur le podium, Räikkönen et Alonso encadraient Barrichello, qu'on voyait comme un gamin à ses débuts dix ans plus tôt. Le futur s'écrivait sous les yeux de tous : l'un de ces deux prodiges allait succéder à Michael Schumacher et devenir la prochaine référence. Ce jour-ci, on comprit que Renault avait visé juste et que cet Alonso était destiné à un bel avenir. Son entourage pouvait savourer : « Je me suis senti vidé de toute énergie. Nous venions de réaliser une jolie performance. Fernando prouvait qu'il avait sa place en F1, tout ce pour quoi je me bats depuis tant d'années[2] », lâche son ancien mentor, Adrian Campos. Pourtant déjà confiant dans son potentiel, Alonso ressentait lui aussi une forme de libération, sinon de confirmation : « C'est le plus beau jour de ma vie. Aujourd'hui, je me sens fort, je peux me battre avec les meilleurs. J'aime ça. »

Ce podium, le premier de Renault depuis son retour en tant que constructeur, en appelait d'autres. La course suivante au Brésil en proposa un deuxième… bien qu'Alonso ne monta jamais sur la troisième marche. Parti dixième sur une piste détrempée, Fernando parvint à revenir dans le top 3 malgré deux arrêts en deux tours sous *safety car* et une pénalité pour avoir dépassé sous drapeau jaune. Un drapeau, signal de danger, qui allait intervenir de façon plus dramatique au cinquante-cinquième tour. Alonso arriva sur les restes de la Jaguar

1. En 2024, il est le huitième plus jeune pilote à être monté sur un podium. Max Verstappen détient le record (18 ans, 7 mois, 15 jours).

2. *F1 Racing*, n° 51, mai 2003.

de Mark Webber accidentée au sommet de la grande courbe à gauche concluant le circuit. Pourtant prévenu de la sortie imminente de la *safety car*, ce qui aurait dû refréner ses ardeurs, Alonso omit de lever le pied et vit trop tard une roue de la Jaguar égarée en pleine trajectoire ! En résultèrent trois épouvantables contacts : le premier avec la roue, le second avec le mur de pneus situé à l'intérieur du virage – lequel se décomposa sous le choc –, le troisième avec le rail extérieur sur lequel la Renault disloquée fut propulsée après le deuxième choc. Le pilote encaissa un impact de 35G. Bien entendu, la direction de course interrompit l'épreuve au drapeau rouge. « Épreuve » est le mot exact au vu du nombre d'erreurs et de sorties de piste qui émaillèrent ce Grand Prix du Brésil. Le règlement en était en partie responsable : un seul type de pneu pluie était alors autorisé afin de réduire les coûts. Histoire de trouver le meilleur compromis possible entre piste humide et piste détrempée, Bridgestone comme Michelin avaient privilégié une gomme plus proche de l'intermédiaire, comptant sur l'intervention du *safety car* en cas de trop grosse averse. Ce qui expliquait le départ sous régime de la voiture de sécurité. La suite exposa l'impasse à laquelle menait ce point de règlement – vite supprimé par la suite.

La sécurité du circuit d'Interlagos n'y était pas étrangère non plus. Pour reprendre les mots de Jean-Louis Moncet en direct sur TF1, « ce n'est pas la première fois que ce circuit est pris en défaut [...]. De tous les circuits exotiques, c'est celui qui fait le moins d'efforts, qui est toujours dans l'à-peu-près même s'ils déploient une énergie souvent de dernière minute, qui est trop tardive ». Le journaliste en profita pour rappeler les écarts passés du circuit, notamment des panneaux publicitaires tombant sur la piste en pleine séance d'essais en 2000, non sans manquer de percuter un pilote à l'occasion. Et plus tôt dans la course, lors de sa propre sortie, Michael Schumacher s'arrêta à deux pas d'une grue placée dans l'échappatoire pour évacuer d'autres monoplaces accidentées. Un visuel déjà conspué sur le moment (Jacques Laffite le déplora régulièrement à l'antenne) et d'autant plus glaçant depuis l'accident fatal de Jules Bianchi en 2014 : le Français avait percuté un véhicule d'intervention à haute vitesse. Un élément de sécurité en revanche fut mis en lumière de façon positive par cet accident : le système Hans (*head and neck support*). Imposé en début d'année par la FIA pour mieux protéger les pilotes d'éventuelles blessures à la tête et au cou, le dispositif divisait en raison de l'inconfort qui résultait de sa présence, certains arguant qu'il allait à l'inverse augmenter les risques de dommages. Or malgré de premières images inquiétantes qui montraient Alonso assis contre le rail, quelque peu secoué par le choc, puis évacué en civière vers le centre médical pour les examens de routine, il sortit presque indemne de son accident et salua le Hans en tant qu'élément majeur ayant assuré sa protection ce jour-là. Plus jamais le dispositif ne fit débat par la suite. Une histoire qui n'est pas sans rappeler le Halo qui orne le cockpit des F1 aujourd'hui : d'abord contesté lors de son introduction en 2018, il eut droit au même revirement après le crash désormais légendaire de Romain Grosjean à Bahreïn en 2020. Romain était jusqu'alors un des principaux détracteurs du Halo, qui lui sauva la vie.

Héros national

Cette série de podiums prit fin à Imola, un des tracés les moins favorables à la Renault R23. Alonso se contenta donc de récolter quelques points en finissant sixième.

C'était reculer pour mieux regagner des places. À l'inverse, le circuit de Barcelone seyait parfaitement à sa monoplace, d'où une deuxième ligne toute bleue, avec Alonso troisième. Il fit mieux encore le lendemain, puisqu'il déborda la Ferrari de Rubens Barrichello après son premier pit-stop, et mit la pression sur Michael Schumacher durant le reste de la course. S'il ne revint pas dans ses roues, il restait à quelques secondes de lui, empêchant le champion allemand de rouler à sa main. Sa deuxième place fut célébrée comme une victoire par les siens et par le principal intéressé. « Le plus beau jour de ma vie », dira-t-il après la course. Ce ne sera pas la première fois. Ce qui était par contre inédit, c'est de voir un pilote espagnol marquer un point à domicile. Le pays n'avait jamais eu de pilote majeur en F1 jusqu'à Alonso et, en termes de sport mécanique, était bien plus concerné par la moto. La F1 n'était qu'une lointaine curiosité, au point qu'en 2003, seule la Catalogne pouvait suivre les courses. Ses récents succès changèrent rapidement la donne, avec TVE (Televisión Española) qui obtint les droits de diffusion pour le reste de la saison 2003 pour 5,5 millions de dollars. Une facture réglée par Renault qui tenait bien entendu à capitaliser sur la popularité grandissante de sa nouvelle star.

Après deux Grands Prix plus discrets – abandon sur casse moteur en Autriche, cinquième à Monaco –, Alonso revint sur le devant de la scène au Canada, pourtant peu favorable aux faibles cavaleries offertes par son moteur. Il se plaça quatrième en qualification comme en course avec le meilleur tour en prime, son premier. Mieux encore : Alonso recolla au trio composé de Michael Schumacher, son frère Ralf et de Juan-Pablo Montoya en fin de course, aidé en partie par les soucis de freins de la Ferrari de Michael qui adopta une cadence plus soutenue. Après huit courses, soit à mi-parcours pour cette saison 2003, Alonso se plaçait en troisième place au championnat du monde des pilotes, certes à distance des deux prétendants au titre – Räikkönen et Schumacher – et avec un écart fort réduit sur ses poursuivants directs. Alonso avait battu en brèche tout pronostic réaliste, et définitivement attiré l'œil des observateurs. Or plus on est scruté de près, plus on prête le flanc à la critique.

Et Alonso eut le temps de le constater lors du Grand Prix d'Europe sur le circuit du Nürburgring. À l'arrivée, on parlait moins de sa quatrième place que de sa résistance controversée face à David Coulthard. Moins rapide que l'Écossais, Fernando se défendit avec une subtilité bien moindre en comparaison de ses futurs exploits en la matière. À la fin du cinquante-septième tour, à l'abord de la chicane précédant le dernier virage, Alonso freina bien plus tôt et fort qu'à l'accoutumée, prenant Coulthard de vitesse, littéralement, puisque David dut sortir de piste pour éviter la Renault. Si après investigation et étude des relevés télémétriques, les commissaires dédouanèrent Alonso de toute responsabilité, son pilotage laissa circonspectes quelques têtes connues du paddock. « Cette manœuvre n'est pas celle d'un sportif », dira Peter Sauber, patron du team éponyme. David Richards de BAR la qualifia « acceptable en Formule Ford mais absolument pas en F1 ». Alonso se défendit en signalant une grande instabilité de son train arrière qui le força à anticiper ses freinages, indépendamment de la menace opposée par Coulthard. Son rythme de fin de course accrédita la thèse car Schumacher, retardé par un accrochage avec Montoya, revint rapidement dans ses roues et manqua de le doubler au dernier virage. Pourtant, un proche d'Alonso cité par Patrick Camus d'*Auto hebdo* lâcha un : « Il a freiné plus tôt pour piéger Coulthard, aucun doute là-dessus. » Si tel était le cas, ce fut l'une des rares fois où Alonso se fit remarquer par une fourberie en piste.

Le Grand Prix de France fut dépourvu de toute polémique mais également de points pour Renault. Pour la première et unique fois de l'année, les voitures françaises renoncèrent, toutes deux sur casse moteur. On ne peut pas dire qu'elles aient choisi le meilleur moment ! Alonso ne put même pas se venger à Silverstone pour l'autre course à domicile de l'équipe puisque son V10 mourut à nouveau avant l'arrivée. Il retrouva la quatrième place en Allemagne, bien qu'aidé en partie par un carambolage au départ éliminant trois favoris, puis par la crevaison de Schumacher à cinq tours du drapeau à damier.

Victoire historique

Arriva alors le Grand Prix de Hongrie. Une course porteuse d'espoir côté français puisque le tracé du Hungaroring était analogue à celui de Monaco pour ce qui concerne l'influence mesurée de la puissance moteur. Et contrairement à Monaco, Alonso se chargea de transformer ces espoirs en réalité. Il signa une nouvelle pole position le samedi qui, si elle souleva moins de suspicion qu'en Malaisie, devait encore être confirmée le lendemain. Alonso, lui, n'avait aucun doute. Dès vendredi, à son retour à l'hôtel, il confia à son père et à Adrian Campos cette prémonition : « Cette course est à moi[1]. » Ses deux proches n'allaient nullement le remettre en question, pas plus que le déroulement de sa course. Un départ parfait, un rythme impeccable, des ravitaillements dans la même

1. Renaud de Laborderie, *Le Livre d'or 2003 de la F1*, *op. cit.*, préface.

fenêtre que ses adversaires, si bien qu'à un tour près, il mena toute la course. Cela lui sembla si facile qu'il demanda à la radio ce qui était arrivé aux autres ! Cerise sur le gâteau, à quelques boucles de l'arrivée, Alonso se paya le luxe de prendre un tour à Michael Schumacher. La référence du moment, la cible n° 1 pour tout futur prétendant au titre mondial, celui contre qui Fernando souhaitait se battre pour la couronne. La Ferrari F2003-GA[1] souffrait particulièrement de la chaleur, caniculaire en cet été 2003, entre une aérodynamique qui sacrifiait en partie le refroidissement du moteur et des pneus Bridgestone moins performants que les Michelin dans ces conditions précises. Mais là encore, qui aurait pu prédire une telle scène ? « Moi dans mes rêves la nuit ! » répondit le facétieux Jacques Laffite sur TF1.

Et en ce 24 août 2003, un autre rêve se réalisa pour Fernando Alonso, pour ses proches, pour l'équipe Renault ou encore pour l'Espagne. Alonso remporta sa première victoire en carrière. La première pour Renault depuis le Grand Prix d'Autriche 1983 avec Alain Prost. C'était aussi la première *Marseillaise* entendue depuis le succès d'Olivier Panis à Monaco en 1996. Autre inauguration de palmarès : l'Espagne connaissait son premier vainqueur dans ce sport. Avant Fernando, un seul pilote hispanique était monté sur un podium, à savoir le marquis Alfonso de Portago, deuxième au Grand Prix de Grande-Bretagne… en 1956 ! À l'époque, le pays était encore soumis à la dictature du général Franco. Depuis, le roi héritier Juan-Carlos avait repris la couronne et, en bon amateur de la discipline, il ne manqua pas une miette de cette course, ni d'appeler Fernando pour le féliciter. Problème : estomaqué que son souverain puisse communiquer avec

1. GA en hommage à Giovanni Agnelli, ancien président de Fiat, décédé en début d'année 2003.

lui, encore un illustre inconnu quelques mois plus tôt, Alonso crut à un canular et eut pour réponse : « Et moi je suis Zorro ! » Une petite gêne suivit quand il comprit qu'il s'agissait bien de Sa Majesté. Enfin, Alonso devenait le plus jeune vainqueur de l'histoire de son sport à 22 ans et 26 jours[1]. Il s'appropriait ironiquement un très vieux record puisqu'il tenait depuis l'année 1952 ! Troy Ruttman avait alors 22 ans, 2 mois et 19 jours lorsqu'il remporta les 500 Miles d'Indianapolis, épreuve incluse dans le calendrier de la F1 durant les années 1950[2]. Le podium dans sa globalité fut aussi à cet instant le plus jeune de l'histoire avec Alonso, Kimi Räikkönen et Juan-Pablo Montoya. Comme un symbole, les trois débutants de la saison 2001.

À ce moment, Renault avait déjà atteint son objectif global : plusieurs podiums, une quatrième place au championnat constructeur assurée et des performances rapprochées avec les trois équipes de pointe, le tout avec une fiabilité moins perfectible qu'en 2002. Cette victoire était un bonus. De quoi mieux digérer la déception qui suivit à Monza, l'antithèse du Hungaroring, donc peu favorable aux Renault. Comme en Autriche, Alonso partit à la faute en qualifications, piégé par une absence soudaine d'antipatinage. Une nouvelle course-poursuite commença et elle fut assez chaotique. Alonso percuta l'arrière de la Minardi de Jos Verstappen (le père de Max) dès le départ et dut changer d'aileron. Il fut contraint à un combat d'arrière-garde dans lequel il sema quelques pièces aérodynamiques lorsqu'il chevaucha un vibreur.

---

1. En 2024, il est maintenant le quatrième plus jeune vainqueur. Le record est détenu par Max Verstappen (18 ans, 7 mois, 15 jours).

2. La quasi-totalité des médias couvrant l'événement attribuèrent le record à Bruce McLaren (22 ans et 3 mois au Grand Prix des États-Unis 1959). La présence des 500 Miles d'Indianapolis dans le championnat du monde de F1 avait une valeur bien plus symbolique que concrète. Presque aucun pilote de F1 ne participa aux 500 Miles durant cette période et inversement. Ainsi par convenance les statistiques liées à l'épreuve, dont le record de Ruttman, furent ignorées.

Heureusement son rythme globalement bon malgré ces pertes et quelques abandons le ramenèrent dixième en vue de l'arrivée. Un dernier renoncement de Heinz-Harald Frentzen, puis un dépassement sur le fil de Nick Heidfeld le hissèrent huitième, pour un point arraché de haute lutte. Sa dernière unité de la saison, hélas. Les deux dernières courses furent toutes deux sanctionnées par un moteur cassé. S'il ne rata que quelques points aux États-Unis lors d'une course marquée par la pluie, il tenait le rythme du futur vainqueur Rubens Barrichello sur le grand huit de Suzuka avant son abandon. Selon lui la victoire était à sa portée, d'autant qu'il prévoyait un arrêt de moins que la Ferrari.

Ce n'est que le début

Une fin en queue de poisson pour une saison magistrale au vu des circonstances. Pour une deuxième saison seulement et pour sa première en tant que titulaire dans l'équipe, Alonso finit sixième du championnat avec une victoire, deux poles et cinquante-cinq points. En comparaison son équipier Jarno Trulli, pourtant bien estimé et avec le même nombre d'abandons mécaniques (quatre), n'en marqua que trente-trois. Renault de son côté finit quatrième, le même classement qu'en 2002. Soit en deçà de l'objectif fixé par le directeur technique Mike Gascoyne en début d'année, qui s'attendait à une troisième place et à un pourcentage d'arrivées de 80 %, contre 68 % ici. Mais l'essentiel fut accompli : Renault avait rejoint les top teams et enfin renoué avec le succès. Surtout, la fusée Alonso avait réussi son lancement. Si la saison 2003 ne manquait pas de sujets à aborder, Alonso figurait parmi les gros titres. Les lecteurs du magazine *F1 Racing* l'élurent même pilote de l'année devant Michael Schumacher – 36,24 % contre 21,81 % – ainsi que meilleur pilote de qualification (20 %) et meilleure performance de l'année (19,47 %) à Barcelone, quand bien même il n'avait pas gagné la course. Un esprit que l'on retrouve beaucoup dans les votes du « Driver of the day » de nos jours.

Alonso était désormais une star. Un futur champion du monde ? Certaines revues n'hésitaient pas à acquiescer, mais lui-même apporta quelques nuances. « Je dois apprendre à écouter ma voiture, ne pas me laisser influencer par ses défauts en changeant inconsciemment ma façon de piloter[1]. » Son ingénieur Pat Symonds compléta l'analyse en prétendant qu'Alonso devait encore davantage travailler et s'impliquer pour y parvenir. « Il doit comprendre que le succès n'arrive pas facilement, et que les pilotes n'aiment pas attendre. » Un propos des plus pertinents au vu du déroulement de l'année 2004.

1. *F1 Racing*, n° 54, janvier 2004.

6

Une saison pour apprendre

En F1, le plus dur n'est pas tant de bien figurer que de parvenir à le faire de façon constante. Et au moindre relâchement, il est au contraire facile de voir le soufflé retomber. La culture de l'instant ne date pas de nos jours, avec les réseaux sociaux. Déjà à l'époque, il était facile de se prendre d'affection pour un nouveau pilote pour mieux le lâcher lorsqu'une mauvaise passe suivit, quelle que soit sa responsabilité. « La F1, c'est un peu comme le football, tous les quinze jours il y a un nouveau chouchou », dit Fernando lui-même dans son documentaire pour Amazon Prime en 2020. Or avant même d'entamer sa saison 2004, quelques spécialistes, y compris d'anciens pilotes, posèrent tout haut la question : « Est-il si bon que ça ? » Sous-entendu : sera-t-il le futur successeur de Michael Schumacher ou le prochain pilote à trébucher sur la dernière marche séparant les très bons des exceptionnels ? « Je n'ai encore rien vu qui justifie tout le tapage que l'on fait autour de lui, ose le double champion du monde Mika Hakkinen en début d'année. Il est rapide, mais l'est-il autant que Kimi [Räikkönen] ? Que Michael [Schumacher] ? Je n'en suis pas convaincu[1]. » Si d'autres

1. *F1 Racing*, n° 61, mars 2004.

incluaient Alonso parmi les rivaux potentiels de Schumacher en 2004 – y compris le champion en titre lui-même –, Fernando ne faisait pas encore l'unanimité. Bien entendu, Alonso dit ne ressentir aucune pression supplémentaire et aborda sa saison comme si cette attente n'avait pas évolué. Sauf que celle-ci donna du grain à moudre aux sceptiques.

« Il découvrait le statut de superstar »

En 2003, Alonso avait su limiter les écarts de conduite ou réduire leur impact. En 2004, il rappela que tout surdoué qu'il est, il n'avait que deux saisons au plus haut niveau dans les jambes et devait maintenant composer avec des attentes bien plus élevées. L'ancien directeur technique Mike Gascoyne laissa entendre qu'il « était légèrement moins concentré car tout tournait autour de lui et il découvrait le statut de superstar. Il a perdu le fil des choses comme tout jeune pilote l'aurait fait, c'est inévitable, votre renommée croît et vous tourne la tête. Les exemples de jeunes pilotes passant par cette période de flottement sont légion[1] ».

Ce que son début de saison confirma. Par deux fois il sortit de la piste en qualifications, le condamnant au fond de grille le samedi et à des places d'honneur moins importantes le dimanche. Au Grand Prix suivant à Imola, il se précipita sur la Williams de Ralf Schumacher dans une tentative de dépassement dans une épingle. S'il s'en tira sans dommage ni pénalité, cela faisait déjà beaucoup d'imprécisions dans un court laps de temps. Ce fut pire encore à Monaco, où il finit sa course dans le rail, pour un accident aux responsabilités certes partagées : Ralf

1. *F1 Racing*, n° 69, novembre 2004.

Schumacher (encore) ralentit dans le tunnel car à un tour de retard et Alonso choisit de rouler hors trajectoire, dans la partie sale de la piste, ce qui provoqua sa perte de contrôle. Les uns blâmèrent l'Allemand d'avoir choisi le mauvais endroit pour ralentir, les autres dénoncèrent la précipitation d'Alonso qui devait connaître les pièges de la principauté. Il en fut quitte pour un gros choc et une toupie, non sans dire à Ralf sa façon de penser en lui adressant un majeur. Et il ne se contenta pas des gestes pour fustiger sa conduite, allant jusqu'à réclamer le retrait de sa licence pour trois ou quatre courses. « Si son nom était Baumgartner[1], on l'aurait crucifié et on ne l'aurait pas laissé courir au Nürburgring. Il n'est pas pénalisé parce qu'il est Ralf Schumacher, mais si c'était une Sauber ou Jordan, il ne courrait plus jamais. Je ne veux pas perdre mon temps à lui parler, j'ai des choses plus importantes à faire. Ses explications, il peut les garder pour ma nièce ! » Alonso passa la semaine séparant Monaco de la course suivante au Nürburgring à accuser Ralf. Une telle frustration traduisait sa déception d'avoir laissé passer une victoire potentielle et de voir son équipier reprendre le dessus, pour une des rares fois dans sa carrière.

En effet, Trulli le devança régulièrement durant cette saison. Pendant que Fernando accablait le petit frère Schumacher de tous les maux à Monaco, Trulli avait signé la pole position puis dominé l'épreuve pour remporter, après 117 Grands Prix de patience[2], sa première victoire, hélas la seule de sa carrière. Fernando dut attendre l'antépénultième course pour le dépasser au championnat malgré plusieurs résultats nuls de son aîné. Alonso finit ainsi quatrième du championnat avec cinquante-neuf points, soit seulement

1. Modeste pilote du fond de grille en 2004, embauché par Minardi en grande partie pour sa contribution financière.

2. Le deuxième plus grand nombre de courses avant une victoire en 2004. En 2024, il s'agit désormais du cinquième.

quatre de plus qu'en 2003 alors que le championnat 2004 comptait deux Grands Prix supplémentaires. Le tout avec le même nombre d'abandons – cinq – mais deux de son fait : Monaco donc mais aussi Monza où il partit en tête-à-queue. Les commissaires refusèrent de pousser la Renault, pourtant en position dangereuse, alors qu'une telle opération fut pratiquée sur la Ferrari de Michael Schumacher au Nürburgring l'année précédente. « Je suppose que si vous ne pilotez pas une voiture rouge, ils ne vous poussent pas », ironisa Fernando, qui n'avait pas encore les faveurs des Transalpins à ce moment.

Pour sa défense, ses erreurs étaient aussi dues à une Renault R24 bien moins saine que la précédente. La nouvelle réglementation obligeait d'utiliser le même moteur pour tout le week-end, ce qui poussa l'équipe à abandonner son fameux bloc à angle large. Sauf que la décision intervint trop tardivement dans le processus de conception, aboutissant à une monoplace conçue autour d'un moteur large, mais équipée d'un modèle plus étroit. Cela déboucha sur une voiture mal équilibrée, et avec Alonso et son pilotage des plus agressifs, les résultats ne pouvaient être des plus concluants. Ce déséquilibre, la R24 le conserva toute la saison et donna l'impression de s'aggraver sur la fin où Fernando ne parvint même plus à monter sur le podium. Selon le pilote d'essais Franck, Montagny, Renault cessa de solliciter l'équipe d'essais sur les dernières courses. « On garde les voitures à l'usine et on ne va plus sur les Grands Prix », raconte-t-il en 2023 à Cockpit Studio, une décision justifiée selon lui par un manque de motivation. Grâce aux mauvaises directions techniques prises par McLaren et Williams pour leurs voitures respectives, Renault s'était retrouvée en lutte pour le top 3 avec BAR-Honda, son objectif premier pour 2004. Or une fois celui-ci sécurisé, Montagny eut le sentiment que l'équipe n'était plus disposée à faire d'efforts supplémentaires pour obtenir la médaille d'argent. En vérité, Renault avait mis l'accent sur le développement de la monoplace de 2005, et selon Alonso, la R24 s'était plutôt améliorée, juste de façon moins prononcée que la BAR.

Ce n'était pas la seule décision polémique du constructeur. Après le Grand Prix de France où Trulli perdit la troisième place sur le fil au profit de la Ferrari de Rubens Barrichello, Jarno rentra dans une spirale négative dont il ne parvint jamais à ressortir. En bisbille contractuelle avec le directeur Flavio Briatore, et ressentant une préférence affective de ce dernier pour Alonso, Trulli s'éloigna progressivement de Renault et vice-versa, au détriment de ses performances. Hormis une pole à Spa-Francorchamps favorisée par la météo, il ne produisit plus rien de bon, et finit par quitter l'équipe trois courses avant la fin. Au lieu de choisir Montagny qui connaissait parfaitement la voiture, Briatore ramena Jacques Villeneuve en F1. Une belle ironie : non seulement le champion du monde 1997 avait failli rejoindre Renault en 2001, mais il était jusqu'en 2003 le pilote phare de BAR-Honda, le rival de Renault en 2004. Hélas, le Canadien paya ses mois d'inactivité face à une monoplace capricieuse et surtout face à une génération de F1 qui avait énormément gagné en vitesse et en exigence physique. Résultat, Jacques fit autant de figuration que Trulli, si ce n'est plus, ne marquant pas le moindre point.

Deux amis, malgré la politique

Alonso et Trulli formaient pourtant un duo des plus sympathiques. Plusieurs magazines se fendirent d'articles pour souligner l'excellente entente entre ces deux Latins tant elle paraissait incongrue dans une F1 ultra-compétitive aux rivalités internes exacerbées ou étouffées par la hiérarchie préétablie. « En vingt ans de F1, je n'avais jamais vu une entente pareille, dit Jean-François Galeron, un photographe majeur du milieu. En remontant les années, on ne voit guère que le regretté duo Hakkinen-Herbert chez Lotus pour concurrencer en camaraderie le tandem des inséparables Trulli et Alonso[1] », renchérit le reporter de *F1i Magazine* Nicolas Carpentiers, faisant allusion à un duo datant de… 1992 ! En vérité, Jarno avait déjà entendu parler de Fernando avant même ses débuts en F1. C'est durant une course de karting en 1998 qu'un des amis de Trulli, officiant comme mécanicien, lui toucha deux mots à propos de cette sensation espagnole. Aussi, comme d'autres de ses pairs, il suivit à la télévision la domination d'Alonso en F3000 à Spa-Francorchamps deux ans plus tard.

Le stage d'hiver au Kenya de l'hiver 2001-2002 fit office de détonateur quant à l'évolution de leurs rapports selon Trulli, puisque c'est à cette occasion qu'ils purent vraiment faire plus ample connaissance. Le fait qu'Alonso sache parler italien et qu'ils soient les seuls Latins dans un environnement à forte dominante britannique n'y était pas étranger. Ainsi, lors d'une opération marketing en 4 × 4 aux USA en octobre 2002, le magazine *F1 Racing* eut tôt fait de remarquer les coups de coude, les tapes dans la main, les rires partagés et les provocations bon enfant « Savoure ta dernière qualification devant ton coéquipier à Suzuka ! » lança Fernando. « Et toi, profite de ta dernière course de vacances ! » rétorqua Jarno. Bien qu'il n'ait échappé à personne qu'une telle opération de relations publiques permettait de présenter un tableau idyllique de l'équipe Renault, la complicité entre Alonso et Trulli

1. *F1i Magazine*, n° 26, mai 2004

n'était certainement pas feinte. « Une véritable amitié nous lie désormais, un clin d'œil suffit à nous faire partir en fou rire[1]. » Trulli se considérait comme un « grand frère » pour Alonso, avec leurs six ans d'écart, et le décrivait comme « un chouette type » : « Il est authentique et ne cherche pas d'histoires »[2]. Alonso, de son côté, se reconnaissait un peu en Trulli pour ses débuts précoces en karting et sa compétitivité exacerbée, mais également dans son rejet des aspects bling-bling de la F1.

Tout cela paraît bien éloigné de l'image collant à la peau d'Alonso de nos jours, vu comme un animal politique étouffant ses équipiers. Ce qui rend ces propos de Trulli particulièrement ironiques avec le recul vingt ans après : « Nous ne subissons pas la terrible pression que supportent certains équipiers qui se battent l'un contre l'autre. On ne se livre pas de guerre psychologique et il n'y a pas de politique entre nous, ce qui crée une bonne ambiance de travail[3]. » Or lorsque Jarno fut interrogé pour le podcast officiel *Beyond the Grid* en début d'année 2021, il confirma que la fibre politique d'Alonso était en fait déjà perceptible. « Oui bien sûr, Fernando est ce genre de pilote. Au fur et à mesure qu'il grandissait et qu'il prenait confiance en lui, lorsqu'il sentit qu'il pouvait prendre l'avantage sur moi, Fernando est le genre à pratiquer les jeux psychologiques et à faire de la politique au sein du team. Il ne faisait rien de spécial mais il essayait évidemment de tirer le meilleur parti de l'équipe, et de leur politique à son avantage. Il essayait toujours d'être au centre de l'attention. »

Cependant Jarno ne garde absolument aucune rancœur, conscient qu'il s'agit d'un aspect essentiel pour qu'un

1. *F1 Racing*, n° 53, mai 2003.
2. *F1 Racing*, n° 53, mai 2003.
3. *F1i Magazine*, n° 26, mai 2004.

pilote arrive au top. « C'est ce que fait un pilote de pointe quand il veut être numéro un dans l'équipe, vous devez vous y attendre. Un pilote de pointe pense toujours qu'il est le meilleur, donc il veut obtenir le meilleur et toute l'attention de l'équipe, je ne le lui reproche pas. En fait je ne suis pas comme lui, je préfère prouver ma valeur *via* les résultats plutôt que par la politique. Et c'était probablement une de mes erreurs. » Pourtant, à entendre Alonso à l'époque, l'Espagnol n'était pas un adepte de la guerre psychologique et des manœuvres en douce, du moins dans un premier temps. Lorsqu'il évoqua son amitié avec Trulli en 2003, il confia apprécier qu'« il attache beaucoup d'importance à l'honnêteté et la franchise. Pour lui, les rumeurs, les remarques méprisantes et les jeux psychologiques n'existent pas. Je respecte beaucoup cette attitude[1] ». Encore une fois, sacré contraste avec ce qu'on connaît d'Alonso aujourd'hui !

Apprendre de ses défaites

Mais c'est bien connu, on apprend plus de ses défaites que de ses victoires. Bien conscient de ses limites et de sa marge de progression, Alonso continua de travailler pour s'améliorer. C'est cette année-là que naquit la réputation de l'Espagnol pour les départs, lui qui fit presque de cet exercice un art. En 2003, les systèmes électroniques simplifiant la procédure de départ étaient autorisés et laissaient moins de place au pilote pour s'exprimer. Or le logiciel Renault se révéla le meilleur du plateau, et une fois ces systèmes interdits en 2004, les pilotes apprirent du logiciel afin d'imiter au mieux l'impulsion donnée. Les deux pilotes

1. *F1 Racing*, n° 52, juin 2003.

prirent donc d'excellents envols au point qu'on aurait pu croire qu'ils disposaient toujours des dispositifs passés ! Mais le départ ne se limite pas au décollage de sa position. Il faut aussi bien s'infiltrer, prendre la bonne trajectoire au bon moment jusqu'aux premiers virages. C'est là que le perfectionnisme d'Alonso le sert. Il regarde régulièrement les courses de support se déroulant le même week-end que la F1, même les plus confidentielles, afin d'étudier les trajectoires de chacun et possiblement imiter celle qui lui paraîtrait la plus adéquate. « Je réfléchis toujours au départ et m'assure que j'étudie intensément tous les paramètres. J'examine la piste, la largeur de la ligne droite, l'adhérence, les conditions sur mon emplacement de grille. Je vérifie toujours tout le samedi soir[1]. » Il se démarqua tellement dans la pratique cette saison qu'il admit : « Cela devient de plus en plus difficile car chacun sait ce dont je suis capable[2]. » Vingt ans après, l'Espagnol parvient quand même à surprendre son monde, au point d'avoir fait du départ canon une de ses marques de fabrique. Pas étonnant que le compte YouTube officiel de la F1 ait consacré une vidéo entière à ses meilleurs envols, lequel inclut son départ du Grand Prix des États-Unis de la neuvième à la troisième place. S'il fut élu départ de l'année par les lecteurs du magazine *F1 Racing*, il ne s'agissait pas de sa plus grosse progression, puisqu'en Malaisie, il remonta de la dernière à la dixième place en une boucle !

S'il s'égara davantage en 2004, il n'avait clairement rien perdu de son agressivité, offrant aux spectateurs d'autres moments de bravoure. Impliqué au premier tour à Bahreïn dans une touchette qui l'obligea à remplacer son aileron avant, il ne se laissa pas démonter et tailla sa route

1. *F1 Racing*, n° 69, novembre 2004.

2. *Ibid.*

jusqu'en septième place. Privé de direction assistée durant le Grand Prix d'Europe, il serra les dents et finit à quelques secondes de son équipier en cinquième position. Déséquilibré par des débris en Allemagne, il proposa une formidable défense en opposition à la BAR de Jenson Button, une bataille qui préfigurait ses futurs chefs-d'œuvre en la matière. Et durant les trois dernières courses, pendant que Villeneuve s'engluait dans le peloton, Alonso donnait son maximum pour sauver le plus de points au moment où sa Renault était en fin de développement. Sans oublier quelques abandons dénués de sa responsabilité, comme au Canada (transmission), aux États-Unis (crevaison) et en Belgique (fuite d'huile) où le podium au minimum lui ouvrait les bras à chacune de ces courses, sinon plus. Sa plus belle chance de victoire se passa en France où il signa la pole position, avant qu'une stratégie à quatre ravitaillements pour Michael Schumacher prenne Renault de court. Alonso se contenta de la deuxième place, son meilleur résultat de l'année.

Une victoire de Schumacher n'était pas rare en cette saison 2004. À son paroxysme, le champion allemand remporta son septième et dernier titre avec treize victoires en dix-huit courses, dont douze sur les treize premières courses ! 2023 n'avait rien inventé côté domination écrasante et épuisante. Et comme souvent dans ce genre de situation, il fallait chercher l'agitation en coulisse, voire la créer, puisque les rumeurs de transfert d'Alonso chez Ferrari se faisaient déjà entendre à ce moment. Il n'avait donc pas perdu sa réputation malgré les difficultés. À l'entendre, cette saison l'avait fait gagner en maturité. Et au vu des résultats du millésime suivant, on pouvait le croire.

7

Un rêve devenu réalité

Si 2003 proposa une révolution sportive avec son barème de points modifiés et son nouveau format de qualification, 2005 changea davantage la donne quant à l'aspect technique. L'enjeu n'était pas ici le spectacle mais la sécurité. En 2004, les F1 avaient atteint un niveau de vitesse inégalé, favorisées en ce sens par la confrontation pneumatique entre Michelin et Bridgestone. La Fédération internationale de l'automobile mettait constamment un point d'honneur à freiner l'escalade avant d'aboutir à des monoplaces incontrôlables. Les pneus rainurés et la réduction de la largeur des F1 imposés en 1998 allaient dans ce sens. Ici, l'aileron avant fut relevé, l'aile arrière, avancée et le diffuseur, plus limité, pour une perte d'appui estimée à 30 %, même si, dans la pratique, les ingénieurs compensèrent une bonne partie de cette perte. Mais le point essentiel de ces changements concernait les pneumatiques. Dans l'optique d'une réduction des coûts, la FIA accepta la proposition de Michelin et interdit tout changement de gommes durant la course. Une restriction qui allait faire la part belle aux pilotes précautionneux et économes de leurs efforts face aux attaquants pure souche et moins soucieux de l'usure.

De son propre aveu, Alonso se plaçait jusqu'à présent dans la deuxième catégorie, lui qui étonna les spécialistes avec ses entrées de virage particulièrement appuyées. « J'attaque fort et je torture la voiture, je suis un peu plus violent avec les freins, mon angle de braquage est plus prononcé en milieu de virage[1]. » Il allait donc devoir s'adapter, surtout face à un nouvel équipier, Giancarlo Fisichella, plus coulé et doux dans son approche. Réputé pour avoir tiré le meilleur parti de monoplaces moyennes voire ratées, un temps considéré comme le meilleur pilote après Michael Schumacher, l'Italien débarquait donc avec une excellente considération, peut-être un peu plus haute qu'un Alonso laissant une impression mitigée en 2004. Ainsi, lorsque le magazine *F1 Racing* fit un petit sondage en début de saison pour savoir lequel des deux pilotes prendrait l'avantage, des spécialistes comme l'ancien pilote René Arnoux ou le journaliste Lionel Froissart penchèrent du côté italien, en citant le nouveau règlement pneumatique et les errements passés d'Alonso comme arguments. Restait maintenant à produire une Renault R25 bien plus saine que la précédente, réputée pour sa nervosité. Ce que s'empressèrent de confirmer les essais hivernaux, Alonso la qualifia directement comme la meilleure F1 qu'il ait pu conduire.

De là à envisager le début de saison réalisé par le Losange, peut-être pas… Pourtant Renault reprit à son compte la domination de Ferrari en enchaînant quatre victoires lors des quatre premiers Grands Prix ! Pensée de longue date – les premiers projets dataient de début 2003 –, entièrement adaptée au moteur étroit contrairement à la R24 et parfaitement en phase avec les pneus Michelin, la Renault R25 était la meilleure monoplace du plateau durant l'entame de la saison. Elle se montra capable de bien mettre

1. *F1i Magazine* n° 20, mai 2003.

les gommes en température sans trop les user, un équilibre que ni McLaren ni Williams ou BAR ne parvinrent à trouver dans un premier temps. Et pour Ferrari, c'était la Bérézina, son partenaire Bridgestone éprouva le plus grand mal à finir les courses avec des pneus en bon état et ne parvint jamais à corriger le tir. Une chute spectaculaire qui marquait la fin du règne de Ferrari et de Michael Schumacher. L'Allemand ne remporta qu'une victoire, et encore, acquise dans des circonstances bien particulières.

Et en interne, alors que le premier Grand Prix en Australie vit Fisichella dominer en qualifications comme en course, Alonso reprit l'avantage dès la course suivante en Malaisie et ne le perdit plus. En vérité, il n'y eut jamais match entre les deux équipiers. Fisichella ne devança Alonso que quatre fois en qualifications – deux occasions aidées par la météo – et marqua moins de la moitié de ses points ! Il est vrai que l'Italien connut un peu plus de pannes mécaniques et de coups du sort mais même sans ceux-ci, l'écart le séparant d'Alonso était trop notable pour être ignoré ou être justifié par ces pertes. Un des facteurs décisifs fut l'une des principales forces d'Alonso, déjà connue de son équipe mais davantage exposée ici : sa capacité d'adaptation. Bien conscient des nouvelles exigences en matière de pilotage, Alonso sut adapter son style pour ménager au mieux ses pneumatiques, prenant même de court certains membres de Renault. « Au début de l'année 2005, je pensais que nous allions le battre car nous n'avions qu'un train de pneus pour les qualifications et la course, aucune chance qu'il aille au bout, raconte Alan Permane, alors ingénieur de course de Fisichella. Et du jour au lendemain, Fernando a changé son style de pilotage pour s'adapter à cette réglementation, il était d'un coup très doux avec le pneu avant gauche, sans taper dans la gomme. Donc je pense que sa capacité d'adaptation est une de ses principales forces. » Difficile de ne pas le contredire puisqu'Alonso connut différentes générations de F1 et, contrairement à d'autres pilotes même excellents, ne sembla jamais dépassé par une nouvelle réglementation

La transition entre Trulli et Fisichella se fit le plus naturellement du monde. On retrouva une atmosphère très apaisée, une collaboration constructive et un équipier élogieux sur Fernando avec le recul… toujours malgré l'aspect politique ! « Fernando était le plus fort de mes équipiers, ou le plus difficile. Il était très bon dans toutes les circonstances, quel que soit le niveau d'adhérence, surtout en course, se souvient-il pour le podcast *Beyond the Grid.* Il était très régulier, concentré, avec peu d'erreurs, très bon dans la communication radio avec l'équipe. Il était aussi politique mais ça fait partie du métier. Dans l'équipe, Briatore était son manager, Telefónica était un des principaux sponsors, donc il avait une position très solide. »

Ironiquement, alors que le commentateur Christophe Malbranque avait parié sur Fisichella dans le sondage proposé par *F1 Racing*, sa phrase de conclusion résumait parfaitement leur opposition : « Si Alonso est le champion qu'on imagine, Fisico sera son révélateur. » Il le fut, à son corps défendant. C'est cette année qu'on comprit de quel bois était fait Alonso. Celui dont on fait les champions du monde. Et une course en particulier le démontra peut-être mieux que toutes les autres.

Treize tours de magie

Le Grand Prix de Saint-Marin vit la première brèche apparaître dans l'hégémonie Renault. Pas de monoplace française en pole position, mais la McLaren-Mercedes de Kimi Räikkönen. Après trois courses où la MP4-20 peina à pleinement exploiter ses pneumatiques, une modification opportune de la suspension avant permit à la Flèche d'argent de retrouver les avant-postes. Elle n'allait plus les quitter du reste de la saison. Sauf que cette course illustra parfaitement la physionomie de cette saison 2005 quant à la lutte pour le titre mondial. Filant comme l'air et indéniablement plus rapide que la Renault R25 à partir de ce moment, la McLaren se révéla aussi trop fragile, laissant échapper des points précieux. Ainsi, après seulement huit tours à dominer l'épreuve, Räikkönen perdit soudainement pied, trahi par sa transmission.

Alonso récupéra la tête de la course et semblait en mesure d'assurer une victoire relativement facile, dans la lignée de Sepang et Sakhir. Ce fut son exact contraire. Et non seulement elle s'obtint dans l'adversité, mais elle fut assurée au détriment du pilote auquel on cherchait encore un successeur en tant que référence de son sport : Michael Schumacher. Parti treizième après une erreur durant son tour rapide, le septuple champion du monde misa sur une stratégie décalée afin de combler son retard. Économisant ses efforts dans le trafic au cours des premiers tours, Michael lâcha les chevaux au fur et à mesure que ses adversaires prirent le chemin des stands. Si bien qu'à l'issue de son arrêt au vingt-septième tour, il repartit troisième ! Il mena même brièvement avant son deuxième ravitaillement, lequel le fit ressortir dans la roue d'Alonso.

Il restait alors treize tours. Schumacher avait réalisé le meilleur tour en course – 1'21"858 –, une seconde de moins qu'Alonso. La Ferrari bénéficiait d'un moteur neuf tandis que la Renault achevait la distance avec un bloc déjà usé par la chaleur de Bahreïn trois semaines plus tôt (le règlement imposait un moteur pour deux Grands Prix désormais). On apprit même plus tard qu'un problème avec un cylindre poussa l'équipe à envisager le changement de bloc avant la course, ce qui aurait abouti à un recul de dix places sur la grille. En fin de compte, Alonso courut avec une puissance limitée pour ménager la pièce défectueuse. La réputation de « tueur » de Schumacher en piste n'était plus à présenter, lorsqu'Alonso n'avait pas encore dévoilé toutes les cartes de son jeu. En résumé, les paris n'étaient pas en faveur du Taureau des Asturies. « Sincèrement, je ne vois pas très bien comment Alonso va pouvoir résister à la furie de Michael Schumacher », lâcha l'ancien pilote Jacques Laffite en direct sur TF1 peu après la sortie des stands de l'Allemand. Au cinquante et unième tour – sur soixante-deux –, Alonso n'avait plus que 1'327" d'avance sur Schumacher. Une boucle plus tard, l'avantage se réduisit à trois dixièmes. On pouvait s'attendre à un dépassement imminent. C'est alors que le magicien présenta son nouveau tour.

Déterminé à marquer son territoire face à un des géants de la discipline, Alonso proposa un modèle de défense aussi calculé que propre. Plaçant ses roues au centimètre près à l'abord d'un virage pour désamorcer toute velléité d'attaque de son adversaire, freinant plus tôt dans les courbes lentes afin de couper l'élan de Schumacher à la réaccélération, Alonso ne fit pas la moindre erreur en dépit d'une pression ininterrompue de la Ferrari pendant un bon quart d'heure. Il se doutait que les pleines charges du circuit seraient trop courtes pour que la Renault se fasse aspirer par la Ferrari et prit volontairement un rythme plus mesuré – trois secondes de moins que le meilleur temps en moyenne – afin de ne pas rejoindre les pilotes à un tour. Ceux-ci pouvaient servir de détonateur à dépassement au moindre ralentissement non planifié du leader. Une présence d'esprit digne d'un champion du monde qu'il n'était pas encore.

Par conséquent, Schumacher n'eut aucune opportunité de doubler la Renault. Les tours restants se déroulèrent selon le même schéma. Alonso ne déviait pas de sa ligne quand Schumacher guettait la moindre ouverture, la petite faille décisive, l'infime hésitation. En vain. Fernando conserva sa maîtrise jusqu'au dernier mètre. Il passa la ligne avec deux dixièmes d'avance à peine, remportant ainsi sa quatrième victoire, la troisième de suite. Et l'une des plus importantes de sa carrière. « Un duel entre deux géants, l'homme qui a dominé les dix dernières années de la F1 et celui qui sera peut-être son successeur. On vit un moment historique », mesure Jean-Louis Moncet sur TF1, qui a connu sa part de moments historiques au micro.

Fernando savoura comme il se doit sa performance. « C'est ma plus belle victoire en F1. Je savais que Michael était d'une seconde au tour plus rapide que moi. Tout est question de savoir où j'étais le moins à l'aise et de me préparer à me défendre. Ma seule chance était de freiner tôt pour réaccélérer plus vite. En plus, à la fin, j'avais deux voitures devant moi et je ne voulais surtout pas les rattraper pour ne pas être gêné. Alors j'ai ralenti dans tous les virages lents… et ça a marché. J'étais sûr à 99 % que Michael ne pourrait pas passer. » Digne dans la défaite, Schumacher résuma sobrement la situation : « Il a fait une grande course, il n'a pas fait d'erreur, c'est pourquoi il a remporté la course et je finis second. » Cette maîtrise hallucinante pour un pilote pas encore arrivé à maturité donnait l'impression qu'Alonso était parfaitement maître de ses nerfs dans sa R25. Mais comme il le dit lui-même en 2021 pour la chaîne YouTube officielle, « je n'étais pas calme, j'étais très tendu à ce moment ! Vous avez Michael dans vos rétroviseurs, il n'y a aucun moyen de se relaxer ! ». S'il était assez confiant dans sa capacité à retenir Schumacher sur ce circuit, il reconnut que de nos jours, avec sa configuration actuelle dépourvue de dernière chicane – d'où une plus grande ligne droite – et la présence du fameux DRS, il n'y serait pas parvenu. Ce qui ne l'empêcha pas de proposer une autre leçon de défense en 2021.

Pour une partie des observateurs, cette course fut un tournant dans leur perception d'Alonso. Si certains doutaient encore de son potentiel de futur champion du monde, Imola 2005 fit d'eux des convaincus. Même si l'Espagnol ne prêta guère attention à ce changement sur le moment. Il avoua même être plus intéressé par un de ses meilleurs amis qui se trouvait dans la tribune en face du podium : celui-ci venait de se marier et le cadre de sa lune de miel s'avérait être ce Grand Prix ! Alonso ne manqua pas de le saluer depuis le podium, espérant avoir offert un beau cadeau à ses proches. Mais par la suite, il reconnut avoir ressenti un déclic après Imola. « Il a compris qu'il allait pouvoir rivaliser sur la durée avec le pilote le plus respecté du plateau », dit le commentateur belge Gaëtan Vigneron.

Aujourd'hui ce Grand Prix et cette lutte font partie de la légende de la F1. Et comme Alonso le rappelle lui-même : sans la rivalité de Schumacher ce jour-là, l'impact n'aurait certainement pas été le même.

Le lièvre et la « tortue »

Après cet exploit, Fernando eut l'occasion de poursuivre sa série de victoires devant les siens. Cependant, ce que les qualifications et le début de course d'Imola avaient laissé entrevoir se confirma à Barcelone : McLaren était désormais l'équipe à battre. Kimi Räikkönen domina la course au point de ne jamais quitter la première place durant les soixante-six tours. Alonso sut se contenter de la seconde place à près de trente secondes. Le Finlandais écrasa encore plus la concurrence à Monaco avec un nouveau

Grand Prix mené de bout en bout. Non seulement Alonso ne put jamais suivre son rythme mais il fit face pour une fois à une usure prématurée de ses pneus arrière, l'empêchant de se défendre avec la même finesse qu'à Imola face aux Williams-BMW. Il manqua même quelques freinages et coupa la chicane du Port à quelques reprises tant il était en difficulté et déterminé à résister contre vents et marrées. Il finit finalement quatrième avec quatre autres pilotes collés à sa Renault. Au moins ne s'était-il pas mis dans le rail.

Le Grand Prix d'Europe au Nürburgring était destiné à suivre la même dynamique : Räikkönen vainqueur sans concurrence et Alonso au mieux deuxième. Il finit par être un des premiers tournants du championnat. Sixième au départ – mais gavé d'essence pour la course –, Alonso se faufila entre de multiples contacts au premier virage, malgré la Toyota de Ralf Schumacher qui perdit son aileron sur la roue arrière gauche de sa Renault ! Sa stratégie décalée le ramena deuxième en dépit d'une légère sortie de piste avant son dernier arrêt après avoir bloqué sa roue au freinage. Mais là encore, son pneu n'en souffrit pas. D'autres auraient aimé en dire autant. En effet, Räikkönen effectua un beau plat sur son pneumatique au moment de dépasser un retardataire. Avec cette inégalité sur la gomme, celle-ci fit vibrer sa monoplace de plus en plus et le risque d'une casse était légitime. On laissa le choix à Kimi : remplacer le pneumatique endommagé – le règlement autorisait le changement en cas d'urgence de ce type – quitte à perdre la victoire, ou essayer d'aller au bout en priant pour que la machine tienne. Il choisit la seconde option mais ne put guère lever le pied pour ménager sa monture : prévenu du problème, Alonso revenait à grandes enjambées sur lui et le forçait à garder un rythme relativement soutenu. Ainsi, au dernier tour, alors que

Räikkönen entamait son freinage pour le premier virage, sa suspension vola en éclats. La McLaren partit en toupie pour finir bloquée dans le bac à graviers. Heureusement la roue fut maintenue par un câble et ne s'envola pas dans la foule, contrairement à d'anciens tristes incidents. Mais cette préoccupation était bien secondaire pour McLaren et son pilote sur le moment. Non seulement ils perdirent la victoire mais ils ne marquèrent aucun point lorsque Alonso remporta son quatrième succès de l'année. Le retard pris après les trois premières courses s'agrandit.

Alonso célébra cette victoire presque plus ostensiblement qu'à Imola, ravi de l'écart creusé et conscient que sa cadence joua un rôle dans le résultat. Les fans de Räikkönen potentiellement heurtés par ce comportement eurent droit à leur revanche pour Montréal. Alonso fit une nouvelle erreur, cette fois éliminatoire, lorsqu'il heurta un mur avec sa roue arrière droite. Sa suspension céda immédiatement et le pilote laissa la victoire à Räikkönen. Ce fut son seul abandon de la saison et l'une des rares fois où son équipier Fisichella eut le dessus, pour son plus grand déplaisir. Se sentant retardé par Giancarlo, Fernando manifesta son impatience auprès de son équipe et de façon bien audible pour les téléspectateurs. La réalisation diffusait désormais les messages radio depuis le Grand Prix de Chine 2004 et, si celui-ci ne fit pas date contrairement à beaucoup d'autres, il restait proche de ceux-ci dans l'esprit.

On revint ainsi à la situation d'après-Monaco au moment de rejoindre Indianapolis. Mais au soir de ce « Grand Prix » des États-Unis, la physionomie du championnat était passée au second plan. Les pneus Michelin posèrent un problème majeur de sécurité : incapables de supporter les pressions de l'anneau de vitesse, ils risquaient une crevaison au bout de dix tours d'affilée. Face à l'incapacité de trouver un compromis entre les parties prenantes

– notamment l'introduction d'une chicane dans le virage relevé du circuit – les quatorze monoplaces équipées des pneus français (dont les Renault) furent contraintes de se retirer avant le départ, laissant les Ferrari, Jordan et Minardi isolées sur la grille. La course tourna à la farce, au grand dam des spectateurs et de toute personne appréciant la F1. Ce scandale contribua à la perte de Michelin, entre le retour au changement de pneus en 2006 et le rejet d'une confrontation entre manufacturiers à partir de 2007, amenant à son départ de la discipline.

Michelin eut droit à une relative consolation pour l'épreuve suivante puisqu'elle se courait à domicile, en France, sur le circuit de Nevers Magny-Cours. Non seulement elle remporta la course grâce à Alonso et sa Renault, mais l'Espagnol rendit hommage à la marque en pointant ostensiblement du doigt sa casquette Michelin lors de l'hymne national sur le podium. Une initiative spontanée de sa part qui prit de court les responsables de Bibendum qui ne lui avaient rien spécifié. Cela étant, si Alonso gagna sa cinquième victoire, elle n'était pas entièrement de son fait, même s'il mena de bout en bout la course. La fiabilité imparfaite de McLaren avait encore empêché Räikkönen de faire étalage de tout son talent, avec un moteur cassé durant les essais libres, ce qui obligea McLaren à changer de bloc, d'où un recul réglementaire de dix places sur la grille. Or en remontant de treizième à deuxième avec seulement onze secondes de retard sur Alonso sur un tracé peu propice aux come-back de ce genre, Kimi fit comprendre qu'en rythme pur, sa McLaren était toujours plus rapide. Un scénario qui se répéta à Silverstone pour le Finlandais : casse moteur en essais, dix places de perdues en qualification, remontée en course. De douzième à troisième cette fois. Et si l'autre McLaren de Juan-Pablo Montoya remporta (enfin) sa première victoire de l'année au détriment d'Alonso, Fernando continuait de creuser l'écart au championnat.

On crut que McLaren allait retenir la leçon en Allemagne après une pole incontestable de Räikkönen (près d'une demi-seconde d'avance sur tous ses opposants). Mais à force de vouloir rattraper le terrain perdu sur Renault, l'équipe britannique finit par reculer davantage avec une panne hydraulique à mi-course, alors qu'il n'y eut que deux abandons en tout ce jour-là. Un tel manque de fiabilité pour un candidat au titre n'était pas acceptable. Et bien entendu, Alonso en tira les marrons du feu avec une sixième victoire. Il disposait de trente-six points d'avance avec sept courses à disputer. À ce stade de la saison, si Räikkönen remportait tous les Grands Prix restant et qu'Alonso finissait à chaque fois quatrième, le titre lui reviendrait pour un point. L'ironie était palpable entre une équipe qui devait forcer sur la mécanique pour revenir au combat quitte à l'user, et l'autre qui pouvait l'économiser plus que de raison.

Néanmoins, Alonso se serait bien privé du scénario proposé en Hongrie. Légèrement tassé par Ralf Schumacher (décidément…) au premier virage, Alonso endommagea son aileron avant. Son remplacement le rejeta en fond de classement et il ne parvint jamais à imposer un rythme suffisant pour remonter dans les points. Dix points de perdus puisque Räikkönen finit l'épreuve, et en tête. McLaren n'allait plus quitter cette place durant six courses consécutives. Malheureusement pour l'équipe, Räikkönen n'était pas toujours le vainqueur et Alonso enchaîna cinq podiums d'affilée après son faux pas hongrois. De plus, Kimi changea encore de moteur en Italie, ce qui aboutit à une situation inédite : l'auteur du meilleur temps ne partit pas en pole position ! Comme si ça ne suffisait pas, son énième retour fut compromis par un changement de pneumatique après qu'un mauvais réglage de carrosserie eut entaillé sa gomme à l'arrière gauche. Quatrième au final, et Alonso deuxième. Ce n'était pas sa victoire en Turquie puis en Belgique qui allait changer quoi que ce soit car Alonso le suivait toujours au classement. Pire encore : dans les deux cas, Alonso obtint la deuxième place après un accrochage évitable de Juan-Pablo Montoya avec des pilotes retardataires dans les derniers tours ! Tellement de gâchis.

Par conséquent, la lutte pour le titre s'acheva prématurément, au Brésil, au dix-septième des dix-neuf Grands Prix programmés. Alonso avait vingt-cinq points d'avance sur Räikkönen. En cas de victoire de son rival, il pouvait se contenter d'une troisième place pour assurer ce qu'il convoitait depuis des années. Encore une fois, McLaren lui facilita la tâche lorsque Räikkönen bloqua sa roue au premier virage durant son tour rapide. Il se qualifia cinquième quand Alonso signa la pole position. Cette fois-ci, McLaren fit changer le pneu endommagé par sécurité, apprenant sa leçon du Nürburgring. La course n'était qu'une formalité tant il avait une large marge de manœuvre. Il ne résista pas à Montoya qui le dépassa après deux tours, et Räikkönen le déborda à la faveur des arrêts aux stands. Troisième. C'est tout ce qu'il lui fallait. Il suffisait de contrôler et de ne pas laisser l'émotion de l'imminent titre mondial le submerger. Ne pas penser à la pluie potentielle qui pourrait redistribuer les cadres et qui tomba… après l'arrivée ! Ne pas se précipiter sur les dépassements de retardataires comme Montoya avant lui. Ne pas s'inventer des problèmes inexistants, lesquels lui traversèrent l'esprit dans le dernier tour. Mais rien ne se produisit.

Montoya remporta la course, pour ce qui serait sa dernière victoire. Räikkönen finit deuxième. Vingt secondes plus tard, Alonso émergeait. C'était fait. 25 septembre 2005. Fernando Alonso devenait champion du monde. Le plus jeune de l'histoire, avant Emerson Fittipaldi. Le Brésilien avait 25 ans, 8 mois et 29 jours lorsqu'il avait connu ce bonheur à Monza le 10 septembre 1972. Alonso abaissa la barre à 24 ans, 1 mois et 27 jours[1]. La réaction d'Alonso au moment de sortir de son baquet fait aujourd'hui partie des images tournant en boucle dans moult rétrospectives sur la F1. Un hurlement de joie, un « *Toma !* » scandé plusieurs fois, exclamation purement espagnole que l'on peut traduire par « Voilà ! » ou « Allez ! ». Ce qui n'allait pas de soi avant le début de saison s'était accompli deux courses avant son terme. « Je voudrais dédier ce titre à mon père, à mes amis, à tous ceux qui m'ont aidé dans ma carrière. L'Espagne était dépourvue de culture du sport automobile et j'ai dû me battre seul, échelon après échelon, pour transformer mon rêve en réalité[2]. » Fernando n'avait pas oublié d'où il venait. Tout le paddock, rivaux, anciens collaborateurs, observateurs, s'empressa de le féliciter. Y compris le directeur de McLaren Ron Dennis qui lui fit part d'un certain projet, lequel devint bien plus concret quelques semaines plus tard.

Lâcher les chevaux

Maintenant que le titre pilote était acquis, Renault se permit de lâcher les chevaux pour répondre à la menace McLaren. La météo se chargea de corser le challenge au Japon. Une averse arrosa la séance de qualification et son intensité augmenta au passage d'Alonso. Il ne put partir qu'en seizième place, mais, avec les McLaren également reléguées en fond de grille, c'était l'occasion de prouver

1. En 2024, il est le troisième plus jeune champion du monde derrière Sebastian Vettel (23 ans, 4 mois, 11 jours) et Lewis Hamilton.

2. Martine Camus, *Fernando Alonso. Le sacre de la jeunesse*, *op. cit.*

qu'il pouvait imposer un rythme similaire aux Flèches d'argent et attaquer à outrance. Ce qu'il fit dès le premier tour, puisqu'il gagna huit places sur les 5 807 kilomètres du tracé. Cependant sa marche en avant fut entravée par la Red Bull de Christian Klien… et l'intervention des autorités. En effet, lorsqu'Alonso tenta de doubler l'Autrichien dans la chicane précédant la ligne droite des stands, il manqua son freinage et coupa le virage, ce qui le plaçait devant Klien. Bien entendu, face au caractère illégal du mouvement, Alonso ralentit pour laisser passer la monoplace dans la ligne droite, mais conserva son aspiration pour le doubler, légalement cette fois, au premier virage. Pendant qu'il mettait la pression sur Schumacher, la direction de course fit passer le message suivant à Renault : Alonso devait à nouveau laisser passer Klien, car il aurait profité de la vitesse gagnée à la suite du virage coupé pour doubler la Red Bull. Sauf que Klien était déjà à quelques secondes de la Renault. Alonso baissa donc sa cadence, repassa derrière lui… avant d'être prévenu que la direction de course, qui avait mal visionné l'incident, était revenue sur sa décision : son dépassement était bel et bien légal ! Mais le mal était fait, Alonso prit deux tours pour dépasser pour de bon Klien et avait perdu un temps précieux pour le résultat.

Néanmoins, ce n'est pas cet incident que l'on retient de la course d'Alonso à Suzuka. Au vingtième tour, Fernando se paya le luxe de dépasser Schumacher dans un contexte fort improbable : à l'extérieur du virage 130R, une courbe à gauche extrêmement rapide qui se prend à fond aujourd'hui. Doubler ici par l'intérieur représentait déjà un gros risque au vu des vitesses atteintes et de la largeur limitée. Alors par l'extérieur et sur un pilote connu pour sa rudesse dans le combat de près… Pourtant, Alonso y parvint et Schumacher leva le pied. De quoi rendre plus concret encore le passage de témoin rêvé par beaucoup. Et histoire d'enfoncer le clou, relégué derrière lui par la grâce des arrêts aux stands, Alonso le déborda à nouveau au trente-troisième passage ! De manière générale, Alonso fut, avec son rival Räikkönen, le plus grand animateur d'un Grand Prix réjouissant pour les fans. Le Finlandais finit par remporter cette course *via* un dépassement de Fisichella de dernière minute, dont la défense maladroite mit davantage en lumière l'écart le séparant de son voisin de garage. Encore aujourd'hui, ce succès est vu comme l'apothéose du pilotage d'Iceman. Mais Alonso, troisième, n'avait pas démérité en comparaison et son effort est hélas quelque peu passé sous silence en comparaison, en dehors du premier dépassement sur Schumacher. On oublie par exemple qu'il devançait Räikkönen avant son premier arrêt. Alonso lui-même s'estimait plus rapide que Kimi et son meilleur tour n'était que cinquante-neuf millièmes plus lent que celui du Finlandais. Sans la confusion avec Klien qui lui fit perdre un temps précieux, la physionomie de la course aurait pu être différente.

Mais, si ceci reste une supposition, le dernier Grand Prix de la saison en Chine ne laissa aucune place aux interprétations. Profitant à fond d'un nouveau moteur, Alonso signa la pole devant Fisichella – la seule première ligne 100 % Renault de la saison – et remporta la course à la régulière devant Räikkönen. Renault et son pilote prouvaient qu'ils étaient parfaitement capables de triompher sans profiter des errements techniques de leurs rivaux. Et ainsi, le constructeur conquit, enfin, son premier titre mondial, pendant que Fernando essaya de reprendre le fameux *We Are the Champions* de Queen à la radio. Au moins ici les fausses notes n'avaient aucune conséquence sportive ! Renault fit également chanter son V10 après la course pour lui rendre un dernier hommage. Cette configuration bénie par de nombreux fans avait vu son dernier Grand Prix[1]. En 2006, le V8 devint la norme.

Alonso avait maintenant laissé son nom au palmarès. Quelle que soit la suite de sa carrière, on ne pouvait plus lui enlever ce titre. Et même s'il existait un nombre non négligeable d'observateurs qui donnèrent davantage de crédit à Räikkönen pour sa pointe de vitesse phénoménale, Alonso n'avait rien à lui envier. « Il sera beaucoup plus redoutable en 2006, matériel permettant. Il possède une marge de progression énorme. Désormais libéré de l'ambition qu'il s'était fixée et rassuré quant à ses possibilités, il n'a pas fini de nous surprendre[2] », dit Frédéric Dhainaut, présent depuis le premier test fin 1999.

Le 10 décembre, lors de la traditionnelle cérémonie de remise des prix de la FIA, Alonso et Renault furent officiellement déclarés champions du monde de F1 dans leur catégorie respective. Dans son discours, Fernando ne manqua pas de remercier son équipe tout en soulignant qu'il lui fallait trouver de nouveaux défis. On imaginait alors Alonso et Renault partis pour une longue collaboration. À ce moment, hormis quelques personnes triées sur le volet, nul ne pouvait deviner que l'Espagnol avait déjà décidé quel serait son nouveau défi à partir de 2007. Et il n'était pas sous pavillon français.

1. L'équipe Toro Rosso (ex-Minardi) fut autorisée à utiliser un V10 en 2006 pour raisons financières, à condition qu'il soit bridé.

2. Martine Camus, *Fernando Alonso. Le sacre de la jeunesse*, *op. cit.*

8

Quitte et double

19 décembre 2005. Quelques jours après avoir signé un contrat avec la compagnie de téléphonie Vodafone pour 80 millions de dollars par an, McLaren lança une bombe médiatique : Fernando Alonso sera un pilote McLaren à partir de 2007. Tout le monde fut pris de court, dont Renault. Un des éléments les plus choquants était que Flavio Briatore soit resté en dehors des discussions, quand bien même il était toujours le manager d'Alonso ! Le dirigeant italien, pourtant fin businessman, aurait laissé filer sa perle rare chez la concurrence ? Cela sonne faux mais c'est pourtant vrai. Plus fort encore, le premier contact entre Alonso et McLaren se fit le soir du Grand Prix du Brésil, soit le jour du titre mondial de Fernando !

Bien entendu, tous les observateurs proposèrent leur propre interprétation, car rien n'arrive par hasard en F1. Déjà, les rumeurs reliant Kimi Räikkönen, la star de McLaren, à Ferrari circulaient durant la deuxième moitié de saison 2005. Il était même question d'une option déjà signée durant ce laps de temps, ce qui fut confirmé bien après. McLaren assura donc ses arrières en remplaçant un top pilote par un autre, avant qu'il soit trop tard. Ensuite, l'avenir de Renault en F1 n'était pas garanti. Son président d'alors, Carlos Ghosn, était connu pour trancher dans le vif et sacrifier toute entreprise dont le « retour sur investissement » n'était pas satisfaisant. Et Renault eut beau avoir remporté deux couronnes avec seulement le sixième plus grand budget du plateau, la F1 coûtait toujours aussi cher : 287 millions de dollars dépensés par Renault[1]. S'il était déjà question d'une réduction des budgets, leur limitation ne fut appliquée qu'à partir de 2021.

Au-delà des raisons du départ, son timing fit sacrément débat, d'autant que McLaren n'en était pas à son coup d'essai. En fin de saison 2003, l'équipe avait officialisé le recrutement de Juan-Pablo Montoya pour 2005. Si le départ du Colombien était dans les tuyaux après que sa relation avec Williams commençait à tourner à l'aigre, il n'en était rien pour Alonso et Renault. Or l'inimitié entre Ron Dennis et Flavio Briatore était connue de tous dans le paddock. On supposa donc que le premier n'était que trop ravi de mettre le second dans l'embarras. C'était l'avis du grand manitou Bernie Ecclestone, encore que son objectivité restait toute relative : ses liens d'amitié avec Briatore étaient tout aussi publics. Ferrari s'en offusqua tout autant. « Si nous avions agi de la sorte, 90 % d'entre vous [les médias] nous auraient crucifiés, prétendit le président de Ferrari Luca Di Montezemolo durant la fête de Noël de son équipe. Anticiper ces affaires d'un an n'est pas une stratégie approuvée par Ferrari. » Notons qu'en début d'année 2024, un nouveau transfert anticipé fut annoncé : celui de Lewis Hamilton pour 2025 chez… Ferrari. Cette fois, son timing ne fit aucunement polémique.

Cela dit, le communiqué officiel avait justifié le caractère précoce du transfert : « Je suis content que nous soyons en mesure de faire cette annonce dès maintenant, ce qui

1. *F1 Racing*, n° 85, mars 2006.

permettra à moi et mon équipe de nous concentrer à 100 % sur la défense des titres mondiaux l'année prochaine. » Sous-entendu : tout le monde savait à quoi s'en tenir pour l'avenir, plus aucune rumeur ou bruit de couloir ne pouvait entraver leur dynamique. Il valait mieux mettre les choses au clair avant la saison plutôt qu'en plein court, pour toutes les parties engagées. C'était en tout cas l'avis de Ron Dennis. Son intention était d'annoncer au plus tôt cette signature pour éviter toute fuite, à savoir dès qu'Alonso aurait prévenu Briatore. Selon le journaliste Renaud de Laborderie dans son Livre d'or annuel, l'entourage juridique de l'Espagnol s'en chargea le 8 décembre, soit quarante-huit heures après la signature de son contrat. Dennis quant à lui prétendit qu'Alonso mit six semaines à prévenir son manager de cette signature ! Une fois averti, Briatore voulait retarder l'annonce mais il était déjà trop tard. « J'étais dans une situation impossible, à ce moment un grand nombre de personnes savaient. Garder cela secret n'était plus réaliste. Je ne voulais pas que la nouvelle devienne publique à la suite d'une fuite[1]. »

Pourquoi Alonso quitta l'équipe qui le hissa vers les sommets ? Fernando justifia son choix comme bien d'autres pilotes avant et après lui se séparant de leur écurie de longue date pour en rejoindre une autre : relever un nouveau défi pour renouveler sa motivation. « Renault a été mon équipe pendant cinq ans et ils ont fait de moi un champion du monde à un très jeune âge. De l'autre côté, quand je suis arrivé en F1 avec Minardi, je me battais contre les Renault [Benetton], et désormais nous sommes en tête de grille. Nous nous sommes aidés mutuellement, mais je ne pense pas qu'un pilote puisse faire toute sa carrière avec la même équipe. Je suis encore jeune et je

1. *F1 Racing*, n° 87, mai 2006.

sentais qu'il me fallait un nouveau challenge pour 2007. Donc j'ai fait le choix qui me semblait être le meilleur[1]. » Cela étant, il laissa aussi entendre que Renault aurait pu être plus transparent sur sa présence ou non en F1 dans les prochaines années afin de le convaincre de rester. D'où les rumeurs abordées plus tôt, d'autant que Briatore lui-même ne fit rien pour calmer le jeu. Problème : selon le président de Renault F1 Patrick Faure, Alonso n'a jamais daigné poser la question au constructeur ! Renault sanctionna Faure pour ce départ, puisque sa retraite programmée en cours d'année 2006 devint effective plusieurs mois en avance.

Si le soufflé consécutif au transfert surprise d'Alonso retomba progressivement jusqu'à l'ouverture de la saison, les interrogations quant à la cohésion du pilote avec Renault demeuraient. Par conséquent, le statut de favori incontesté que son titre mondial aurait pu lui conférer n'allait pas de soi. De plus, la FIA fit machine arrière en autorisant à nouveau les changements de pneumatiques, ce qui allait resserrer l'écart entre Michelin et Bridgestone, donc fragiliser quelque peu la position de Renault. Aussi, si presque personne ne remit en question ses mérites en tant que champion, il reste qu'Alonso remporta son titre en économisant ses efforts à plus d'une reprise, d'où un ensemble moins flamboyant en comparaison de son rival Kimi Räikkönen. Certes, Suzuka et Shanghai montrèrent le vrai rythme de sa Renault et de son leader mais on espérait voir un esprit plus conquérant, plus acharné de la part de l'Espagnol en 2006. Même son équipe alla dans ce sens. « Je veux voir le vrai Fernando tout au long de la saison, ne prêtant guère attention à sa position au championnat. Parfois, il faut attaquer pour défendre. Je pense

1. *Autosport*.com, 31 janvier 2006.

que c'est la principale leçon que nous avons apprise, je l'espère, cette saison[1] », dit Pat Symonds. Et comme en 2005, l'Espagnol se chargea de répondre de la meilleure des manières.

Le passage de témoin

Pour la première fois depuis 1995, la F1 contrevenait à sa tradition : le Grand Prix inaugural se déroula à Bahreïn au lieu de Melbourne. La ville hôte du Grand Prix d'Australie organisait au même moment les Jeux du Commonwealth, ce qui la contraignit de décaler sa course début avril. Cela permettait d'entrée de jeu d'obtenir une vision plus concrète du plateau 2006, puisque certains essais privés s'étaient déroulés sur le tracé bahreïni. Et lorsque le résultat des qualifications tomba, beaucoup d'observateurs crurent à un mirage, ou être revenus deux ans en arrière : première ligne Ferrari ! Un résultat attendu depuis vingt-cinq Grands Prix par les tifosi. De plus, Michael Schumacher signait sa soixante-cinquième pole, égalant le record d'Ayrton Senna qui perdurait depuis 1994. L'ironie étant que Schumacher sécurisa son premier meilleur temps cette même année à Monaco, à savoir la course suivant Imola et l'accident mortel du Brésilien. De son côté, Alonso se contenta de la quatrième place mais aucune inquiétude ne germa côté français. La qualification se déroulait désormais en trois parties avec élimination progressive des derniers placés, et la partie finale se disputait avec l'essence prévue pour le premier relais de course. La Renault était par conséquent plus lourde et s'arrêterait plus tard le lendemain, de quoi

1. *Autosport*.com, 30 décembre 2005.

rétablir la situation à son avantage. Et c'est exactement ce qui se produisit, bien que la stratégie ne fasse pas tout.

Mieux parti que la Honda de Jenson Button – troisième –, il effaça Felipe Massa, le nouveau second de Schumacher chez Ferrari, au bout de trois virages. Encore sous pression avec cette situation nouvelle, le Brésilien partit en travers quelques tours plus tard et manqua d'extrême justesse d'emmener Alonso dans sa cascade ! Fernando eut juste le temps de corriger sa trajectoire pour éviter un contact fatidique. Restait donc Schumacher. De quoi reprendre là où les deux s'étaient arrêtés à Imola 2005. Plus chargé en essence, Alonso effectua trois tours de plus que son rival afin de creuser un écart suffisant qui lui redonnerait l'avantage. L'idée était de bénéficier d'un réservoir presque vide – donc plus léger – des pneus à température et un dernier ravitaillement idéalement plus court que son adversaire, puisque calqué sur une distance restante plus réduite à parcourir. À l'inverse, l'autre pilote avait le poids de son dernier relais, et des gommes qui nécessitaient un temps de chauffe pour donner leur pleine mesure. Ce scénario offrit de nombreuses victoires à Schumacher tout au long de sa carrière. Ici, il en fut la victime. Son arrêt dura huit secondes et sept dixièmes, celui d'Alonso, une seconde de moins, et il y eut bien besoin : la Renault ressortit des stands au moment où la Ferrari allait terminer la ligne droite de départ-arrivée, si bien que tous deux affrontèrent le premier virage côte à côte ! Le timing ne pouvait pas être meilleur, créant une image illustrant parfaitement la saison à venir ainsi que les attentes de nombreux fans. Restait à savoir si la victoire d'Alonso allait être ou non un spoiler quant au résultat.

Les courses suivantes s'empressèrent de confirmer ce pronostic, avec un Alonso poursuivant une série ininterrompue et impressionnante de podiums, creusant un écart non négligeable au championnat. *Idem* pour Renault qui remporta le pactole lors de la deuxième course en Malaisie. Le constructeur signa enfin son premier doublé depuis son retour à la compétition en 2002, trois ans après la première ligne surprise en ces lieux qui révéla Alonso. Fernando finit deuxième derrière son équipier Giancarlo Fisichella, un résultat s'expliquant en partie par une erreur de l'équipe en qualifications. Alonso couvrit la Q3 avec le double d'essence par rapport aux prévisions, le faisant partir huitième. Dans un départ magistral, il effaça cinq pilotes d'un coup et compensa en partie la faute, mais le décalage était trop grand pour qu'il puisse rattraper Fisichella. Après un abandon mécanique à Sakhir, Giancarlo semblait se relancer sur les rails du succès. Ce fut à l'inverse son dernier en F1. Melbourne se révéla d'ailleurs une bonne démonstration de l'écart séparant les deux pilotes. Si Fisichella se qualifia deuxième devant Alonso, il cala sur la grille avant le départ et fut relégué en fond de classement. Giancarlo avait simplement oublié une manipulation précise dans la procédure de départ. Peu après, il partit en tête-à-queue… sous régime de la voiture de sécurité ! Après cela, l'Italien peina à adopter un rythme digne de sa voiture, concédant parfois deux secondes pleines à son équipier, ce que son ingénieur ne manqua pas de rappeler. Le paroxysme fut atteint en fin de course lorsqu'un court-circuit se déclencha sur son volant. Son ingénieur lui demanda d'effectuer certaines manipulations pour pallier ce problème, avant d'entendre de la bouche de Fisichella… qu'il ne savait pas comment procéder ! Cet enchaînement de gaffes amena Giancarlo, aidé par de nombreux abandons devant lui, à la cinquième place. Alonso remporta la course, et avec brio. Après la première neutralisation, il se cala dans l'aspiration de Jenson Button et conserva la bonne cadence pour entamer une manœuvre de dépassement dès le passage de la ligne de départ, le tout sans aucun freinage tardif. Une précision dont Kimi Räikkönen, second de la course, ne pouvait se prévaloir puisqu'il bloqua sa roue lors de son propre dépassement sur Button. Si le « plat » occasionné n'apporta pas les conséquences dramatiques du Nürburgring 2005, Kimi endommagea son aileron avant avec cette erreur et dut le changer plus tard dans la course, ce qui l'empêcha de menacer pleinement Alonso, dominateur en Australie.

Et Schumacher ? Pénalisé pour un changement de moteur en Malaisie, d'où une quatorzième place de grille, Michael dut se contenter du sixième rang. Ce fut pire encore en Australie, où il se qualifia onzième, cette fois à la régulière, l'excluant ainsi de la séance finale ! Les pneus sélectionnés par Bridgestone étaient très mal adaptés aux températures plus fraîches qu'à l'accoutumée à Victoria. Cela se révéla dramatique en course, les gommes demeurant obstinément froides. Au point qu'une modeste Toro Rosso (anciennement Minardi) déborda Schumacher en bonne et due forme. La prestation compliquée du septuple champion se termina dans le mur du dernier virage. Cette faute perturba tant son auteur qu'il chercha son chemin vers ses stands en passant par ceux de l'équipe Toyota !

Imola offrit une belle revanche à Ferrari et Schumacher, avec un clin d'œil du destin comme la F1 sait parfois en offrir. Le Baron rouge s'appropria le record de poles avec une soixante-sixième occurrence, débordant définitivement Ayrton Senna. Difficile de faire plus symbolique quand on sait que « Magic Senna » trouva la mort sur le circuit italien. Ensuite, Schumacher proposa un remake inversé de l'édition 2005 à son rival. Cette fois-ci, c'est l'Allemand qui fit barrage et l'Espagnol – cinquième en qualification – qui dut trouver une faille, non sans un petit twist concocté par les cuisiniers de Ferrari. En effet, ayant bien appris de l'année passée, l'équipe savait qu'il était possible de contenir une monoplace bien plus rapide sur ce tracé étroit, même si cet avantage pouvait se chiffrer à deux secondes. Durant le deuxième relais, Schumacher ralentit donc volontairement pour paraître plus lent qu'il l'était vraiment aux yeux de Renault. Les stratèges en bleu estimèrent au vu des circonstances qu'un arrêt anticipé (un *undercut*) pouvait aider Alonso : avec le rythme de son rival, la Renault serait plus rapide durant son tour de sortie que la Ferrari, même avec la quantité d'essence embarquée. L'équipe appliqua donc ce plan... et le piège se referma sur elle. Schumacher effectua un tour bien plus rapide, ravitailla dans la foulée un tour plus tard, et repartit devant. Fin du match.

Schumacher remporta sa première course de l'année, son premier vrai Grand Prix depuis Suzuka 2004. Il enchaîna une nouvelle victoire à domicile au Nürburgring, avec une réponse au scénario de Bahreïn : les tours rapides à vide et le dernier ravitaillement écourté. Après cinq courses, plus que treize points d'écart. Sauf que cet espoir fut progressivement douché par un enchaînement conquérant de quatre victoires de suite par Alonso. Ce fut son tour de triompher devant les siens, à Barcelone, où Schumacher n'était jamais en mesure de contester sa suprématie. Au moins sécurisa-t-il une deuxième place devant Fisichella, qui montait sur son deuxième podium de l'année seulement, quand Alonso n'en avait pas raté un seul depuis Sakhir.

Faute morale

Puis vint Monaco, où Schumacher rappela au monde pourquoi beaucoup de spécialistes hésitaient à le placer parmi les plus grands malgré son palmarès gargantuesque. Arrivé au virage de la Rascasse en qualifications, il le négocia maladroitement, au point de stopper devant la barrière extérieure. Drapeau jaune, secteur neutralisé, ralentissement obligatoire. Alonso dut couper son élan et ne put signer la pole que conserva un Schumacher poussé par les commissaires. La confusion et l'interrogation cédèrent rapidement place à la stupéfaction et à l'indignation. Ce qui semblait une erreur étrange mais involontaire au premier abord devint une pantomime absurde à l'observation de la caméra embarquée. Avec des coups de volant superflus, une vitesse plus faible que chaque passage rapide ici, le tout conclu par un parking alors qu'il était encore possible de négocier le tournant, l'évidence explosa aux yeux de tous : Schumacher avait simulé une erreur pour provoquer un drapeau jaune et empêcher Alonso de signer la pole à son détriment. D'après le chef de poste des commissaires de piste de la Rascasse[1], Schumacher n'avait pas éteint son moteur, empêchant légalement l'intervention immédiate des bénévoles, puis coupé ledit moteur lorsque Alonso entra dans la zone neutralisée tout en maintenant la pression sur les freins pour mieux les relâcher une fois Alonso passé ! On ne pouvait pas faire plus évident…

Schumacher était déjà connu pour s'aventurer sur des terrains peu reluisants d'un point de vue sportif. Cette nouvelle incartade le discrédita davantage aussi bien aux yeux de ses détracteurs que de ses supporters, bien conscients qu'un tel talent n'avait nullement besoin de s'adonner à de telles bassesses. S'il nia l'évidence publiquement pour garder la face, il avoua sa faute devant les commissaires qui l'exclurent naturellement des qualifications. Le règlement spécifiait qu'une obstruction volontaire devait aussi s'appliquer à la course, mais le directeur de Ferrari Jean Todt fit pression pour limiter la sanction

1. Jean-Louis Moncet, Blog F1 by Auto Plus, « L'énigme d'Alpy 06 : trois hommes, trois minutes, Monaco 2006 », 17 décembre 2012.

au samedi… tout en criant au loup quant à la sévérité des commissaires le lendemain. En dehors du cercle fermé de Schumacher, l'Allemand recueillit l'unanimité contre lui avec divers commentaires allant de la colère pure à l'ironie amusée. « Si j'étais lui, j'aurais caché la caméra embarquée avec la main gauche », s'essaya le taiseux Kimi Räikkönen. Mais étrangement, son principal rival, se garda de toute critique. Alonso dit avoir oublié l'incident dès l'instant où il fut pénalisé. Fernando n'assista même pas à la réunion censée statuer sur la position de Schumacher, qui était le directeur de l'association des pilotes. Plus tard dans la saison, il se contenta de préciser qu'il avait un peu revu son jugement sur le pilote après Monaco. En tout cas, cette pénalité lui facilita la tâche pour remporter le Grand Prix de Monaco. Parti en pole, il mena presque toute l'épreuve et ajouta son nom au palmarès, rendant hommage à Édouard Michelin, le président de la marque éponyme de pneumatiques disparu en mer quelques jours plus tôt. Schumacher reçut quelques compliments grâce à sa remontée jusqu'à la cinquième place, certes aidé par certains abandons devant lui, mais moins nombreux en comparaison d'autres éditions. Les Grands Prix de Grande-Bretagne et du Canada suivirent, avec le même podium pour les deux courses : Alonso, Schumacher, Räikkönen. Silverstone fut aussi tranquille que Monaco pour Fernando, là où Montréal vit une opposition plus franche de Räikkönen dans la première moitié de course. Le Finlandais perdit la deuxième place au profit de Schumacher après une erreur en fin de parcours.

Nous étions alors à mi-saison après cette neuvième manche sur dix-huit. Alonso bénéficiait de vingt-cinq points d'avance sur Schumacher et Renault avait établi cet écart à trente-quatre unités face à Ferrari. Fernando venait d'enchaîner neuf podiums sur neuf en 2006, une série atteignant le nombre de quinze à partir du Grand Prix de Turquie 2005. À l'époque, il s'agissait de la deuxième meilleure série de podiums de l'histoire[1]. Le record atteignait dix-neuf trophées, établi en 2001-2002 par… Michael Schumacher. C'est alors que la physionomie du championnat connut une soudaine variation, avec le deuxième titre d'Alonso devenant de plus en plus hypothétique, et le huitième de Schumacher, de moins en moins illusoire. Comme toute lutte serrée pour la couronne mondiale qui se respecte, elle fut émaillée de quelques manœuvres en coulisse…

Ressort cassé

Mais nous n'en étions pas là à Indianapolis. Encore traumatisé par le désastre de 2005 et déterminé à offrir le pneu le plus sûr possible, Michelin proposa une gomme bien moins efficace que Bridgestone. Par conséquent, Ferrari prit les devants avec Schumacher vainqueur et Alonso pénible cinquième, derrière son équipier Fisichella pour une fois. Ce qui aurait pu être un incident de parcours dû à des circonstances spécifiques se confirma à moitié en France. Alonso retrouva le chemin du podium mais ne disposait plus de la meilleure voiture, au grand dam d'un public tricolore qui souhaitait vivement une victoire française pour venger la défaite des Bleus au mondial de football face à l'Italie. Ferrari leur adressa un double pied de nez. Non seulement Schumacher l'emporta à Magny-Cours, mais il empêcha Renault de marquer le coup pour le centenaire du tout premier Grand Prix de l'histoire, lequel avait consacré la marque au losange. En Allemagne,

1. Fin 2024, il s'agit de la troisième meilleure série de podiums.

ce fut pire encore. Le doublé Ferrari et la troisième victoire de rang de Schumacher ne furent guère combattus par les cinquième et sixième places de Renault. Mais cette fois, l'explication se trouvait moins dans un choix pneumatique conservateur que dans l'absence d'un dispositif technique qui avait grandement aidé la Renault R26 à triompher jusqu'alors : le mass dumper.

Il s'agit de deux ressorts combinés installés au niveau du nez de la monoplace. L'objectif était d'absorber les vibrations et de stabiliser la Renault sur les portions les plus irrégulières des circuits. Celui-ci avait fait son apparition en cours de saison 2005 et devant son efficacité, les ingénieurs l'intégrèrent en 2006 de façon plus prononcée. Il fut remis en cause durant l'été par McLaren, équipe qui avait pourtant utilisé le dispositif mais n'avait jamais su en tirer le meilleur parti. Une hypocrisie coutumière de la F1. Comme tout système jouant avec les zones grises du règlement, le mass dumper fut validé jusqu'à devenir prohibé car considéré comme un élément aérodynamique mobile, ce qui est interdit. Renault arriva donc en Allemagne sans le dispositif, excepté la voiture de réserve. Le directeur de l'ingénierie Pat Symonds voulait en effet convaincre sur place les délégués techniques de la FIA de la légalité du dispositif. Ce qu'il parvint à faire. Problème : la FIA elle-même remit en cause le verdict de ses spécialistes et fit appel de la décision ! Renault devait faire sans jusqu'au verdict final. Pourquoi un système jusqu'alors contrôlé légal ne l'était plus et pourquoi la fédération s'entêtait à l'interdire même quand ses employés le déclaraient valable ? Les commentaires quant à une manipulation du championnat, que ce soit simplement pour relancer une lutte pas assez serrée ou favoriser une équipe, en l'occurrence Ferrari ici, recommencèrent à fleurir.

La problématique pour Renault, c'est qu'il ne s'agissait pas d'un gadget indépendant du reste de la voiture. La répartition des masses sur la voiture, l'usure des pneumatiques ou encore le réglage des suspensions entre autres dépendaient du mass dumper. Le temps de reconfigurer la Renault R26, elle allait être bien moins à son avantage. Alonso et Fisichella en payèrent le prix fort en Allemagne. Et avec le prochain Grand Prix se déroulant une semaine plus tard seulement, c'était trop peu pour appliquer toutes les corrections nécessaires. Mais les conditions climatiques permirent à Alonso de proposer un nouveau tour de magie, un des plus beaux de sa carrière, bien que non récompensé.

Danser sous la pluie

Le week-end ne commença pas de la meilleure des manières, au contraire. Durant la première séance d'essais libres, Alonso se retrouva gêné par la Red Bull du pilote d'essais Robert Doornbos. Une situation classique pour tous les pilotes. Hélas Fernando allia la frustration à la bêtise puisqu'il se vengea de la gêne *via* une queue de poisson, puis un freinage précoce pour gêner le Néerlandais, un break test comme on dit dans le milieu. La FIA sanctionna bien entendu le comportement non approprié de l'Espagnol, en ajoutant une seconde à son meilleur chrono qualificatif. Comme si cela ne suffisait pas, Alonso commit une seconde erreur, sans malhonnêteté cette fois, en dépassant une monoplace sous drapeau jaune durant cette même séance d'essais. Son handicap grimpa en conséquence à deux secondes, ce qui, avec les écarts réduits en F1, était l'équivalent de la pénalité de dix places attribuée pour un changement de moteur.

De fait, Alonso partit seulement quinzième sur la grille. Heureusement pour Fernando, son rival se distingua bien malgré lui durant une autre séance d'essais. Celle-ci fut stoppée au drapeau rouge à cause d'une voiture immobilisée, et Alonso rejoignit les stands à vitesse modérée avec une BMW collée à lui. Surpris par ce ralentissement, Schumacher déborda les deux pilotes, faisant de lui la prochaine cible des foudres de l'autorité, puisqu'un tel mouvement déjà prohibé pour un secteur neutralisé l'est d'autant plus quand une séance est interrompue ! Résultat, Schumacher reçut deux secondes de pénalité sur son meilleur temps, soit la même sanction – combinée – qu'Alonso ! Il ne s'élança que onzième.

Une sévérité des commissaires qui ne manqua pas, comme toujours, d'alimenter les commentaires des divers observateurs, entre ceux visant les pilotes et les autres les autorités. Dans le premier camp, l'ancien champion du monde Niki Lauda qualifiera les deux sanctionnés « d'idiots ». Dans le second, le journaliste Luc Domenjoz fustigea lourdement ces décisions : « Quelle crédibilité accorder désormais à un championnat dont les sanctions se décidaient à la tête du client ? Les décisions prises à l'emporte-pièce par les commissaires du Grand Prix se moquaient du public et des centaines d'employés des équipes concernées. Une manière de gouverner inacceptable dans un sport qui prétend flirter avec le sommet de la technologie[1]. »

Le lendemain, pour la première fois depuis son introduction au calendrier vingt ans plus tôt, la pluie s'invita sur le Hungaroring. Une course humide sur un circuit généralement associé à un temps caniculaire avec les deux prétendants au titre placés en milieu de grille,

1. *L'année F1 2006-2007*, Chronosports, 2007.

encore un week-end où Netflix n'aurait pas eu besoin d'imposer une narration préfabriquée, le scénario s'écrivait devant nos yeux ! Or si une course sous la pluie allait généralement de pair avec un bon spectacle en piste, de 2001 à 2006, elle était surtout dictée par l'opposition pneumatique entre Bridgestone et Michelin. Durant les premières années, la marque nipponne avait un avantage concret sur le fournisseur français pour les gommes intermédiaires, celles adaptées pour une piste humide mais pas détrempée. En cette saison 2006, le rapport de force s'était complètement inversé. Et ce jour-là, la piste nécessitait cette gamme pneumatique.

Alonso avait donc les faveurs météorologiques face à Schumacher, dont les exploits mouillés avaient participé à sa légende. Mais Alonso ne se contenta pas d'effacer les pilotes Bridgestone en un claquement de doigts. Il le fit avec tous les pilotes. Son premier tour à lui seul valait le déplacement. De quinzième de grille, il monta dixième après deux virages, et sixième à la fin de la boucle. Non seulement il effaça presque tout son handicap qualificatif en quelques kilomètres, mais il y ajouta le style, multipliant les trajectoires décalées comme s'il évoluait seul sur une trajectoire sèche et dépassant dans des virages où toute tentative était illusoire jusqu'à maintenant. « Je n'ai jamais vu ça dans le stand, on avait l'impression de se trouver soit dans un stade de foot, soit dans une enceinte de tauromachie, c'était des olé ! chaque fois qu'Alonso gagnait une place ! commente Denis Brogniart en direct du stand Renault sur TF1. Rémi Taffin, son ingénieur moteur, était debout et invectivait son pilote comme s'il pouvait l'entendre à travers le garage ! Croyez-moi, depuis le début de la saison, je n'avais jamais vu une ambiance aussi torride, aussi chaude pour un départ. Ici, les sourires sont de mise ! »

Cette leçon de pilotage, il l'asséna même à son rival, pourtant le *rainmaster* de son époque. Schumacher avait également taillé sa route dès les premiers instants, comme si leurs pénalités respectives n'avaient servi qu'à davantage exposer leur grand talent. Ils se retrouvèrent donc en bataille pour la quatrième place mais après une à deux minutes de résistance, Schumacher se fit avoir à l'abord du virage 5, où il resta à l'intérieur. Monumentale erreur. Alonso savait mieux que quiconque comment trouver de l'adhérence à l'extérieur en ce jour. Tel un kart prenant une voie d'accélération dans un jeu vidéo, la Renault tourna autour de la Ferrari et lui fila sous le nez à la sortie de la courbe. Alonso accéda au top 3 au bout de cinq tours, et à la tête de course après seulement dix-sept passages devant les stands.

Alonso semblait à ce moment intouchable. Imposant un rythme d'enfer et enchaînant les meilleurs temps, il finit même par prendre un tour aux Ferrari au bout d'une vingtaine de boucles ! Schumacher avait déjà effectué son ravitaillement contrairement à la Renault mais l'image paraissait presque aussi surréaliste que trois ans plus tôt sur ce même tracé. Une *safety car* puis l'assèchement de la piste remirent les compteurs à zéro, avec un Jenson Button comme nouveau rival, lui aussi revenu du diable Vauvert – parti quatorzième après une pénalité pour changement de moteur sur sa Honda. Pour faire la différence, Alonso tenta les pneus pour piste sèche, sauf qu'on laissa Fernando repartir sans avoir correctement serré sa roue arrière droite. Deux virages plus loin, l'écrou reprit sa liberté et la Renault se dandina jusque dans le mur de pneus. Abandon à dix-neuf tours du but. Bien qu'inachevée, la parade hongroise d'Alonso fait partie des joyaux de sa carrière.

Jenson Button remporta enfin sa première course, sur un circuit qui, outre Alonso, avait déjà proposé cet honneur à Damon Hill. En parlant de premières, Pedro de la Rosa monta sur le podium et Nick Heidfeld fit de même pour BMW. Une belle ironie comme la F1 savait en proposer : l'équipe que l'on connaissait sous le nom de BAR finit par triompher le Grand Prix suivant le départ de Jacques Villeneuve, membre fondateur du team et mis de côté par BMW.

Dernière ligne droite

Le Grand Prix de Turquie signifia l'interdiction définitive du mass dumper. Heureusement, Renault avait fini son travail de compensation et les Renault se qualifièrent en deuxième ligne. Elles n'étaient plus la meilleure voiture mais au moins pouvaient-elles profiter du moindre faux pas de la Scuderia, qualifiée en première ligne. C'est ce que fit Alonso.

Lorsque la *safety car* sortit après l'immobilisation de la Toro Rosso de Vitantonio Liuzzi au quatorzième tour, Ferrari fut contrainte de faire ravitailler ses deux monoplaces en même temps. Avec une neutralisation, attendre un tour de plus aurait relégué la seconde voiture plus bas encore dans le classement. Or le pilote bloqué fut Schumacher, qui repartit derrière Alonso. Trop content de pouvoir récupérer deux points à son rival, l'Espagnol ressortit son costume de ministre de la Défense et proposa un nouveau mur de séparation à l'Allemand. Alors que le tracé d'Istanbul permettait plus d'opportunités de dépassements qu'Imola – les combats pour les places d'honneur ce jour-là en témoignèrent – Alonso rendit le circuit aussi étroit que la piste portant le nom de Ferrari. La seule vraie tentative de Schumacher se fit à neuf tours du but à l'abord du virage sept. Échec critique. Et alors que

Felipe Massa remporta la première victoire de sa carrière, Alonso finit deuxième de justesse devant Schumacher : 81 millièmes d'écart sur la ligne ! Une superbe course défensive aujourd'hui passée dans l'ombre de plus gros exploits dans le genre, et une nouvelle preuve du sang froid magistral de Fernando. Lequel fut pourtant bien mis à mal à Monza.

Déjà exclu de la lutte pour la pole, Alonso fut de plus retardé par une crevaison à l'arrière droit durant la dernière session de qualification. Un problème qui engendra des dommages aérodynamiques sur sa monoplace, non réparables dans un laps de temps si court, la dernière session ne durant que quinze minutes. Il était donc obligé de repartir au combat avec une Renault affaiblie. Pas démonté, Alonso donna tout au point de cogner son genou dans le cockpit, ce qui lui vaudra une belle ecchymose et un passage à l'infirmerie pour bander la zone blessée. Cinquième temps au final, une très belle performance au vu des circonstances. Sauf qu'Alonso ne partit pas en cinquième place. Après la séance, Ferrari porta réclamation contre Fernando pour avoir bloqué Felipe Massa durant son dernier tour lancé. Ce que la caméra embarquée du Brésilien peina à confirmer. Massa ne s'approcha jamais à moins de quatre-vingt-treize mètres de la Renault. L'argumentation de Felipe ? Il aurait été perturbé par les turbulences aérodynamiques de la R26, ces fameux remous qui rendent les dépassements si compliqués en F1. Cela apparaissait fallacieux pour presque tous les observateurs. Mais pas pour les commissaires sportifs. Alonso fut pénalisé de cinq places pour sa « faute » ! Plus encore qu'à Budapest, cette sanction prit des parfums de scandale et relança la rengaine selon quoi FIA était l'acronyme de « Ferrari International Assistance ». Que l'incident se déroule à Monza n'avait également échappé à personne.

C'en était trop pour Alonso, blessé dans son amour-propre. Dans une conférence de presse où Renault apporta toutes les preuves techniques de l'innocence de son pilote, Fernando lâcha qu'il ne considérait plus la F1 comme un sport ! La lutte Schumacher-Alonso qui pouvait symboliser le parfait passage de témoin se trouvait de plus en plus polluée par les intrigues extra-sportives. Et ce n'est pas la course qui consola Alonso, que du contraire. Remonté jusqu'à la troisième place, son moteur explosa à dix tours de l'arrivée, le condamnant à un zéro pointé lorsque Schumacher remporta une nouvelle victoire. Le karma se chargea cela dit de frapper Felipe Massa puisqu'il manqua son freinage en glissant sur l'huile de la Renault. Un arrêt non planifié pour remplacer le pneu endommagé le relégua hors du top 8. Mais tous ces palabres passèrent très vite au second plan après l'arrivée. Car en conférence de presse, la nouvelle tant attendue devint officielle par la bouche du principal intéressé : Michael Schumacher allait prendre sa retraite à la fin de cette saison. Le débat est encore d'actualité pour savoir si la décision provenait de l'Allemand, qui ne se sentait plus à 100 % de ses capacités et voulait éviter la saison de trop – ce que plusieurs proches confirmèrent – ou si Ferrari lui força la main pour préparer l'avenir. On apprit plus tard que son remplaçant, Kimi Räikkönen, avait signé son contrat dès la saison 2005. Schumacher aurait donc dû accepter un équipier capable de lui tailler des croupières, et non plus un pilote à son service selon la politique imposée par le champion allemand, comme l'étaient Rubens Barrichello ou Felipe Massa. Une façon comme une autre de prévenir l'Allemand qu'il ne serait plus maître à bord.

En dépit de cette décision, Schumacher donna son maximum jusqu'au bout. En Chine, la pluie vint à nouveau chambouler la hiérarchie et la situation constatée en Hongrie se répéta ici. Les qualifications virent onze pilotes Michelin aux douze premières places. L'exception était bien entendu Schumacher (sixième). C'était donc l'occasion parfaite pour Renault de rattraper les pertes de Monza. La première ligne bleue et la pole d'Alonso étaient le commencement parfait. Mais la course n'alla pas tout à fait dans leur sens malgré des conditions climatiques analogues. Après un début de course contrôlé par Alonso, Fernando fut contraint de changer ses pneus avant, qu'il avait trop maltraités. Or des gommes aux rainures prononcées sur une piste de moins en moins humide représentent une combinaison mortelle pour la performance et aboutissent au cauchemar des pneumatiques : le graining. Un phénomène d'usure prématurée où la gomme se désagrège en multiples boulettes reparties sur tout le pneumatique. Celui-ci n'est donc plus lisse, et l'adhérence s'en trouve fortement réduite. En conséquence, Alonso perdit des secondes par poignées et chercha plus à maintenir sa Renault en piste que de viser le meilleur temps. Il fut contraint de laisser passer Fisichella puis Schumacher. Il ne pouvait pas changer de pneus dans l'immédiat : un nouveau train allait connaître le même problème et la piste n'était pas encore assez sèche pour s'équiper des gommes appropriées. Et lorsque Fernando effectua enfin ce changement, un écrou de roue revêche l'immobilisa pendant une dizaine de secondes supplémentaires ! Alonso remonta jusqu'à la deuxième place, mais derrière Schumacher, auteur d'un dépassement plein d'opportunisme sur Fisichella qui rata sa rentrée en piste après son propre changement de pneus. Giancarlo avait ensuite laissé filer son chef de file. Un résultat qui aboutit à une situation idyllique au championnat du point de vue du spectateur : les deux prétendants à égalité de points, cent seize chacun !

Autrement dit, Alonso comme Schumacher avaient brûlé tous leurs jokers. Le prochain faux pas de l'un allait offrir le titre à l'autre.

La pression atteignait-elle Alonso ? C'est en tout cas en cette période qu'il commença à se faire connaître pour des petites phrases pas toujours bien inspirées. Avant Monza, il s'épancha sur Renault : « Ils ne m'ont pas vu grandir. Ils m'ont connu débutant, j'avais 19 ans et tout à apprendre. Je suis devenu champion du monde et certains me prennent encore pour le gamin que j'étais. C'est pour cela qu'à un moment, il faut partir[1]. » Puis aux abords du Grand Prix du Japon, il déplora de se sentir seul dans son équipe, pour la plus grande incompréhension de cette dernière. Pat Symonds interpréta ces commentaires comme une façon de justifier son choix de partir, comme s'il cherchait à se convaincre. Il est vrai que McLaren allait conclure cette saison sans victoire pour la première fois depuis 1996 quand Renault gardait le cap, au point que la machine à rumeurs fabriqua des bruits selon quoi Fernando cherchait à se défaire de son contrat. D'autres traduisirent cette irritation par une volonté d'obtenir plus d'aide de la part de son équipier, tel Felipe Massa avec Michael Schumacher chez Ferrari. Ce n'était en effet pas la première fois qu'Alonso, sans quémander explicitement un statut privilégié, réclama plus d'attention en ce sens. Sa première « gueulante » de Montréal 2005 fut comprise par certains comme une demande de consigne. Et ce ne fut pas la dernière fois non plus qu'Alonso ressentit une déconnexion entre lui et sa « famille ».

Après Shanghai, la manche suivante était Suzuka, circuit théâtre de nombreux dénouements dont certains pour le moins sulfureux. Si le titre ne fut pas décidé officiellement

1. *F1i Magazine*, n° 41, septembre-octobre 2006.

en terre nippone, Suzuka proposa le tournant décisif de ce championnat 2006. Ferrari gardait l'avantage en termes de performance, Massa signant la pole devant Schumacher. Alonso n'était que cinquième à sept dixièmes, devancé par des Toyota désireuses de briller à domicile. Il les effaça rapidement, au départ pour Jarno Trulli, après le premier ravitaillement pour Ralf Schumacher. Bonne nouvelle, il déborda également Massa dans la manœuvre. Restait Schumacher, *a priori* inaccessible. Alonso devait se résoudre à assurer une deuxième place et essayer de faire la différence à Interlagos. C'est alors qu'une fumée blanche fit irruption devant Alonso, et celle-ci n'annonçait pas l'élection d'un nouveau pape. Elle signifiait la fin des espoirs concrets de Schumacher de remporter un huitième titre. Moteur cassé. Une première en course pour Michael depuis le Grand Prix de France… 2000 ! Les fans français de l'Allemand n'eurent même pas le privilège de le vivre en direct sur TF1 : la panne intervint durant une page de publicité. De quoi avaler son croissant de travers. Alonso remporta la course et s'assura dix points d'avance sur Schumacher. Pour que ce dernier inverse la tendance, il lui fallait une victoire sans qu'Alonso marque le moindre point. Un scénario certes envisageable mais hautement improbable, car Renault allait bien entendu tout faire pour assurer un résultat quitte à s'exclure de la lutte pour la victoire.

Si le Grand Prix du Brésil ne proposa pas un tel script, il offrit cependant un superbe baroud d'honneur pour le septuple champion du monde. Mais avant cela, toute la malchance qui lui avait faussé compagnie durant sa période de gloire vint lui souhaiter un bon départ à la retraite. À cause d'un problème de pompe à essence en qualifications, Schumacher ne réalisa pas le moindre tour en Q3, l'obligeant à partir dixième. Mais l'espoir était encore vivant, quoique sous respirateur artificiel. Il finit par décéder après seulement huit tours de course. Schumacher entama le neuvième en dépassant Fisichella à l'extérieur du premier virage. Son pneu arrière gauche toucha l'aileron avant de la Renault, aboutissant à une crevaison. Il lui fallait parcourir un tour complet sur trois roues valides. Le temps de revenir aux stands et remplacer ses gommes, Schumacher était dernier.

Alonso avait donc la voie royale pour un deuxième sacre. Quatrième en qualifications, il accéda au deuxième rang à la mi-course et ne le lâcha plus. Il lui était suffisant pour vaincre. Sa course en toute discrétion et économie était le parfait contraste de celle de son rival, qui offrit au public un come-back aussi vain qu'éblouissant. Si l'un ou l'autre pilote lui facilita la tâche selon la règle tacite – mais nullement officielle – qu'il ne fallait pas interférer dans la lutte pour le titre, son rythme tonitruant fit d'autant plus regretter ses fans qu'il s'agissait de sa dernière course. Du moins à l'époque. Comme un symbole, son dernier dépassement (magistral) s'opéra sur son remplaçant Kimi Räikkönen. Il lui manqua cinq secondes pour monter sur le podium et mieux célébrer son départ. Mais aussi éblouissant que soit Schumacher, il ne fit pas oublier l'événement principal : Fernando Alonso devenait double champion du monde. Le plus jeune à décrocher deux titres[1] à 25 ans, 2 mois et 23 jours. Un record auparavant attribué à… Michael Schumacher en 1995, ironiquement sur Benetton, l'entité reprise par Renault. 8,7 millions de Français avaient suivi cette dernière manche sur TF1, un record pour la discipline sur la chaîne. Les autres canaux européens n'étaient pas en reste : 9,3 millions en Espagne, et autour de 15 millions en Allemagne et en Italie !

1. En 2024, il est le troisième plus jeune double champion du monde, derrière Sebastian Vettel (24 ans, 3 mois, 6 jours) et Max Verstappen (25 ans et 9 jours).

Alonso prit le temps de remercier l'équipe par radio, non sans quelques mots en français. Il le fit plus longuement quelques jours plus tard dans les usines d'Enstone où est construit le châssis, et de Viry-Châtillon, le siège du moteur, avec un discours de cinq minutes entièrement dans la langue de Molière, histoire de finir son aventure Renault de la meilleure des façons. En dépit des tensions de plus en plus exacerbées par l'enjeu et les polémiques, sans compter son transfert anticipé pour 2007, Alonso et Renault étaient parvenus à faire front commun face à Ferrari et Schumacher, le tout sans coup de roue superflu entre les deux rivaux en piste. S'il considéra sur le moment ce titre 2006 moins gratifiant que 2005 à cause des pénalités qu'il mit du temps à digérer, il restait que Fernando avait atteint son objectif ultime, celui qu'il convoitait depuis ses débuts en monoplace. Non seulement il avait remporté le titre mondial en présence de Michael Schumacher, mais cette fois, il le fit en compétition directe avec la référence de son sport, juste avant son retrait de la discipline.

On pensait alors qu'Alonso allait endosser le costume de l'Allemand et devenir le nouveau pilier de son sport, la valeur étalon de la F1, le prochain pilote dominateur de son époque. Comment pouvait-il en être autrement ? C'était sans compter sur l'existence et la présence de son futur équipier. Un débutant aux dents longues nommé Lewis Hamilton.

9

50 nuances de gris

2007 représenta un certain tournant dans la carrière et la réputation d'Alonso et son association avec Lewis Hamilton n'y était clairement pas étrangère. Avant que sonnent les trois coups du début de saison, le sentiment général était qu'Alonso allait mener la danse et Hamilton apprendre patiemment et consciencieusement à ses côtés. Il n'était nullement question d'une future guerre interne. Au contraire, plusieurs spécialistes questionnèrent la pertinence du choix de McLaren. Car aussi bon que Hamilton s'avéra dans les formules de promotion (champion F3 en 2005, champion GP2 en 2006), ne risquait-il pas de se brûler les ailes face à la nouvelle valeur étalon de la F1 ? McLaren n'avait pas aligné de débutant en ses rangs depuis 1993 et Michael Andretti. Or malgré tous les succès glanés dans les compétitions américaines, une préparation limitée et une opposition face à Ayrton Senna firent de cette expérience un fiasco complet, au point d'être renvoyé avant la fin de saison. Alonso lui-même se montra assez sceptique. Lorsque Ron Dennis lui annonça l'identité de son équipier, Fernando lui demanda s'il voulait vraiment remporter le titre constructeur, sous-entendant qu'il ne voyait pas Lewis marquer assez de points pour atteindre cet objectif !

Au moins, l'adaptation à sa nouvelle équipe et vice-versa se fit relativement vite, en tout cas à en croire les deux parties. McLaren mit les petits plats dans les grands pour sa présentation qui se fit non pas en Angleterre mais en Espagne, plus précisément à Valence. Près de 4 000 personnes se virent invités au dîner et gala tandis que 200 000 fans furent présents pour acclamer le champion en titre dans les rues de la ville fermées pour l'occasion. Un show à plusieurs millions d'euros financé en partie par la ville de Valence elle-même. Une façon comme une autre de caresser le taureau dans le sens du poil. Après quelques semaines à l'œuvre, son nouveau patron Ron Dennis s'extasia devant les qualités de son leader dans la voiture comme en dehors, le qualifiant de « rêve de relations publiques[1] ». Alonso quant à lui avait trouvé l'écoute et le respect conféré par son statut de champion du monde. « Chez McLaren, je débarque avec mes deux titres. Du coup, on me prend au sérieux, on m'écoute, on fait attention à ce que je dis[2]. » Deux déclarations qui prirent une sacrée décharge de plomb dans l'aile d'ici la fin de saison !

Pourtant, le début d'année ne laissait rien paraître. En revanche, il fit très vite comprendre que Lewis Hamilton n'était pas présent en simple observateur mais qu'en vérité, il était déjà prêt à se battre. Quatrième de grille pour son premier Grand Prix, deux places derrière Alonso, il prit un excellent départ lui permettant de dépasser deux pilotes à l'extérieur du premier virage, dont Fernando. Celui-ci dut patienter jusqu'au deuxième ravitaillement pour prendre l'avantage sur son cadet, les deux finissant sur le podium

1. *F1 Racing*, n° 99, mai 2007.

2. *L'Année F1 2007-2008*, *op. cit.*

derrière la Ferrari de Kimi Räikkönen, intouchable tout le week-end. On pensait la F2007 intouchable mais elle perdit son avantage dès le Grand Prix suivant en Malaisie après que Ferrari ait dû modifier un fond plat qui risquait de quitter la zone grise du règlement, un détail qui aura son importance plus tard. À partir de là McLaren et Ferrari allaient s'échanger les premières places selon les spécificités de tel ou tel circuit. Et en Malaisie, McLaren signa un doublé avec Alonso devant Hamilton. Sauf qu'à l'arrivée, il n'était pas tant question du vainqueur, pourtant impeccable mais de son second. Déjà un deuxième podium en deux courses pour un débutant était du jamais vu depuis 1964 et Peter Arundell. Ensuite, le rookie impressionna son monde lorsqu'il opposa une résistance de vétéran face à l'autre Ferrari de Felipe Massa qui le harcela durant les premiers tours. On aurait pardonné une erreur de Lewis mais c'est Felipe qui se sortit de piste en tentant de doubler son cadet ! Et la question « quand Hamilton allait-il battre Alonso ? » n'allait pas durer très longtemps puisqu'il se chargea de répondre par l'affirmative au Grand Prix suivant à Bahreïn. Il finit deuxième en qualifications comme en course quand Alonso se plaça pénible cinquième, ralenti par des problèmes de freins.

Après trois courses, trois pilotes – Räikkönen, Alonso, Hamilton – menaient le championnat du monde avec le même nombre de points. Du pain béni pour tout amateur de la discipline, moins pour Alonso qui sentait déjà la dynamique lui échapper à plusieurs niveaux. Sur le circuit, Fernando mit plus de temps que prévu à adapter son pilotage agressif aux freins de sa McLaren mais aussi aux pneus Bridgestone, lui qui n'avait connu que les Michelin en F1. Ce qui allait aboutir à une certaine irrégularité dans ses performances dont on n'était plus habitué. À côté, non seulement Hamilton n'avait pas cette étape à franchir, mais surtout il sut faire bon usage du simulateur. Un outil pas encore devenu incontournable dans le paysage de la F1 mais dont Lewis usa constamment durant son apprentissage, profitant de la technologie dernier cri proposée par son équipe. Ainsi, le Britannique put apprendre les circuits sur lesquels il n'avait pas couru en vrai, mais aussi dégager plus naturellement des réglages plus adaptés à son style qu'Alonso. La conquête du titre allait donc s'avérer plus difficile que prévu.

Hors de la piste, Lewis attirait également l'attention plus qu'il ne l'aurait souhaité. À la suite des qualifications du premier Grand Prix, lors d'une rencontre de McLaren avec la presse, les trois premières questions s'adressèrent directement au jeune débutant. Ron Dennis remarqua immédiatement le regard d'Alonso qui trahissait une certaine frustration. « Je pouvais détecter un sentiment de "Attendez un instant, je suis le double champion du monde ici et je n'ai pas de questions ?" » dira Dennis. Un indice sur la suite des événements. Et plus Hamilton performa, plus le paddock se tourna vers lui, ne manquant jamais de superlatifs à son égard. « Après qu'on se soit débarrassé de Michael [Schumacher], je pensais que nous avions à nouveau une chance. Mais voilà qu'un autre super-humain arrive », lâcha Frank Williams qui en savait quelque chose sur la question, lui qui avait déjà accueilli Alain Prost et Ayrton Senna dans son équipe. Déjà à cet instant, on commençait à envisager Hamilton comme un futur champion du monde, dès cette saison inaugurale, y compris au sein de son équipe. C'est là qu'un aspect martelé par la presse durant son ascension prit son importance : Hamilton était un pilote McLaren depuis son plus jeune âge. Il avait contacté Ron Dennis dès ses 10 ans lors d'une cérémonie alors qu'il courrait encore en karting, lui communiquant son rêve de gagner avec McLaren après avoir vécu les succès d'Ayrton Senna à la télé. Trois ans plus tard, Dennis commença à le prendre sous son aile et ne le quitta plus jamais des yeux.

Il y avait donc un rapport plus personnel en jeu, et avec Hamilton déjà au niveau d'Alonso en piste, il fallait rassurer son champion du monde, lequel ne voyait pas d'un bon œil une confrontation interne. Selon la BBC, Alonso crut avoir obtenu la position de pilote n° 1 de la bouche de Ron Dennis, lequel nia toute parole de ce genre. Fernando de son côté réfuta l'idée selon quoi il avait exigé tout statut privilégié. Quelle que soit la version retenue, il n'était pas innocent que Dennis s'entretint avec Alonso le jeudi du Grand Prix de Bahreïn sous le regard des photographes. Il savait que garantir la cohésion de son duo était indispensable pour reconquérir les titres mondiaux. Sauf que malgré ses bonnes intentions, il allait malgré lui creuser le fossé qui commençait déjà à apparaître entre son équipe et Alonso, lequel n'hésita pas à donner quelques discrets coups de pelle en plus. Quelques journalistes ne manquèrent pas de remarquer qu'à ce stade précoce de la saison, Fernando ne se mélangeait plus vraiment avec les membres de son équipe et restait dans son cercle de proches, voire rendait visite à son ancien directeur mais toujours agent Flavio Briatore chez Renault.

Le premier acte de la grande pièce que fut l'opposition de Fernando Alonso avec Lewis Hamilton et plus tard l'équipe McLaren prit place deux courses plus tard à Monaco. Un acte qui, ironiquement, proposa une intrigue qui allait dans son sens et à l'encontre de futurs propos de sa part.

« Un avant et un après »

Au cours d'un Grand Prix de Monaco particulièrement soporifique, seul un potentiel duel entre les pilotes McLaren pouvait titiller l'attention toute relative des spectateurs ce jour-là. Hamilton n'était qu'à quelques secondes de Fernando et semblait en mesure de le déborder *via* les arrêts aux stands. Avec plus d'essence embarquée, il pouvait faire une « Schumacher ». Pour rappel : enchaîner des tours rapides à vide après l'arrêt de son équipier, et construire une avance suffisante pour garder la tête après son propre ravitaillement. Le problème, c'est que McLaren le rappela plus tôt que prévu pour ce ravitaillement, l'empêchant de mener à bien cette entreprise. Puis, au moment de revenir dans ses roues, l'équipe lui demanda de baisser sa cadence pour ne pas compromettre le doublé. C'est là que le sage Hamilton, persuadé d'avoir été privé de sa première victoire, eut une légère pulsion de rébellion et désapprouva le rappel stratégique de son équipe. Et au milieu des politesses d'usage envers McLaren, il lâcha une phrase lourde de sens : « J'ai le numéro deux sur ma voiture, je suis le pilote numéro deux, je dois juste vivre avec. »

Bien entendu, plusieurs langues se délièrent dans le paddock et laissèrent entendre que McLaren avait imposé une consigne d'équipe en faveur d'Alonso. Ron Dennis s'en défendit bec et ongles. Il évoqua plutôt une manœuvre cherchant à éviter un possible accrochage entre ses pilotes s'ils étaient trop rapprochés, et mettait un point d'honneur à souligner l'exacte égalité de traitement entre ses pilotes. « Il n'y a jamais eu et il n'y aura jamais de consigne d'équipe chez McLaren ! » tonna-t-il. Certes, rien ne prouvait que Hamilton serait passé *via* son arrêt au stand ou en piste. Alonso avait adapté son rythme en fonction des circonstances durant toute la course et la difficulté de doubler ici est légendaire. Mais avec sa nouvelle popularité, voir une première victoire en un lieu mythique « refusée » par son équipe provoqua l'ire des médias britanniques. Le *Daily Telegraph* fit par exemple sa une avec « Hamilton ordonné de laisser la victoire à Alonso » et l'article associé à l'épreuve mit l'accent sur la bride que posa l'équipe sur Hamilton en dépit de performances ne justifiant pas une telle mesure. « Une équipe censée donner à ses pilotes les mêmes chances de gagner a succombé à une réalité inconfortable de la F1 : parfois, l'objectif n'est pas défini par des pilotes se battant entre eux, quoique prétendent les principes élémentaires du sport. Ici, Hamilton fut la victime. Lui, poussé par sa quête de gloire et ses instincts de pilote, a été neutralisé par des instructions supérieures[1]. »

La tension fut telle de ce côté de la Manche que la FIA ouvrit une enquête à ce sujet. Les consignes d'équipe influant sur le résultat d'une course étaient officiellement bannies depuis 2003 après le tollé provoqué par Ferrari et sa consigne du Grand Prix d'Autriche 2002, où Rubens Barrichello dut laisser passer Michael Schumacher sur la ligne. Dans les faits, il suffisait de ne plus ouvertement réclamer l'effacement d'un de ses pilotes mais de le faire comprendre indirectement pour continuer à exercer la manœuvre en toute légalité. Ainsi les équipes de pointe réussirent malgré tout à intervertir les positions de leurs pilotes. Rien qu'en 2006, Fisichella laissa passer Alonso en Chine et Massa fit de même avec Schumacher au Japon. Sauf que personne ne s'en était plaint en interne et qu'aucune consigne masquée ne fit la une des journaux comme celle-ci. Pour finir, après écoute des conversations radios,

1. Kevin Garside, *The Daily Telegraph*, 28 mai 2007.

des témoignages des parties concernées et des données des monoplaces, la FIA décida d'absoudre McLaren de tout comportement illégal. Bien entendu, après coup, Hamilton s'aligna sur la position de son patron et nia tout favoritisme envers Alonso, affirmant qu'il serait plus prudent dans ses déclarations d'après-course. Notons qu'une des sanctions plausibles en cas d'infraction était un retrait des points pour l'équipe, exemptant les pilotes. Quand on sait ce qui attendait McLaren plus tard dans l'année, c'est ce qu'on appelle en terme cinématographique du *foreshadowing*.

Alors que l'équipe protégea Alonso en un sens, cette course marqua un tournant dans leur relation. Le troisième pilote Pedro de la Rosa se souvient qu'après l'arrivée, Ron Dennis demanda à Fernando d'être « sympa » avec Hamilton après que l'équipe ait freiné Lewis dans ses ardeurs. « Cette phrase, elle a créé un avant et un après. À ce moment-là, Fernando perd confiance dans l'équipe[1] », selon Pedro. Car en communiquant de la sorte, Dennis fit croire que Hamilton était bien plus rapide, alors qu'Alonso contrôlait son rythme et ne se donnait pas à fond. Il interpréta ces propos comme un manque de foi de l'équipe envers ses capacités, une erreur fatale que McLaren ne sera pas la dernière à commettre. « Il s'est rendu compte qu'ils ne comprenaient pas ce qu'il faisait, à quel point son pilotage était intelligent », décrypta de la Rosa. Ce même Alonso qui ne se sentait pas entièrement écouté et parfois seul chez Renault comprit que l'herbe n'était pas forcément plus verte ailleurs. La poussée d'urticaire de la presse britannique n'arrangea évidemment rien. Pas étonnant que le traitement de cette association de l'autre côté de la Manche soit resté en travers de la gorge de Fernando, lui qui fustige encore à ce jour la partialité des

1. Documentaire *Fernando*, Amazon Prime, 2020.

médias british en faveur de leurs ressortissants, et donc au détriment des autres.

Les Britanniques furent vite calmés par la tournée nord-américaine, puisque c'est en ce territoire que Lewis Hamilton remporta ses deux premières poles mais surtout ses deux premières victoires, sur deux circuits sur lesquels il n'avait jamais roulé auparavant. Son compteur s'ouvrit à Montréal, tracé riche en premières puisque Gilles Villeneuve (1978), Thierry Boutsen (1989) et Jean Alesi (1995) connurent aussi cet honneur sur l'île Notre-Dame. En cette course marquée par l'épouvantable accident de Robert Kubica, Lewis passa entre les divers contacts, quand Alonso vécut un Grand Prix bien plus chaotique. L'Espagnol sortit pas moins de quatre fois au premier virage (départ inclus) et se vit piégé par la nouvelle réglementation concernant le *safety car*. Il était désormais interdit de ravitailler jusqu'à ce que toutes les voitures aient été regroupées l'une derrière l'autre. À ce moment alors, la ligne des stands serait déclarée ouverte. Problème : Alonso, ainsi que Nico Rosberg, était au bord de la panne sèche lorsque la première (sur quatre !) des neutralisations survint, et n'avait guère le choix que de passer à la pompe. D'où une pénalité arrêtée de dix secondes, le *stop and go* qui était un temps la sanction traditionnelle pour la plupart des infractions en piste.

Condamné à une course-poursuite, Alonso ne pouvait que limiter la casse et finit pénible septième, non sans avoir été doublé par la Super Aguri de Takuma Sato ! Une scène aussi surréaliste que rafraîchissante au vu des débuts fort modestes du Petit Poucet japonais l'année passée.

La deuxième place qui suivit à Indianapolis – pour la dernière apparition de la F1 en ce lieu mythique de l'automobile US – ne calma pas ses ardeurs. Fernando se trouva incapable de déborder son équipier, notamment durant sa seule vraie tentative de dépassement au trente-huitième tour. Hamilton lui opposa une résistance de vieux briscard et Alonso lâcha prise… pour mieux louvoyer le tour suivant devant le muret des stands McLaren. Alonso prétendit qu'il cherchait juste à refroidir ses freins en sortant de l'aspiration de son équipier, mais le décalage était bien trop brutal et visible pour qu'il puisse cacher sa frustration, et même des membres de l'équipe interprétèrent ce mouvement en ce sens publiquement. Il faut dire qu'Alonso avait déjà annoncé la couleur au lendemain du Grand Prix du Canada, où il prétendit auprès de la radio hispanique Cadena Ser qu'il ne se sentait pas complètement à l'aise chez McLaren, et ce dès le premier jour. Pour ensuite mettre l'accent sur un éventuel biais britannique dans l'équipe. « J'ai un coéquipier anglais dans une équipe anglaise, alors forcément c'est lui qui reçoit le soutien de l'équipe. On le sait tous, et je l'ai compris depuis le début. Cela dit, je ne me plains pas. » Deux mois seulement séparaient ces propos de ceux prononcés en début de saison où il se disait écouté et pris au sérieux eu égard à ses titres mondiaux… Bien entendu, l'équipe comme Hamilton manifestèrent leur incompréhension face à ces commentaires. Fernando minimisa la portée de ses propos une fois arrivé à Indianapolis et prétendit après la course être désormais plus confortable qu'avant, comme s'il cherchait à faire oublier sa prise de parole initiale. Mais le mal était fait et le signal limpide.

En France, la série de victoires de McLaren s'interrompit. Magny-Cours mit à nouveau les Ferrari en valeur et Hamilton se contenta de la troisième place. Alonso finit que septième mais ce n'était pas faute d'essayer. Victime d'une panne de boîte de vitesses durant la dernière partie des qualifications, il fut contraint de partir dixième avec une stratégie préétablie pour une position bien plus avancée.

Cela et la difficulté de doubler sur ce tracé rendirent sa tâche plus compliquée. Pas de quoi démotiver Fernando, qui fit le spectacle presque à lui seul avec des tentatives osées de dépassement. Il parvint même à doubler la BMW de Nick Heidfeld à la chicane rapide d'Imola « Ce n'est pas un endroit où on double normalement, mais ça l'est si votre nom est Fernando Alonso ! » résuma James Allen aux commentaires pour la télévision anglaise. Hélas, il finit quand même derrière le pilote allemand. Il prit une petite revanche à Silverstone puisqu'il devança à nouveau Hamilton, alors que celui-ci avait signé la pole à domicile. Hélas pour lui, ce n'était pas pour la victoire mais la deuxième place. La victoire revint pour la deuxième fois de suite à Kimi Räikkönen, qui après un début de saison difficile, avait enfin pris la mesure de sa monoplace. Le titre n'allait pas se jouer qu'entre pilotes McLaren.

C'est en Allemagne sur le Nürburgring qu'Alonso renoua avec la première place et avec la manière. Longtemps deuxième derrière Felipe Massa, son rythme devint bien plus rapide que celui du Brésilien une fois en pneus pluie après qu'une averse eut frappé l'Eiffel en fin de course. Alonso tenta de passer à chaque virage ou presque, jusqu'à toucher la Ferrari dans un splendide dépassement par l'extérieur, toujours dans un virage pas spécifiquement dessiné pour favoriser une telle manœuvre ! Si Alonso manifesta sa grande joie sur le podium, le public n'y prêta plus vraiment attention. Déjà, dans ce qu'on n'appelait pas encore la *cool room* (la pièce d'attente avant la cérémonie de remise des trophées), Fernando accusa directement Massa d'avoir voulu le sortir de piste, gardant en mémoire le départ de Barcelone plus tôt dans l'année où le Brésilien le tassa dans le gravier à l'extérieur du premier virage. Un incident qui aurait probablement valu une pénalité en 2024 mais qui parvenait encore à passer à travers les mailles du filet en

2007. Au grand dam de Fernando. « Ce genre d'incident est assez dangereux, parce que dans 99 % des cas, ça se termine dans le décor pour tous les deux », avait-il lancé après l'arrivée, avec l'exagération typique des déclarations à chaud. D'où un dialogue virulent entre les deux hélas en italien, mais le ton et la gestuelle suffisaient pour faire comprendre au monde entier qu'ils étaient en franc désaccord. Alonso s'en excusera après coup. Mais surtout, à sa descente de voiture, Alonso ignora sciemment Ron Dennis venu le féliciter, et continua sur sa lancée pour le reste des festivités. Ici nul besoin de déclaration alambiquée pour faire passer un message. L'équipe McLaren était une poudrière prête à exploser. La détonation survint le 4 août 2007, jour des qualifications du Grand Prix de Hongrie.

L'effet papillon

Lorsqu'Alonso signa la pole position devant son équipier, ce n'était toujours pas le résultat qui faisait la une des journaux. Il était question de la situation surréaliste constatée dans les stands, lorsque Fernando resta fixé sur son emplacement même après la fin de son changement de pneus, bloquant de fait Hamilton qui attendait son tour. Le temps perdu empêcha Lewis de produire un ultime tour rapide, à l'inverse d'Alonso. L'Espagnol laissa penser qu'il suivait les consignes de son stand mais en vérité, il se vengeait du non-respect de consignes de son stand par Hamilton. La feuille de route de l'équipe spécifiait qu'Alonso devait partir devant Hamilton pour cette séance car plus léger en essence. Or l'inverse se produisit et Hamilton ne l'avait pas laissé passer malgré les appels répétés de l'équipe. Un pataquès qui vit Ron Dennis jeter ses écouteurs de rage sur le muret des stands, une attitude rarissime de la part d'un directeur généralement maître de ses émotions. Mais c'est ce qui survint le lendemain matin qui manqua de l'étouffer, et fit basculer aussi bien la saison que la relation Alonso-McLaren.

La FIA avait décidé de sanctionner Alonso et McLaren pour ce blocage, encouragée en ce sens par Anthony Hamilton, le père de Lewis, qui alla interpeller les officiels sans avoir le statut pour déclencher quoique ce soit. Son ingérence en faveur d'un pilote encore jeune et influençable fut souvent citée comme l'un des catalyseurs de la tension régnant chez McLaren. Alonso reçut cinq places de pénalité – et perdit donc sa pole – et McLaren vit ses futurs points marqués retirés pour cette course. Excédé par toutes ces interférences et le passif de la saison écoulée, Alonso perdit tout sens commun. Il exigea de Dennis qu'il remette Hamilton à sa place, et dans le cas contraire, il communiquerait à la FIA des preuves d'espionnage industriel de l'équipe sur Ferrari. Certains rapportèrent qu'il demanda ce jour-là d'être libéré de son contrat de trois ans avec McLaren et selon la BBC, ce chantage alla jusqu'à exiger une panne d'essence de Hamilton par l'équipe ! Plus tard, revenu à de plus sages dispositions, Alonso s'excusa et prétendit après coup ne jamais avoir légitimement envisagé de passer à l'acte. Mais il était trop tard, l'engrenage infernal était lancé et aucun retour en arrière ne pouvait survenir. Car ce qu'il avait à communiquer était trop important pour ne pas circuler.

De quoi était-il question ? Durant la semaine du Grand Prix de Grande-Bretagne, on apprit que le chef designer de McLaren, Mike Coughlan, était en possession d'un dossier de plus de 700 pages dans lequel figuraient bon nombre de données confidentielles sur Ferrari et sa monoplace. Coughlan le reçut *via* l'ex-chef mécanicien de Ferrari Nigel Stepney. Ce dernier ayant été relégué à un poste subalterne cette année-là, lui et Coughlan cherchaient à s'attirer les grâces d'une autre équipe – les deux rencontrèrent Honda avant l'explosion de l'affaire. Coughlan fut pris en flagrant délit lorsque sa femme tenta de reproduire le fameux dossier dans un centre de photocopies. Un des employés contacta immédiatement Ferrari quand il se rendit compte de la nature du document. Dans un premier temps, McLaren échappa à toute sanction après que le tribunal d'appel de la FIA se révéla incapable de prouver que le dossier avait pu être utilisé de façon à interférer dans le déroulement du championnat du monde. Il fallait plus de preuves tangibles et Alonso était justement en possession de celles-ci. Car contrairement à ce que Dennis crut dans un premier temps, les données n'avaient pas été échangées qu'entre Stepney et Coughlan. Des e-mails avaient été fréquemment envoyés entre l'ingénieur de McLaren, Alonso et Pedro de la Rosa et évoquaient de nombreuses pièces de Ferrari, parmi lesquelles le fond plat incriminé de l'Australie. McLaren avait porté plainte en considérant l'objet possiblement frauduleux car ils étaient déjà bien renseignés.

Si tout observateur renseigné savait que l'espionnage n'était pas un fait nouveau en F1 – une affaire impliquant Toyota face à Ferrari fut jugée au civil quelques années plus tôt – il s'agissait là d'une affaire de trop grosse ampleur pour faire comme si de rien était. La FIA prononça donc une sanction sans précédent durant la semaine du Grand Prix de Belgique : 100 millions de dollars d'amende et l'exclusion de McLaren du championnat constructeur. Les pilotes échappèrent à cette condamnation après avoir participé à l'enquête, mais aussi grâce à un lobbying de Bernie Ecclestone, le détenteur des droits commerciaux de la F1. Il s'agissait pour lui de ne pas tuer le championnat 2007 tout de suite.

Ce qui était officiellement décédé, c'est la relation entre Alonso et McLaren. Le Grand Prix suivant la tornade de la Hongrie, Fernando prétendit avoir apporté une demi-seconde à la voiture sans avoir rien reçu en retour. Un membre haut placé de l'équipe rétorqua : « Alonso nous a peut-être amené six dixièmes mais Lewis nous en apporte sept chaque week-end. » Le ton était donné. Durant ce même week-end, Alonso multiplia les provocations, des plus directes comme s'afficher publiquement avec des ingénieurs et les pilotes Renault, aux plus discrètes comme… se laisser pousser la barbe. Ron Dennis exigeait une présentation immaculée de ses voitures comme de ses pilotes, d'où l'absence de toute fantaisie capillaire dans son équipe. Voilà pourquoi on ne vit jamais Alonso avec les cheveux plus courts qu'en 2007… et qu'il les laissa repousser au fil de l'année. Lui et Dennis finirent par ne même plus s'adresser la parole. Ce décalage qu'Alonso ressentait se teinta même de paranoïa en fin de saison quand il ne démentit pas la possibilité d'un sabotage de son équipe ! Cela se produisit durant le Grand Prix de Chine où, après avoir pris six dixièmes de seconde par son équipier en qualifications, il jeta son casque sur la porte du stand en maugréant : « Personne ne me prend une demi-seconde ! » Suspicieuse depuis le *spygate*, la FIA mandata un officiel pour chacune des deux voitures, ce afin d'assurer une stricte égalité de traitement lors de la manche finale.

Entre rancune et compréhension

Ainsi il n'est pas étonnant que 2007 ne soit pas l'année la plus citée au moment de faire l'éloge d'Alonso. Pourtant, il s'agit d'une des trois saisons où il manqua le titre d'un cheveu à l'ultime Grand Prix. D'un point même. Deuxième à quatre unités de Hamilton avant d'arriver au Brésil, il effectua une course anonyme achevée au troisième rang, à près d'une minute des Ferrari. Heureusement pour lui, Hamilton était d'abord parti à la faute, puis avait rétrogradé sur souci de boîte de vitesses, et ne put remonter qu'au septième rang. Ainsi Kimi Räikkönen devenait enfin champion du monde, un titre qui permettait à cette saison tumultueuse de connaître une fin heureuse. Il est vrai qu'un pilote McLaren titré avec le *spygate* en fond aurait sonné faux, au point qu'une théorie circule selon quoi McLaren fut contrainte de se saborder pour ne pas remporter ce titre mondial. Hamilton lui-même laissa planer le doute quand on lui demanda ce qui lui avait coûté le titre quelques années après. « Je ne savais pas à l'époque, je sais maintenant, mais ce n'est pas quelque chose dont je peux parler », confia-t-il au journaliste Mark Hughes en 2012.

2007 reste une année charnière pour Alonso, où il continua de briller en piste, quoique de façon plus irrégulière, mais où les pires aspects de son caractère prirent le dessus – notamment avec l'histoire du chantage – au point de ruiner son image auprès de bon nombre de fans et d'observateurs. À ce moment, la place de nouvelle référence de la F1 censée lui revenir n'allait déjà plus de soi. Outre l'arrivée de Hamilton qui pouvait déjà prétendre à ce trône, une des qualités des plus grands était de savoir faire corps avec son équipe, tel Jim Clark avec Lotus ou Michael Schumacher avec Ferrari… et plus tard Hamilton avec Mercedes. Si Alonso remporta deux titres avec Renault, il avait déjà fait tiquer par ses petites phrases surprenantes et eut la chance d'être couvé par un Flavio Briatore qui avait vu grandir le taureau et donc appris à le dompter. Chez McLaren, il décupla la dose, au pire persuadé que Hamilton était favorisé, sinon blessé dans son amour-propre de ne pas avoir été considéré à sa juste valeur. C'est là que Fernando donna naissance à sa réputation de destructeur de cohésion d'équipe qui le suit encore aujourd'hui. Une étiquette qui sert souvent à justifier chez ses détracteurs – mais pas qu'eux – le caractère incomplet de son palmarès, et qui se justifie probablement le plus ici. « Sa rivalité avec Lewis Hamilton lui a fait perdre sa concentration », estima le commentateur Gaëtan Vigneron. « Son entourage aurait dû le convaincre de ne pas tenir compte du traitement de faveur accordé à son coéquipier, de ne pas s'encombrer inutilement la tête. Il aurait émergé et signé un triplé historique s'il avait été capable de faire abstraction de l'extra-sportif. »

Fatalement, les médias questionnèrent souvent Fernando sur cette saison, pour des résultats contrastés selon la période de sa vie. L'année suivante, dans une interview pour *F1 Racing*, il insista sur sa vision d'un traitement inégal entre lui et Hamilton « dans la partie finale du championnat l'an dernier », sans pouvoir spécifier comment ni à quel instant précis. Mais dans le même entretien, il reconnut avoir perdu le titre de son propre fait, lorsqu'il sortit de la piste lors du Grand Prix du Japon, dans des conditions qui ne seraient plus recevables de nos jours, et où Hamilton offrit un récital. En 2010, *The Guardian* l'interrogea sur l'affaire d'espionnage, où il déclara avoir été « au mauvais endroit au mauvais moment », et se prétendit « très content d'avoir aidé la FIA à tout découvrir ». Fin 2014, lors de son retour chez McLaren, il fit davantage son mea culpa, admettant qu'il n'avait pas donné le meilleur de lui-même en 2007. Des propos qu'il répéta ces dernières années en évoquant son manque de maturité dû à son jeune âge (26 ans, pour rappel), de même que pour Hamilton, ce qui ne facilita pas la tâche de l'équipe.

« D'une certaine manière, personne ne nous a guidés », résuma-t-il pour Sky Sports F1 en 2023.

Avec Hamilton, l'ambiguïté demeure encore aujourd'hui. Le plus souvent, il précisa que les tensions de 2007 étaient surtout liées à la gestion de l'équipe mais n'étaient aucunement dirigées contre Lewis. Le reste était le résultat d'une rivalité logique entre deux compétiteurs persuadés d'être le meilleur et où les bons sentiments n'avaient pas leur place. Ce que Hamilton constata de façon plus personnelle de 2014 à 2016 quand il s'opposa à Nico Rosberg, à l'origine un de ses amis d'enfance. Aussi, hormis le départ du Grand Prix de Belgique où Alonso força Hamilton à prendre l'échappatoire du premier virage, les deux épargnèrent les spectateurs de contacts superflus. Néanmoins, Alonso n'était pas à l'abri de l'une ou l'autre provocation, entre soutenir son rival Massa dans sa lutte pour le titre 2008, ou plus tard, on le verra, remettre en question la qualité de certains de ses titres. Certains parleront de jalousie face à celui qui récupéra cette place de référence de son sport. Celle qui aurait pu lui revenir.

Débarrassé de son contrat McLaren peu de temps après leur exclusion du championnat, il revint à la maison chez Renault. Une bonne façon de reprendre à zéro afin de reconstruire sa réputation. Ce qu'il parvint à faire, mais encore sous le sceau du scandale.

10

Renouvellement d'image

2008 allait prendre des allures de revanche pour Alonso, non pas côté résultats, mais concernant sa réputation. Après avoir souillé son image dans l'affaire d'espionnage de McLaren et contribué à la zizanie dans l'équipe britannique, non sans avoir été bousculé par un rookie à matériel égal sur la piste, la côte de Fernando n'était pas au plus haut, ou du moins pas là où elle était censée être. Ses capacités et ses succès passés n'étaient aucunement remis en cause mais la place de nouvelle référence de son sport n'allait pas de soi pour autant à cause de tous les éléments susnommés à mettre à son dédit. Ceux-ci faisaient tache en comparaison de l'ancienne pointure de la F1 : non seulement Michael Schumacher ne connut aucune concurrence interne – certes aidé par cela par son équipe – mais l'Allemand reste pour beaucoup l'illustration la plus parfaite du « team player », du pilote dévoué corps et âme à son équipe, plein d'attention et de compassion pour chaque membre jusqu'au plus anonyme. Il avait laissé une telle marque chez Benetton que l'année suivant son départ en 1996, la réflexion : « Mais Michael faisait comme ça ! » sortit de la bouche des ingénieurs à chaque réunion technique avec leurs nouveaux pilotes.

Lesquels n'avaient pas non plus pris la peine de retenir le prénom de chaque mécanicien contrairement à leur prédécesseur. En revenant à la « maison », celle qui le vit grandir avec son manager en guise de patron, c'était l'occasion de prouver qu'il pouvait faire amende honorable. Faute d'un troisième titre mondial au vu d'un matériel encore perfectible, il allait tirer l'équipe vers le haut et les ramener sur les rails du succès. Il y parvint mais il lui fallut avaler certaines couleuvres avant que son équipe ne sache charmer le serpent à sonnettes.

En effet la première qualification de l'année en Australie donna le ton : Alonso ne parvint même pas à se qualifier pour la dernière session avec son douzième temps – onzième après pénalité d'un concurrent. Renault semblait rester sur la même lignée qu'en 2007 où le Losange ne sut monter que sur un seul podium de toute l'année. Et cette fois, le débutant à ses côtés n'allait clairement pas lui faire de l'ombre : Nelson Piquet Jr, fils du triple champion du monde éponyme, partit avant-dernier sur la grille ! Au moins fut-il fort utile plus tard dans l'année. Néanmoins Melbourne proposa une hécatombe dont l'Albert Park avait le secret qui permit à Alonso de limiter la casse avec une quatrième place. Et encore celle-ci n'alla pas de soi : par deux fois la voiture de sécurité intervint dans une fenêtre peu opportune pour sa stratégie, le contraignant à ne s'arrêter qu'une fois la ligne des stands ouverte. Il dut donc prendre son mal en patience mais proposa un double dépassement plein d'opportunisme sur les finlandais Räikkönen et Kovalainen, le dernier remplaçant l'Espagnol chez McLaren. Qu'il finisse devant lui dut le faire jubiler intérieurement, même si la victoire revenait à un certain Lewis Hamilton.

Les deux n'allaient pas tarder à se retrouver, certes brièvement mais vivement en piste. Passé un Grand Prix de

Malaisie sans histoire ni éclat pour Alonso – septième le samedi, huitième le dimanche – il prit l'avantage sur Lewis à Bahreïn après que le Britannique soit resté collé sur place au départ. Au deuxième tour, Hamilton tenta de reprendre son bien mais il ne fit que perdre son aileron avant sur la roue arrière droite de son rival ! Ce sera le seul incident d'une autre course anonyme d'Alonso, repoussé au dixième rang, soit aucun point selon le barème en vigueur. Pas de quoi réjouir son public chauffé à blanc pour le prochain Grand Prix d'Espagne. La performance de leur héros national aurait pu les ragaillardir en qualifications, lorsqu'Alonso manqua de signer la pole pour quatre-vingt-onze millièmes ! Mais personne n'était dupe : les dix premiers disputaient toujours la séance finale avec la quantité d'essence du premier relais de course. Il ne faisait aucun doute qu'Alonso était parti réservoir léger pour marquer le coup devant les siens, si bien qu'il s'arrêta quatre tours avant ses concurrents directs. Pire encore, son moteur lâcha avant même de sécuriser une possible cinquième place. Il prit malgré tout le temps de saluer son public de près malgré la déception, leur laissant ses gants en guise de souvenir. À cet instant de la saison, la Renault était au mieux la quatrième force du plateau, loin derrière le duo Ferrari-McLaren, avec BMW en guise d'outsider. Et encore, Alonso devait composer avec les Red Bull et Toyota selon les tracés. Istanbul confirma la tendance avec un septième temps en qualifications et une sixième place en course. C'était le mieux possible dans des circonstances normales. Il fallait tirer le meilleur parti de Grands Prix moins orthodoxes.

Cela tombe bien, Monaco et Montréal étaient les manches suivantes, les candidats idéaux pour faire le plein de points et relancer la machine. Hélas, ce fut un zéro pointé dans les deux cas et Fernando ne pouvait s'en prendre qu'à lui-même. En Principauté, où la pluie ajouta son grain de sel, il partit deux fois à la faute : la première fois en touchant le rail par l'arrière, d'où une crevaison qui ne lui fit perdre qu'un nombre limité de places grâce au *safety car*. La seconde erreur survint avec une manœuvre trop optimiste sur Nick Heidfeld à l'épingle de Loews qui détruisit son aileron avant. Le tout en l'espace de treize tours. Une précipitation surprenante de sa part. Un choix pneumatique audacieux mais inadapté – pneus pour piste détrempée alors que la piste allait s'assécher – acheva sa course pour de bon, au dixième rang. Au Canada, le soleil brillait cette fois et sa quatrième place de grille promettait beaucoup. Mais là encore, frustré de rester bloqué par Heidfeld, il réduit lui-même ses chances à néant avec un tête-à-queue le conduisant droit dans le mur au bout de quarante-quatre tours. Durant une course où Lewis Hamilton percuta Kimi Räikkönen dans la ligne des stands (!) et où leurs équipiers respectifs furent les dindons de la farce de la *safety car*, c'était l'occasion rêvée de briller. Faute d'Alonso, elle fut saisie à pleines mains par Robert Kubica qui signa son premier succès et récupéra la tête du championnat. Fernando lui traînait au neuvième rang avec le même nombre d'unités.

Réveil en France pour flatter les supporters de Renault ? Toujours pas. Certes troisième en qualifications, il s'agissait du même coup d'esbroufe qu'en Espagne – premier à ravitailler – et il recula dans la hiérarchie jusqu'au huitième rang. Petite humiliation même puisqu'il finit derrière son équipier Piquet, dont c'étaient les premiers points ! Silverstone et son temps tout britannique représentaient une nouvelle chance de faire la différence. Raté. Alonso ne fit aucune erreur (un des seuls ce jour-là) mais son équipe si, en conservant des pneus usagés en prévision d'un assèchement de la piste. Une nouvelle averse rendit ce pari caduc et la sixième place récompensa mal sa hargne. Le premier podium de Renault arriva enfin en Allemagne après dix courses… mais pas grâce à Alonso. L'Espagnol connut une nouvelle épreuve où il recula petit à petit, depuis la cinquième place jusqu'au onzième rang final, non sans un tête-à-queue de sa part. En revanche son équipier Piquet finit deuxième après avoir mené un temps ! Une situation incongrue puisqu'il partait dix-septième et n'avait même pas touché au top 10 durant la première moitié de course. Il bénéficia en fait d'un timing parfait puisqu'il ravitailla une seule fois peu de temps avant l'intervention de la *safety car* à la suite du crash de la Toyota de Timo Glock. Presque tous les pilotes devaient encore passer par les stands et grâce au règlement en vigueur depuis l'année dernière – tout arrêt interdit jusqu'au regroupement complet des monoplaces – une dizaine de pilotes (dont Alonso) stoppèrent en même temps, propulsant Piquet du fond de classement aux premières loges. Une sacrée chance mais le Brésilien eut aussi le mérite de garder le cap. Son équipe en prit bonne note. Pas tant sa performance que la stratégie appliquée.

Le plus complet de tous

À cet instant de la saison, Renault faisait presque plus pâle figure qu'en 2007. Le constructeur français se plaçait sixième avec seulement vingt-trois points, contre trente-deux douze mois plus tôt après autant de courses. Alonso était lui toujours neuvième, avec treize unités. Non seulement la monoplace manquait d'adhérence mais Fernando subit les éléments plus qu'il les influença dans un premier temps. « Fernando se plaignait de manquer de traction à chaque réunion technique. Il ne parvenait pas à passer la puissance, ça patinait. C'est pourquoi il surconduisait[1] », rapporta Denis Chevrier, un des responsables moteur de l'équipe. D'où la faute de Montréal notamment. C'est alors que la tendance s'inversa de façon spectaculaire. Alonso finit par moins chercher à s'adapter à la voiture et davantage creuser sur les réglages et le développement. En termes d'état d'esprit, il accepta la situation et choisit de viser le classement le plus haut possible pour Renault, au lieu de laisser la frustration parler.

À partir de la Hongrie, Alonso enchaîna les places d'honneur avec plus de régularité que les prétendants au titre. Quatrième sur les terres de son premier succès, il bénéficia certes de la casse moteur de Massa et de la crevaison de Hamilton – qui finit juste derrière lui – mais le rythme de course valait celui de qualifications. En Belgique, il resta une bonne partie de l'épreuve quatrième avant que la pluie ne vienne bouleverser la fin de course. Fallait-il garder les pneus secs quitte à risquer la sortie de piste ou chausser les pneus intermédiaires sans assurance de rattraper les pilotes restés en piste tant cette averse était tardive ? Alonso choisit la seconde option juste avant le dernier tour et le pari se révéla payant. Reparti huitième, il se paya le luxe de doubler quatre voitures, dont deux dans le dernier virage et la ligne droite d'arrivée ! La réalisation manqua complètement sa remontée car le chassé-croisé d'anthologie entre Hamilton et Räikkönen occupait tous les esprits. La télévision espagnole diffusa plus tard son dernier tour en caméra embarquée afin de mieux comprendre la situation[2]. De nouveau quatrième, il s'avéra qu'il aurait pu faire mieux encore s'il s'était arrêté

1. *L'Année F1 2008-2009*, Chronosports, 2009.

2. Disponible sur YouTube sous l'intitulé « GP Spa 2008 Alonso last Lap ».

un tour plus tôt. Nick Heidfeld, septième avant l'averse, fit ce choix et finit troisième devant Alonso… puis deuxième après que Lewis Hamilton soit pénalisé pour avoir illégalement dépassé Kimi Räikkönen. Hamilton avait alors agi de la même façon qu'Alonso avec Christian Klien à Suzuka 2005 : chicane coupée, ralentissement pour laisser passer le pilote, puis dépassement au virage suivant. Si la FIA revint sur sa décision en pleine course pour Alonso, elle ne fut pas aussi conciliante ici.

Après une quatrième place arrosée à Monza, où le jeune Sebastian Vettel signa une victoire improbable sur une modeste Toro Rosso, arriva un Grand Prix historique, celui de Singapour. C'était non seulement le premier en ces lieux et le 800e de l'histoire, mais le premier disputé de nuit, sous éclairage artificiel. Ce qui se perdait côté écologie se gagnait d'un point de vue commercial, avec une course disputée aux horaires européens traditionnels – 14 heures – et un visuel unique jusqu'alors. Le circuit de Marina Bay proposa de plus un challenge intense et physique digne d'un vrai tracé urbain, proche de l'esprit de Monaco. Il existait une possibilité de se démarquer ici comme en Principauté et Alonso comptait bien là-dessus. Il inaugura le tour de piste seul à vélo avant les premiers essais officiels et alla jusqu'à regarder les qualifications d'une course de support peu médiatisée – la Formule BMW Asia – afin de parfaire son repérage. Hélas, une bête panne d'alimentation le stoppa en deuxième partie de qualification. Sa réaction de colère en s'éjectant du baquet en disait long : il croyait aux premières places. Il n'allait partir que quinzième, mais toujours devant son équipier malgré sa panne. De toute la saison, Piquet ne devança jamais Alonso le samedi. Il fallait compter sur une stratégie décalée le lendemain basée sur une neutralisation de la course, très probable en ces lieux.

C'est ce à quoi Renault s'employa, au-delà de toute imagination. Alonso gagna trois places au départ mais s'arrêta dès le douzième tour, le reléguant dernier. La neutralisation espérée arriva sous la forme d'un accident de Nelsinho Piquet quelques tours plus tard, juste avant les ravitaillements programmés des autres pilotes. Ainsi, une fois la ligne des stands ouverte, presque tout le monde s'y jeta. Dans la précipitation, relâché trop tôt par son équipe, Felipe Massa arracha son tuyau d'essence et le promena jusqu'au bout des stands ! Il n'allait jamais récupérer le temps perdu dans cette mésaventure et finit avant-dernier. Fernando lui était remonté d'un seul coup en cinquième place à la relance. Deux pilotes furent ensuite pénalisés pour s'être arrêtés trop tôt faute d'essence – tel Alonso à Montréal l'an passé – et deux autres partis avec le plein de carburant stoppèrent plus tard. Ironie du sort, c'étaient ses deux anciens équipiers de Renault, Jarno Trulli et Giancarlo Fisichella. Alonso était désormais en tête et imposa un rythme qui lui permit de tenir ce rang jusqu'au bout. Et grâce en grande partie à Nelsinho Piquet, Renault renouait avec le succès deux ans après Suzuka 2006. À cet instant, on soulignait surtout la chance de Fernando comme pour Piquet en Allemagne, sans suspecter avec forte conviction le côté calculé de la démarche. Après tout Piquet n'en était pas à sa première erreur et le règlement en place sur les neutralisations chamboulait davantage les classements. Et pourtant…

Le climat de suspicion ne dura pas longtemps tant une telle histoire paraîtrait saugrenue. D'autant qu'au Japon, Alonso doubla la mise et de façon bien plus régulière cette fois-ci. Il y eut un petit coup de pouce au départ lorsque Hamilton manqua son freinage au premier virage et emmena Räikkönen avec lui, ce qui ouvrit la voie à la Renault. Mais il devait aussi déborder la BMW de Robert

Kubica, en tête durant le premier relais. Ce fut chose faite après le premier ravitaillement et nulle *safety car* n'intervint pour compromettre (ou arranger) ce succès. Après la cinquième quatrième place de sa saison en Chine, il finit son parcours en apothéose avec une deuxième place au Brésil. Une performance largement passée sous silence et pour cause, l'issue la plus dramatique de l'histoire de la F1 (avant 2021) prit place ce jour-là. Felipe Massa était en passe de devenir champion du monde, avant que Lewis Hamilton ne double Timo Glock dans l'avant-dernier virage du dernier tour, et reprenne le leadership pour le titre suprême. L'eau n'est pas tombée que du ciel en ce 2 novembre, et Massa continue de pleurer cette perte à ce jour, alors qu'il fit preuve d'une dignité absolue dans la défaite sur l'instant.

Fernando finit cinquième du championnat, devançant la BMW de Nick Heidfeld et la McLaren de Heikki Kovalainen malgré des monoplaces bien plus performantes. Mieux encore, Alonso avait inscrit quarante-huit points sur les huit dernières courses, ce qui était un meilleur score que Felipe Massa (43) et Lewis Hamilton (40), les deux prétendants au titre. Avec une saison dénuée de polémiques extra-sportives – pour le moment – et concentrée sur ses exploits en piste, Fernando parvint à reléguer ses écarts de conduite passés au second plan. S'il ne produisit pas l'effort le plus solide en 2008 (ses erreurs de Monaco, Montréal et Hockenheim en témoignent), il passait déjà depuis deux saisons pour le pilote le plus complet, à savoir celui qui avait presque toutes les qualités qu'un pilote recherche, ou qui savait minimiser ses limites. Il avait là ajouté une nouvelle corde à son arc, un nouvel aspect de sa personnalité de pilote : sa capacité à transcender le potentiel de sa monoplace. Une qualité rare qu'on retrouve surtout chez les pilotes d'exception et qu'on attribua récemment à Max Verstappen en 2024. C'est dans l'adversité que beaucoup de pilotes gagnèrent le respect et l'admiration du public et Alonso y parvint ici. Le problème, c'est que cet aspect précis finit par devenir prépondérant dans sa carrière, au détriment de son palmarès. Mais nul ne pouvait le prédire à ce moment.

11

Ronger son frein

Cette fin de saison 2008 en trombe avait de quoi rassurer les supporters d'Alonso et de Renault sur la capacité du constructeur à rebondir. Encore fallait-il exploiter au mieux un tout nouveau règlement technique. En effet, 2009 vit l'arrivée d'une nouvelle génération de F1. Aileron avant plus large et lame arrière plus étroite, suppression de tous les appendices ayant fleuri un peu partout sur les monoplaces ces dernières années, retour des pneus dépourvus de rainures dits « slicks » pour la première fois depuis 1997, introduction d'un système de récupération d'énergie cinétique... Tous ces changements furent inspirés par un groupe de travail composé d'ingénieurs dans un but premier : améliorer le spectacle. L'idée était de réduire l'appui des monoplaces pour limiter les turbulences rencontrées dès qu'une F1 suivait l'autre, rendant les dépassements plus compliqués qu'ils en ont l'air. Un problème récurrent depuis que les F1 ont commencé à prendre des allures d'avions roulants, inspirant donc de nouvelles réglementations pour y répondre.

Sauf que la F1 reste un sport, une compétition. Ainsi, les ingénieurs ont pour objectif de produire les voitures les plus efficaces possibles, en exploitant au mieux les zones grises du règlement pour contourner les règles établies. Et comme la F1 se vante d'être le pinacle du sport automobile, avec les ingénieurs les plus qualifiés au monde et des technologies dernier cri, ceux-ci eurent tôt fait de compenser la perte aérodynamique voulue par le règlement, aboutissant à un retour à la case départ sans réclamer vingt mille euros. Les F1 conserveront cette apparence jusqu'en 2017. Puis 2022 amena une nouvelle génération, toujours dans le même esprit. En attendant le prochain remède miracle, quand bien même des monoplaces similaires auraient pu aboutir à une saison oubliable en 2023, puis un millésime fort appréciable en 2024.

Une chose restait immuable : un nouveau règlement allait bousculer la hiérarchie établie entre ceux qui tirèrent le meilleur parti de ce règlement et les autres tâtonnant davantage. Par exemple 1998 vit Williams, la référence du plateau, perdre totalement pied à l'introduction de monoplaces plus étroites et des pneus rainurés, quand McLaren connut un bond en avant. Sauf qu'en 1997, McLaren était la troisième ou quatrième force du plateau. Il n'était pas question de transformer une citrouille en carrosse. Or 2009 proposa ce scénario.

Honda se retira de la F1 fin 2008, motivé en ce sens par la crise économique mondiale qui faisait forcément relativiser certaines dépenses jugées superflues. Et les performances catastrophiques des monoplaces japonaises ces deux dernières années ne justifiaient plus sa présence parmi l'élite. L'équipe fut finalement rachetée par l'un de ses dirigeants, Ross Brawn, anciennement directeur technique et maître tacticien de Ferrari durant l'ère Schumacher. Or pendant tout ce laps de temps, l'usine continua de travailler comme si de rien n'était sur la monoplace de 2009, les employés étant toujours payés par Honda le temps de trouver un repreneur. Et une trouvaille joua un grand rôle dans ce conte de fées : le double diffuseur. Le diffuseur est une pièce sur laquelle la réalisation des courses se concentre peu et pour cause : placé sous l'aileron arrière, entre les roues, il est moins exposé que l'ensemble de la carrosserie. Pourtant, il est un des éléments primordiaux d'une F1 en termes d'appui aérodynamique, donc de performance, au même titre que les ailerons avant et arrière dont il sert de complément. Or avec le bannissement des multiples petites ailettes placées sur la carrosserie, son rôle devint d'autant plus important car les limites imposées à la pièce n'étaient pas clairement définies sur tous ses aspects.

C'est là qu'un ingénieur japonais de Honda plongea dans la brèche et suggéra l'idée à son équipe... avant que le constructeur ne décide de débrancher la prise F1. Autrement dit, Honda aurait pu retrouver les premiers rôles en attendant un an de plus... Ce diffuseur à deux étages, couplé à un ensemble très homogène de base et au moteur Mercedes plus puissant que le Honda, propulsa la nouvelle équipe Brawn GP en tête des derniers essais privés à Barcelone ! Bien entendu on imagina un roulage effectué sous le poids minimum autorisé en course afin d'attirer des investisseurs, la monoplace était encore vide de sponsors et le rachat par ses dirigeants ne pouvait être qu'une solution provisoire. Personne n'aurait pu imaginer la suite des événements, à savoir une première ligne dès l'ouverture en Australie suivie d'un doublé des deux pilotes, Jenson Button et Rubens Barrichello. Puis une domination de Brawn GP durant le premier tiers de saison avec six victoires en sept courses, et surtout les deux titres mondiaux ! Un script qu'on aurait jugé trop irréaliste à Hollywood s'est appliqué dans le monde réel et cartésien de la F1. Pas étonnant qu'un documentaire produit par

Keanu Reeves vit le jour des années après pour relater cette incroyable histoire dans le détail.

Une équipe qui ne reçut ni une telle exposition, ni de tels résultats, c'est Renault. La R29 était aux antipodes de l'élégance et de la finesse avec son gros museau carré et ses performances allaient de pair avec son apparence. Alonso eut droit à sa pire saison en termes de résultats en dehors de son apprentissage chez Minardi : neuvième du championnat, vingt-six points et un seul podium. Pourtant, fidèle à lui-même, Fernando se battit jusqu'au bout. Cinquième en Australie pour l'entrée en matière, il se démarqua davantage en Malaisie. Atteint d'une otite censée le diminuer – encore qu'un combo grippe/fièvre en 2003 ici même ne l'avait pas freiné – il fit un bond de la neuvième à la troisième place au départ. Certes, bien aidé par le KERS, le système de récupération d'énergie cinétique dont la plupart des équipes s'étaient dispensées à cause de son poids trop important. Renault le conserva dans un premier temps et il se révéla un très bon allié au départ et pour protéger sa place. Alonso résista le plus longtemps possible face à ses adversaires en dépit d'une monoplace gavée d'essence. Hélas il fut le premier pilote surpris par une averse et partit en tête-à-queue, le reléguant trop loin pour espérer les points. L'averse devenue tempête fit interrompre la course peu après la mi-course.

La pluie fut aussi au centre du Grand Prix de Chine, lequel se disputa jusqu'au bout mais commença sous régime de *safety car* durant les premiers tours par sécurité. Une tendance qui allait devenir la norme dans ces conditions, au grand dam des fans. Le problème pour Fernando, c'est qu'il partait ici avec très peu d'essence, d'où un deuxième temps flatteur en qualifications, mais aussi un arrêt après six tours seulement… suivi dans la seconde par l'annonce de la rentrée du *safety car* !

Le pire timing possible. Fernando fit son possible pour sauver les meubles mais finit à la première place… hors des points, la neuvième. Si la Chine proposa trop d'eau, Fernando manqua au contraire de liquide à Bahreïn. Dans un premier temps sa course paraissait ordinaire – septième en qualifications, huitième en course – à l'exception d'un joli dépassement sur son ex-équipier Trulli à l'extérieur du virage 4. On se rendit mieux compte de la performance après qu'Alonso ait fait un malaise peu après l'arrivée. Le pilote n'avait aucune boisson à sa disposition ce dimanche sous la forte chaleur et sut tenir le rythme de bout en bout malgré sa déshydratation.

La suite de la saison suivit le même schéma ou presque : des petits points arrachés de haute lutte ou des arrivées hors du top 8. Cinquième devant les siens en Espagne et septième à Monaco, Alonso plongea en dixième place en Turquie, puis quatorzième en Angleterre. Ironiquement il reçut l'une de ses meilleures expositions de l'année ce jour-là grâce à une belle lutte roue dans roue avec Lewis Hamilton, tout aussi perdu sur une McLaren loin de son lustre de l'année passée. L'Allemagne apporta une petite respiration bienvenue avec une septième place couplée du meilleur tour en course. D'autant plus bienvenue que Fernando connut deux moments moins gratifiants, à savoir un tête-à-queue durant le tour de formation – heureusement rattrapé – et sa première défaite face à Nelsinho Piquet en qualification. Elle restera la seule.

Arriva alors l'une des rares éclaircies de cette sombre saison 2009 pour Renault : la pole position en Hongrie pour Alonso. Oui, le niveau d'essence était plus réduit que pour ses adversaires, cela allait de soi. Mais avec des qualifications majoritairement conclues sur les quatrième ou cinquième lignes, quand elles n'étaient pas achevées dès la deuxième session d'élimination, les fans de Fernando et du losange n'allaient pas faire la fine bouche. Le résultat était d'autant plus incongru qu'il tarda à s'officialiser à la suite d'une panne générale de chronométrage. Les dix premiers passèrent plusieurs minutes à s'interroger les uns les autres pour deviner leur position !

Une situation cocasse qui réchauffait les cœurs peu de temps après le grave accident de Felipe Massa, blessé en plein visage par une pièce d'une Brawn GP. Hélas cet enthousiasme ne dura pas plus de onze tours le dimanche, lorsqu'Alonso perdit sa roue à la suite d'un écrou mal serré durant son ravitaillement. Quitte à répéter une situation de l'édition 2006, ce n'était clairement pas celle à reproduire.

De toute manière, un problème de pompe à essence le contraignit à l'abandon indépendamment de cette mésaventure. Mais la roue baladeuse resta quand même sur le devant de la scène après coup, puisqu'elle aboutit à l'exclusion de Renault pour le prochain Grand Prix d'Europe à Valence ! En effet la FIA reprocha à l'équipe d'avoir relancé la voiture en piste en dépit de ce problème d'écrou sans en avertir le pilote, et d'avoir mis les autres pilotes en danger avec la perte de roue. Une décision très exagérée au vu de l'incident en tant que tel, mais qui en fait répondit à un contexte chargé. Outre Massa grièvement blessé, le sport automobile avait vu le jeune Henry Surtees – fils de John Surtees, champion du monde 1964 – perdre la vie après avoir été heurté de plein fouet par une roue arrachée durant une course de formule de promotion à Brands Hatch. Renault fit appel de la décision, et après un nouvel examen de la situation, la sanction fut ramenée à une simple amende de 50 000 dollars. Ces récents incidents participèrent à relancer le débat sur les cockpits fermés, même si ces derniers ne devinrent une réalité en F1 qu'en 2018 avec le Halo.

Note amusante, l'un des trois commissaires qui participa à l'exclusion initiale de Renault était un certain Mohammed Ben Sulayem, à savoir l'actuel président de la FIA en 2025. Ce qui était d'autant plus cocasse, c'est que Ben Sulayem eut l'occasion d'essayer une Renault R28 sur l'autodrome de Dubaï plus tôt dans l'année… et pulvérisa la monoplace dans le mur quelques secondes à peine après l'avoir démarrée. Comme le fit remarquer avec malice Adam Cooper pour *Autosport*, « le fait qu'il ait approuvé la pénalité malgré ça démontre que le système fonctionne sans aucune influence extérieure. D'un autre côté, c'était peut-être un peu hypocrite de sa part, lui qui a projeté bien plus de débris et de pièces qu'Alonso en Hongrie ».

Dans la foulée de cette amende, Renault confirma ce que beaucoup attendaient depuis des semaines : Nelson Piquet Junior fut renvoyé après une nouvelle course anonyme en Hongrie. Tellement anonyme que son directeur Flavio Briatore quitta le circuit du Hungaroring avant même que le dernier effort de son pilote ne soit achevé. Il ne se doutait pas que cette décision allait lancer un nouvel effet domino qui participa à sa chute et celle de son équipe. Un autre qui ne pouvait anticiper un contexte aussi nauséabond, c'est le remplaçant de Piquet Jr, Romain Grosjean. Le Franco-Suisse[1] méritait bien cette opportunité après de belles prestations en GP2 – encore que Piquet fut aussi convaincant dans la même catégorie – mais il arriva sans jamais avoir testé la R29 en essais privés. Drôle de contraste quand on sait que Frank Montagny fut privé par Renault de faire ses débuts cinq ans plus tôt alors qu'il avait usé ses combinaisons toute l'année dans la monoplace, mais la F1 et Renault n'en étaient plus à une incohérence prête.

1. Il est né à Genève d'une mère française et d'un père suisse. Il a la double nationalité mais choisit de courir sous licence française.

Résultat, Grosjean fit tout autant de la figuration que son prédécesseur.

Alonso de son côté cherchait autant à sauver les meubles qu'un brocanteur. Sixième devant les siens à Valence, il pouvait viser un résultat analogue à Spa-Francorchamps avant un nouvel arrêt manqué. L'écrou n'y était pour rien cette fois : la Force India d'Adrian Sutil en perdition avait heurté sa roue avant-gauche au départ, rendant tout changement impossible. Fernando dut renoncer pour un nouveau zéro pointé chez Renault. Mais les résultats de ce Grand Prix devinrent très vite secondaires car ce même jour, le scandale du *crashgate* éclata.

Quand Renault laisse béton

Sur la télévision brésilienne, le commentateur Renaldo Leme révéla que l'accident de Nelsinho Piquet à Singapour l'année passée était en fait volontaire. Il s'agissait de provoquer une neutralisation afin que tout le plateau s'arrête, ouvrant la voie à un Alonso déjà opportunément passé aux stands. Il ne le disait pas sans avertissement : des enquêteurs et avocats avaient déjà envahi le paddock de Spa-Francorchamps en toute discrétion pour commencer leur investigation. Le président de la FIA Max Mosley, lui aussi informé sur l'affaire, avait favorisé leur entrée. Il convoqua Renault au Conseil Mondial afin que l'équipe s'explique sur l'histoire. La vérité finit par éclater et elle n'était belle ni à entendre, ni à lire. L'après-midi précédant la course, une réunion avait eu lieu entre le dirigeant d'écurie Flavio Briatore, le chef stratégie Pat Symonds et Nelsinho Piquet. Les deux premiers demandèrent bel et bien à leur pilote de sciemment s'accidenter pour favoriser la remontée d'Alonso. Les instigateurs choisirent même le tour – calqué sur les stratégies envisagées des autres équipes – et le virage pour l'accomplissement. Mis sous pression par ses résultats décevants et souhaitant montrer son engagement pour prolonger sa carrière en F1, Piquet accepta de se sacrifier de la sorte. Un scandale de plus qui secouait la F1. À la lumière de ces événements, Renault congédia Briatore comme Symonds peu après le Grand Prix d'Italie. Le premier se vit banni à vie par la FIA de toute compétition sous le sceau de la FIA (une peine annulée en appel), le second pendant cinq ans, tandis que Piquet se trouva blanchi grâce à sa collaboration.

Au-delà du sentiment de dégoût qui ressort d'une telle affaire restait un débat libre d'interprétations pour beaucoup : Alonso était-il au courant ? Comme l'avaient souligné certains pilotes le soir même de la course, ce ravitaillement dès le douzième tour ne figurait sur aucune simulation de course. Comment Alonso, un pilote connu pour son « disque dur » et sa capacité de gérer plusieurs aspects de course à la fois, aurait-il pu accepter cette fantaisie sans chercher à en savoir davantage ? Dans le clan Piquet, on se posait la même question. « Tout ce que je dis, c'est qu'un pilote intelligent comme Alonso poserait des questions si son équipe lui disait de rentrer au stand après douze tours en partant quinzième. En tant que pilote, j'aurais suspecté quelque chose ; je ne peux donc que difficilement imaginer que Fernando n'en savait rien. » D'un autre côté, ce n'était pas la première stratégie basée sur une possible neutralisation et avec un nouveau circuit, il y avait bien plus de marge d'erreur. Aussi, il s'agit du même Alonso qui suivit sans sourciller une autre tactique malavisée, à son détriment cette fois, à savoir Abu Dhabi 2010. Il n'est donc pas si inenvisageable qu'il ait fait sa course, sans chercher plus loin.

De plus, lorsque l'affaire explosa au Grand Prix de Belgique, Alonso fut l'une des premières personnes interrogées par les enquêteurs et avocats dépêchés sur place, où il nia toute implication ni connaissance. Selon Max Mosley, « il est intéressant de noter que le commissaire principal, qui avait une grande expérience des interrogatoires, m'a dit qu'il était convaincu qu'Alonso disait la vérité. Donc, ça allait ». L'enquête de la FIA alla dans le sens de cette version, d'où l'absence de toute sanction. Après, s'il n'était pas directement impliqué dans cette machination, il reste qu'Alonso en fut le principal bénéficiaire. Cette stratégie fut littéralement conçue pour lui donner une chance de gagner. Il est donc mouillé par association et compte encore à ce jour une victoire à la valeur souillée.

L'affaire n'a pas fini de faire parler dans le monde de la F1 car ces dernières années, Felipe Massa remit l'histoire sur le tapis. Il fut révélé plus tard que les deux maîtres d'œuvre de la F1, Bernie Ecclestone et Max Mosley, avaient été informés de la stratégie tordue de Renault dès la saison 2008 par la famille Piquet, et auraient donc pu agir en conséquence. Ecclestone prétendit qu'ils n'en firent rien car ils cherchaient à protéger l'intégrité d'un championnat déjà entaché par le *spygate*. Mosley dit ne pas avoir eu de preuves suffisantes pour lancer une enquête à cet instant. Or l'accident de Piquet Junior provoqua une réaction en chaîne, incluant le pit-stop raté de Massa qui lui coûta bon nombre de points. Comme Felipe manqua le titre d'une unité, il attaqua en justice la FIA fin 2023, estimant que le *crashgate* fut le seul responsable de son échec – oubliant ses propres erreurs dans d'autres épreuves – et que le titre devait lui revenir de droit. On notera qu'il demanda l'annulation du Grand Prix de Singapour et non la disqualification d'Alonso et pour cause : dans le premier cas, Hamilton perdrait six points et le titre, quand dans le second, Lewis en gagnerait deux, et resterait champion…

Comme la F1 manie aussi bien l'ironie que ses pilotes tiennent leur volant, le *crashgate* connut sa conclusion pile avant le Grand Prix de Singapour. Grand Prix qui vit le seul podium de la saison pour le constructeur avec la troisième place d'Alonso. Fernando dédia bien entendu son podium à Flavio Briatore, ce qui pouvait sonner comme une fieffée provocation. Mais avec sa carrière si étroitement liée à cette figure, cela restait cohérent quelle que soit l'odeur de soufre qui servait d'aura à Flavio désormais. Du côté de Grosjean, accablé de problèmes techniques tout le week-end, son instant le plus remarqué resta sa sortie de piste durant la première séance d'essais libres, puisqu'il se planta dans le même virage par lequel le scandale arriva douze mois plus tôt. Un sens aigu de l'ironie clairement.

Après ça, Renault fit purement de la figuration, reculant inexorablement dans la hiérarchie. Douzième au Japon durant une séance de qualifications plus chaotique que les trois quarts des courses de cette saison, Alonso se retrouva pénalisé pour ne pas avoir assez ralenti sous drapeau jaune, comme trois de ses pairs. Quatre pilotes reçurent une pénalité pour d'autres raisons, si bien que la grille définitive ne fut établie qu'une heure avant la course ! Seizième au final, il finit dixième le lendemain durant une après-midi bien plus calme. Calme n'est pas le terme le plus pertinent pour parler du Grand Prix du Brésil, manche décisive dans l'attribution des titres mondiaux pour la cinquième fois de suite. La pluie perturba les qualifications avec plusieurs interruptions et aida Fernando à accéder à une Q3 désormais illusoire en conditions ordinaires. Mais en 2009, chaque instant d'espoir était invariablement suivi d'un retour à la réalité. Ici, le réveil prit la forme d'un contact avec la Force India d'Adrian Sutil qui avait emmêlé ses roues avec la Toyota de Jarno Trulli. Abandon avant même la fin du premier tour. Et Abu Dhabi conclut la saison de bien piteuse façon, avec une double élimination des Renault en Q1, et une quatorzième place finale pour la première expérience d'Alonso sur le tracé insipide de Yas Marina. Une fin d'union en queue de poisson totalement opposée au triomphe commun trois ans plus tôt à Interlagos.

Mariage à l'italienne

Malgré ce recul hiérarchique, Alonso conserva sa réputation de battant et continuait de susciter l'admiration des rédacteurs du milieu. « Quand on le voit courir, on comprend pourquoi nombreux sont ceux qui le considèrent comme le meilleur pilote au monde, et pourquoi Ferrari semble prêt à tout pour s'attacher ses services. Fernando, c'est Gladiator et Rambo réunis », tenta l'ancien commentateur Pierre Van Vliet dans sa revue *F1i Magazine*. Le Belge ne mentionnait pas la Scuderia par hasard et il était loin d'être le premier. Pour beaucoup, le retour d'Alonso chez Renault était plus par convenance en attendant mieux, et les performances du Losange ne l'encourageaient guère à rester. Ferrari de son côté comptait sur le duo Massa-Räikkönen mais le Finlandais, malgré son titre mondial 2007, avait laissé son équipe sur sa faim pour son manque d'implication. Après deux saisons plus inégales, la cote de Iceman avait bien baissé depuis ses exploits de 2005, époque où il était encore fréquent de hisser Kimi au-dessus de Fernando en termes de talent pur. Sauf qu'Alonso a depuis développé sa palette – ou l'a davantage exposée aux yeux de tous – et avait légitimement acquis le statut de meilleur pilote du moment. Mieux encore, après les ratés de McLaren, il fit amende honorable en termes de relations humaines, ce malgré les performances décevantes de Renault. « Fernando réussit à canaliser les énergies grâce à son côté social, sa générosité et sa gestion des rapports humains, raconta Denis Chevrier. Sa force est de savoir impliquer les gens, de les inscrire dans la boucle de décision. Grâce à son charisme et aux informations qu'il délivre à ses ingénieurs, il sait fédérer rapidement les gens, et les passionner[1]. » Un commentaire que l'on retrouva dans toutes les équipes qu'il fréquenta par la suite, nuançant le tableau de casseur d'ambiance individualiste plus d'une fois dépeint à son égard.

Son transfert pour Ferrari, attendu de longue date, ne fut officialisé que fin septembre, quelques jours après le Grand Prix de Singapour. Donnant lieu à une association qui aurait dû offrir au moins un titre mondial de plus.

---

1. *F1i Magazine*, n° 58, septembre-octobre 2009.

12

Le rouge et le noir

La saison 2010 s'inscrivit dans la continuité côté technique, mais vit quelques bouleversements au niveau sportif. Le plus gros changement concerna le barème de points qui s'étendit aux dix premiers, avec le vainqueur récompensé à hauteur de vingt-cinq points, le second par dix-huit unités, et le troisième par quinze points. Suivent douze, dix, huit, six, quatre, deux et un, un système encore en place actuellement. Ensuite, malgré les départs de BMW et de Toyota suivant le modèle de Honda, le plateau gonfla à hauteur de douze équipes et vingt-quatre voitures. Ce nombre qui n'avait pas été atteint en course depuis 1995[1] fut rendu possible *via* la promesse de budgets limités par l'ancien président de la FIA Max Mosley. Encouragées par une F1 à moindre coût, trois nouvelles équipes furent montées de toutes pièces avant de rapidement déchanter : le « budget cap », en vigueur aujourd'hui en F1, ne put être validé faute d'accord entre les autres équipes, et il était trop tard pour faire machine arrière. Ainsi Lotus – nom repris de l'ancienne équipe championne du monde – Virgin et Hispania Racing Team

---

1. En 1997, une douzième équipe, Lola, tenta de se qualifier sans succès et se retira dès la deuxième course.

– plus communément appelé HRT – firent plus acte de présence qu'autre chose avec un écart certain les séparant des équipes déjà établies. Dans le lot, on retrouvait Sauber, anciennement rachetée par BMW en 2006, qui reprit ses installations d'origine.

Côté transferts, l'arrivée d'Alonso chez Ferrari faisait les gros titres mais il n'était pas le seul. Le champion en titre Jenson Button passait chez McLaren concurrencer l'enfant chéri Lewis Hamilton, Robert Kubica venait relever le défi Renault à la place d'Alonso et surtout Mercedes racheta Brawn GP pour enfin s'engager en son nom propre pour la première fois depuis 1955. Comme si cela ne suffisait pas, aux côtés du prometteur Nico Rosberg figurait Michael Schumacher, de retour après trois ans d'absence. Il retrouvait le constructeur qui l'avait forgé en Endurance juste avant ses débuts en F1, financés d'ailleurs par la firme à l'étoile. La boucle était bouclée en un sens. Un come-back qui compensait le départ de Kimi Räikkönen de la F1, parti tenter sa chance en rallye. Bien sûr, beaucoup se languirent quant à l'idée d'un nouveau duel entre Alonso et Schumacher. C'était sans compter les nombreux changements qui touchèrent la F1 depuis le départ du septuple champion allemand, ainsi que son absence de compétition durant ce hiatus, exception faite de quelques courses de moto en anonyme. Aussi, la Mercedes peina à reproduire les succès passés de Brawn, si bien que Schumacher ne monta pas sur le podium de toute l'année. La définition parfaite du pétard mouillé.

Alonso lui devait répondre à certaines attentes, non pas en matière de pilotage car plus personne ne remettait en question ses mérites dans ce domaine. Non, il s'agissait de revêtir le costume de leader, de *team player*, savoir mener Ferrari sans en faire un projet égotique et parasiter les énergies au détriment de l'ensemble. Malgré deux bonnes saisons à ce sujet chez Renault, la cicatrice de 2007 n'était pas encore refermée dans la conscience collective. Et le grand chef de Ferrari Luca Di Montezemolo en avait parfaitement conscience. « Je suis sûr que nous pouvons contrôler Fernando aux côtés de Felipe. C'est un homme intelligent et concentré qui a admis ses erreurs dans le passé. J'ai dû en parler au bas mot mille fois avec Domenicali : j'ai dit à Alonso que s'il venait chez Ferrari, il allait piloter pour une équipe, un groupe, pas pour lui-même. S'il voulait créer sa propre équipe comme John Surtees, alors super, mais chez Ferrari, certes nous le mettrons en position de gagner et nous savons qu'il peut remporter des championnats, mais c'est un partenaire[1]. » L'allusion à John Surtees n'est pas innocente. Le Britannique, champion du monde 1964 avec Ferrari, et seul pilote à l'avoir été au plus haut niveau à moto et en monoplace, finit par se brouiller avec la Scuderia en partie à cause d'une obsession du contrôle pas si éloignée de celle d'Alonso.

Fernando, fidèle à ses propos suivant son départ de McLaren, insista sur le fait qu'il n'a jamais réclamé le moindre traitement de faveur, mais qu'il ne voulait pas être moins bien considéré que son équipier… non sans faire allusion à sa saison 2007 dont la digestion était toujours aussi laborieuse. Cela ne devait pas être une inquiétude puisque Alonso affirma assez vite se sentir comme chez lui avec la Scuderia, aidé en ce sens par sa maîtrise de l'italien. Durant une journée de relations publiques organisée par Ferrari, au milieu des phrases routinières prononcées par tout nouveau pilote en rouge, il assura qu'il finirait sa carrière avec eux. Le même Alonso qui pensait que son contrat de trois ans avec McLaren de 2007 à 2009 serait le dernier. Est-ce pour

1. *Autosport*, janvier 2010.

éviter de se contredire en permanence qu'aujourd'hui Fernando semble ne plus planifier de date de sortie ?

Pour ce qui est de ses chances de titre, Alonso relativisa fort logiquement : entre la position de Ferrari en 2009 et des essais d'avant-saison de plus en plus limités qui limiteraient son intégration – sept jours en tout – l'Espagnol ne partait clairement pas favori. Mais durant cette même journée d'échanges avec les médias, il annonça qu'au bout de trois ou quatre courses, ils seraient « en mesure de voir la meilleure version d'Alonso ainsi que la meilleure version de Ferrari ». Puis après plusieurs séances d'essais, il hissa sa nouvelle Ferrari F10 au rang de « meilleure voiture »[1] qu'il ait jamais eue, soit devant ses deux Renault championnes du monde. Au moins Fernando n'a pas changé côté forfanterie.

Débuts en fanfare

Cela étant, sa meilleure voiture ne voulait pas dire qu'elle serait la plus performante du plateau. Et Bahreïn, qui ouvrit la saison 2010, le confirma avec la pole de Sebastian Vettel sur Red Bull, cinq dixièmes devant Alonso, troisième. La course prolongea cette logique avec Vettel dominant une épreuve fort peu passionnante, ce qui inquiéta beaucoup d'observateurs… avant que l'on oublie le débat une fois quelques beaux Grands Prix enchaînés. Toute ressemblance… En revanche, la fiabilité qui caractérisa Ferrari durant les essais n'était pas le point fort de Red Bull. Vettel le paya ce jour-là quand son moteur perdit de la puissance, permettant à Alonso de le dépasser à quinze tours de l'arrivée, et de remporter la première course de la saison,

1. *Autosport*, 20 février 2010.

devant son équipier Massa. Les débuts parfaits. Melbourne prolongea cette dynamique pour Red Bull puisque Vettel renonça sur problème de freins. Le bénéficiaire ce jour-ci fut Jenson Button, bien aidé par sa pertinence stratégique. Le Britannique chaussa les pneus secs en premier sur une piste en voie d'assèchement et damna le pion à tout le monde, excepté Vettel. Après Alonso, un autre champion du monde concrétisait son transfert de la meilleure des façons… après avoir percuté ce même Alonso au départ. En effet, serré par Schumacher à sa gauche, Fernando se retrouva pris en sandwich entre la Mercedes et la McLaren à sa droite, rendant l'accrochage inévitable. Cela contraignit Alonso à une course-poursuite, de grande qualité puisqu'il retrouva les points après seulement dix tours, et conclut la course quatrième. Mais derrière son équipier Massa, ce qui ne lui seyait guère. Durant la course, il fit clairement comprendre à son équipe qu'il était plus rapide que Massa d'une seconde. Et Felipe fut averti de la situation de la façon suivante « *Felipe, Fernando is faster than you* ». Le même message qui eut une résonance toute particulière plus tard dans l'année. Sauf que Massa resta devant ici.

Alonso voulait-il que son équipier lui ouvre la voie ? Cela sonnait comme un écho de Montréal 2005 avec Fisichella. Une pratique qui n'était pas propre qu'à Fernando. Surtout de nos jours, presque tous les pilotes en lutte avec leur voisin de garage jouent à l'intox à la radio en se prétendant plus rapide afin d'inverser les positions en leur faveur, tout en évitant une lutte fratricide potentiellement préjudiciable pour l'équipe. Alonso admit qu'au moment de rejoindre Felipe, il avait beaucoup demandé à ses gommes durant sa remontée et se retrouva en difficulté face à Hamilton en fin de course, d'où sa satisfaction avec la quatrième place au vu des circonstances. Et après tout, les consignes d'équipe étaient interdites… officiellement. Alonso reconnut qu'il n'était pas question de ce genre de geste après seulement deux courses. Ce qui sous-entendait qu'à un certain stade de l'année selon les circonstances, cela pouvait s'appliquer.

À Sepang, une nouvelle remontée s'imposa à Alonso, ce dès les qualifications. Une forte averse empêcha toute amélioration au plus mauvais moment pour Ferrari, éliminant d'Alonso d'emblée. Parti dix-neuvième, il revint jusqu'au neuvième rang avant que son moteur ne le lâche deux tours trop tôt. Notons qu'il passa toute sa course derrière Massa. Signe que la « meilleure version d'Alonso » se faisait attendre ? Si le Grand Prix de Chine était censé marquer ses débuts en tant que quatrième course de l'année, cette version n'était pas dénuée d'erreurs pour autant. Troisième sur la grille, Alonso anticipa visiblement le départ et fut justement pénalisé en retour. Ce qui au milieu d'un balai d'arrêts aux stands à cause d'une météo changeante tombait bien mal, aboutissant à un troisième come-back consécutif. Dans cette entreprise, Alonso prouva ne pas manquer de roublardise puisqu'au moment de revenir chausser des pneus intermédiaires, il dépassa son équipier Massa dans le virage d'entrée des stands ! Ainsi c'est le Brésilien qui se retrouva bloqué derrière l'autre Ferrari durant le changement de pneus, et non l'Espagnol. À nouveau quatrième, Alonso avait limité les dégâts et proposé un beau spectacle dans une course qui n'en manquait pas. Mais ces points gâchés allaient s'avérer décisifs pour l'issue du championnat.

Le Grand Prix d'Espagne lui permit de se reposer davantage en comparaison, non sans un peu de chance. Quatrième à la régulière, une roue desserrée pour Vettel puis une crevaison pour Hamilton le ramenèrent deuxième devant les siens. Mais bien loin de Mark Webber, signifiant que la Red Bull gardait l'avantage à la régulière. Ce que leur doublé à Monaco s'empressa d'amplifier pendant qu'Alonso mena sa quatrième remontée de la saison en six courses, et ici il ne pouvait s'en prendre qu'à lui-même. Parti à la faute durant la séance d'essais libres du samedi matin, sa voiture ne put être réparée à temps pour la qualification, le condamnant à partir des stands. A-t-on déjà évoqué le fait qu'il était presque impossible de doubler à Monaco ? C'est pourquoi Ferrari joua sur la stratégie pour compenser ce handicap. Après que le crash de Nico Hülkenberg dès le premier tour ait fait sortir la *safety car*, l'équipe rappela Alonso aux stands pour changer de pneumatiques et passer sur la gamme dure. Les Bridgestone en 2010 se révélèrent particulièrement résistants comme l'avait prouvé le relais de Button en Australie : cinquante-cinq tours sur cinquante-huit en pneus tendres. À Monaco, où l'usure était peu conséquente, le pari était envisageable et Alonso le releva puisqu'il revint en sixième place, ce qui dépassait toutes ses espérances. Il n'omit pas de remercier son équipe à laquelle il attribua la grande partie du mérite dans ce résultat.

Du port monégasque aux bains turcs pour une nouvelle douche froide : Fernando échoua à atteindre la Q3 et partit douzième à Istanbul, sa F10 n'étant tout simplement pas assez rapide. Alonso passa l'essentiel de sa course coincé derrière la Renault du débutant russe Vitaly Petrov, nouvelle prémisse d'une situation future. Ici, Fernando le déborda en vue de l'arrivée, non sans provoquer une crevaison chez son adversaire. Avec Massa septième, ce fut un bien triste anniversaire pour le 800e Grand Prix de Ferrari. Montréal le ramena à de meilleures dispositions. Quatrième, il croisa le fer avec son vieux rival Lewis Hamilton pour la tête de course, prenant les devants aux stands avant de les perdre plus tard en piste. Après coup, le Britannique proposa une résistance de choix et Alonso ne parvint jamais à prendre l'avantage. Pire encore, une mésentente avec un pilote retardataire permit à Jenson Button de chiper sa deuxième place. Au moins prenait-il des points aux Red Bull, toujours supposément favorites.

Hurler avec les loups

Sebastian Vettel redonna du crédit à ce statut en dominant le Grand Prix d'Europe à Valence, course qui donna une nouvelle occasion à Alonso de crier au loup. Au moment où la course fut neutralisée après l'envol spectaculaire de Mark Webber, Fenando venait tout juste d'entamer un nouveau tour, ce qui l'empêcha de s'arrêter d'entrée de jeu comme la majorité des pilotes. Un tour couvert en plus le fit plonger au classement, ce qui était déjà frustrant en soi. Mais ce qui mit l'Espagnol hors de lui concernait son vieux rival Hamilton. La *safety car* sortit devant la Ferrari mais surtout à la hauteur de la McLaren. S'estimant devant, Lewis la dépassa. Par conséquent, il put rouler à un rythme plus élevé que ceux coincés derrière la voiture de sécurité comme Alonso, ce qui lui permit de rester deuxième après son propre arrêt. De plus, s'il fut pénalisé d'un drive through pour son dépassement illicite, la sanction tomba une dizaine de tours après cette incartade. Grâce à Kamui Kobayashi en troisième place qui retint le peloton derrière lui – il ne s'était pas arrêté durant la neutralisation – Hamilton créa un nouvel espace sûr et put écoper d'une pénalité qui ne changea rien à sa course. Alonso lui finit neuvième (puis huitième après qu'un autre pilote ait été pénalisé) et laissa échapper sa colère, déjà bien audible à la radio. « C'est dommage aussi bien pour nous que pour tous les fans qui sont venus assister à une course manipulée. Hamilton a doublé le *safety car* et la voiture médicale sous drapeau jaune, quelque chose que je n'avais jamais vu jusqu'alors. Nous étions à un mètre l'un de l'autre et il finit deuxième quand je finis neuvième. » On notera bien entendu la suprême ironie de voir Fernando Alonso se plaindre d'une course manipulée à l'avantage d'un autre pilote *via* l'intervention d'une *safety car*, même si l'Espagnol revint sur ses propos à tête reposée.

Ferrari lui embraya le pas puisque cette situation ruina aussi la course de Felipe Massa, onzième au final. Un communiqué officiel parla de « scandale » et prétendit que la F1 pouvait perdre à nouveau en crédibilité au vu de sa gestion des événements. « Nous devons nous assurer que notre sport conserve sa crédibilité aux yeux de ceux qui y sont impliqués et ceux qui le suivent », dit Stefano Domenicali… aujourd'hui à la tête de la F1 et qui doit affronter le même genre de critiques pour une multitude d'autres raisons. Même Piero Lardi Ferrari, vice-président de la marque et fils du fondateur, y alla de son commentaire en qualifiant le Grand Prix de « fausse course ». Et, même si la FIA clarifia les règles par la suite quant au rythme à adopter sous *safety car*, il s'agissait surtout d'un mauvais timing, certes injuste mais qui n'avait rien d'illégal ou de fabriqué. Il suffit cela dit pour faire perdre à Alonso ses moyens, ce qui ne manqua pas de faire sourire la presse britannique. Pour certaines plumes de la profession, le coup de gueule de Fernando n'aurait pas été si virulent si le principal bénéficiaire n'était pas Lewis Hamilton. « Une chose que nous avons apprise au fil des années, c'est que les grands de ce sport ne s'entendent jamais avec ceux aptes à les concurrencer. Il est probable qu'Alonso, à son corps défendant, considère Hamilton comme le plus grand obstacle qu'il ait rencontré dans sa quête de grandeur dans ce sport », dit Jonathan Noble pour *Autosport*.

Et comme Alonso manie l'art de la contradiction aussi bien que la F1 manie l'ironie, il se démarqua durant le Grand Prix suivant à Silverstone *via* un dépassement illicite sur Robert Kubica, puisqu'il coupa un virage pour y parvenir, et ne chercha pas à lui rendre sa position, s'exposant à une pénalité des plus logiques. Sauf que contrairement à Hamilton à Valence, sa pénalité intervint dans une mauvaise fenêtre, à savoir pile durant une neutralisation avec toutes les voitures regroupées, d'où une profonde chute dans le classement. Un contact avec Vitantonio Liuzzi suivi d'une crevaison prolongea son agonie jusqu'au quatorzième rang. Alonso se justifia en arguant que s'il y avait un mur, il se serait planté dedans et Kubica aurait été pénalisé à la place. Autrement dit, le Polonais ne lui avait pas laissé assez de place dans sa tentative de dépassement par l'extérieur, et il n'avait donc guère le choix de passer hors piste. Un scénario des plus récurrents ces dernières années avec le champion en titre. Aussi, il prétendit que personne à la direction de course ne lui demanda de rendre sa place dans l'immédiat. Quand il fut enfin averti par son équipe, Kubica avait déjà ralenti puis renoncé (moteur cassé), rendant l'échange impossible. L'investigation officielle de l'incident qui aboutit à un drive through pour Alonso ne fut lancée que dix minutes après l'abandon de Kubica selon les données de Ferrari. Une version contestée par le directeur de course Charlie Whiting qui prétendit avoir averti Ferrari trois fois, y compris dans la minute suivant la manœuvre polémique. Cette fois-ci, Fernando ne contesta pas la sanction alors que l'abandon de Kubica aurait pu rendre la pénalité caduque. Quand on lui demanda s'il trouvait la sanction sévère, il s'en tira avec cette pirouette « Ce n'est pas mon job, je pilote la voiture, ce que les commissaires disent est toujours juste, c'est comme ça. » Un sarcasme qui cachait mal la rancune de l'Espagnol envers les autorités depuis Valence. Certains trouvèrent cette sanction disproportionnée alors qu'un dépassement en coupant un virage a toujours été considéré comme illégal dans les textes officiels. Ferrari tout comme quelques observateurs du milieu sortirent de leur chapeau l'argument du spectacle : veut-on voir des pilotes dépasser ou pas ? Car oui, en 2010, le dépassement était toujours un art délicat à pratiquer en F1, ce que Alonso allait ressentir au plus profond de son être au dernier Grand Prix. Ainsi tordre les règles devenait moins problématique dans cet état d'esprit. Là encore, le parallèle avec le sport d'aujourd'hui est tentant.

S'il se garda bien de polémiquer, Alonso affichait toujours son optimisme quant à ses chances de titre, quand bien même il accusait un retard de quarante-sept points sur le leader, Lewis Hamilton, à savoir près de deux victoires d'écart. Et Hockenheim lui donna raison avec sa deuxième victoire de l'année et un doublé Ferrari. Sauf qu'à l'arrivée, personne ne parlait de la performance retrouvée de la Scuderia.

Une consigne ? Quelle consigne ?

En effet, serré par Sebastian Vettel au départ, Alonso avait laissé filer Felipe Massa, qui mena durant la majeure partie de l'épreuve mais avec Fernando sur ses talons. Et au quarante-septième tour, l'ingénieur de Massa Rob Smedley lui fit part avec forte articulation d'un message rentré depuis dans l'histoire : « Fernando est plus rapide que toi, peux-tu confirmer que tu as compris le message ? » Au tour suivant, Massa ralentit après une épingle et Alonso le déborda. Il n'y a pas que Felipe qui avait compris le message : le Brésilien venait de céder la victoire à son équipier afin de maximiser ses chances de titre, pour lequel Massa ne courait pas. Cruelle ironie : il y a un an jour pour jour, Massa était passé proche de la fin de carrière, sinon pire, lors des qualifications du Grand Prix de Hongrie. Une victoire après son come-back et une année difficile aurait été une juste récompense pour le presque champion 2008. Mais la logique d'entreprise prima, et la polémique ressurgit puisque Ferrari n'était pas étranger à de tels mouvements. Pour rappel, le final du Grand Prix d'Autriche 2002 avec Rubens Barrichello ralentissant sur la ligne en faveur de Michael Schumacher avait provoqué un tel tollé que la FIA avait décidé de bannir les consignes d'équipe… en théorie.

En vérité, il suffisait de ne pas être trop spécifique pour contourner la règle. Or ici, ils n'avaient pas explicitement demandé à Massa de laisser passer Alonso après tout… Une hypocrisie latente déjà exploitée par d'autres équipes par le passé, y compris en 2010. En Turquie, après une chaude bataille entre ses pilotes, McLaren demanda à Jenson Button d'économiser de l'essence. Là encore, tout le monde avait su lire entre les lignes. Comprenant qu'il était impossible d'appliquer pleinement cette règle, la FIA la supprima de son règlement sportif l'année suivante. En attendant, comme il fallait sauver les apparences d'un point de vue législatif – faute de pouvoir soigner leur image –, Ferrari, Massa et Alonso sortirent leur plus belle langue de bois en niant toute consigne d'équipe, aboutissant à des échanges lunaires.

« Au vu de la situation d'aujourd'hui, est-il maintenant clair que vous avez un pilote numéro 1 et un pilote numéro 2 ?

— Non, non, répondit le directeur général de Ferrari, Stefano Domenicali.

— Pourquoi ?

— Parce que sinon j'aurais répondu oui. »

Ferrari risquait de perdre les points marqués à Hockenheim mais l'équipe s'en tira pour finir avec une amende de 100 000 dollars, une tape sur les doigts comparable là aussi avec l'Autriche 2002, où la Scuderia dut payer 500 000 dollars pour sa faute[1]. Et ainsi la F1 ajouta une pièce d'ironie en plus à sa collection bien remplie : la FIA qui sanctionna cette consigne déguisée était désormais dirigée par Jean Todt. L'ancien directeur d'équipe de Ferrari à l'origine de l'échange de 2002, entre autres consignes par le passé.

Mais si le parallèle entre les deux situations était facile, les circonstances étaient cependant différentes. Dans le premier cas, Ferrari dominait le championnat et n'avait nullement besoin de consigne ce jour-là, hormis pour réaffirmer le statut pourtant nullement contesté de leader de Michael Schumacher. En 2010, Ferrari ne menait pas et contrairement à Red Bull et McLaren, comptait sur un seul pilote pour jouer le titre, à savoir Alonso. Aussi cruelle que fut cette consigne pour Massa au vu du contexte, elle était déjà plus justifiable. Cela n'empêcha pas les cris d'orfraies des directeurs d'équipe rivaux, dont Christian Horner de Red Bull qui parla à son tour de course manipulée. D'autres défendirent la consigne, notamment Michael Schumacher qui eut le mérite de rester fidèle à sa logique d'antan au lieu de rejoindre le bal des hypocrites.

En tout cas, cette consigne jeta un nouveau discrédit sur Alonso. Déjà, ses déclarations d'après-course où il peina à nier toute consigne sonnaient très faux et donnaient du grain à moudre aux détracteurs de cette époque vue comme sclérosée et insipide, dénuée de personnages

1. L'amende sanctionnait ici le non-respect de la cérémonie du podium, où Schumacher laissa Barrichello monter sur la plus haute marche, puis récupérer la coupe du vainqueur.

vivants. « Je n'avais jamais entendu de telles bêtises de la part de Fernando. Il vient de montrer qu'il n'avait aucune personnalité[1] », lâcha l'ancien champion du monde et pilote Ferrari Niki Lauda. Dans le même ordre d'idées, ses propos passés prenaient du plomb dans l'aile. Alonso disait ne jamais avoir demandé de statut de numéro 1, mais il s'égosilla plusieurs fois à la radio derrière son équipier quand il s'estimait ralenti par celui-ci, comme s'il demandait un traitement de faveur. Et lui qui déplora la manipulation d'une course à Valence se vit offrir une victoire. Taquin, un journaliste lui demanda s'il estimait ce trophée aussi valable que Singapour 2008.

Après contractuellement, Alonso ne mentait pas : il ne disposait pas de cette prédominance par contrat comme d'autres pilotes l'ont eu par le passé. S'il se trouvait dans la même situation qu'un Schumacher, Massa aurait probablement laissé passer Alonso en Australie. C'était alors la deuxième course de la saison et Fernando n'avait pas encore pris un gros avantage sur Felipe au championnat. C'était le cas en Allemagne. Par contre, cela exposait un trait de caractère commun à beaucoup de champions : le besoin de concentrer les énergies autour de soi, au point d'obtenir un statut de pilote n° 1 dans l'esprit sans l'être nécessairement sur le papier. Ayrton Senna, Alain Prost et Michael Schumacher l'ont illustré avant Alonso, de même que Lewis Hamilton et Max Verstappen plus récemment. C'est un des plus beaux paradoxes de la F1 : un sport d'équipe qui dépend de centaines de personnes aux postes divers et variés, mais très souvent au service d'individus à l'égoïsme exacerbé par leurs ambitions.

---

1. *La Gazzetta Dello Sport*, 26 juillet 2010.

Rattraper le temps perdu

En Hongrie, Ferrari se tint à l'écart de tout scandale. Alonso finit deuxième entre les Red Bull et son optimisme se voyait récompensé : il n'était plus qu'à vingt points de Mark Webber, à nouveau leader. Lui et Hamilton étaient les favoris désignés mais Alonso, Vettel et Button gardaient de sérieuses chances. Un final à cinq prétendants n'était pas illusoire et les fans en rêvaient alors légitimement. Spa-Francorchamps doucha un temps ces espoirs puisque les trois outsiders ne marquèrent aucun point pendant que Hamilton et Webber monopolisèrent les deux premières places. Il faut dire que tout tourna au vinaigre pour Alonso. Seulement dixième en qualifications, il se fit torpiller dès le premier tour par Rubens Barrichello, surpris par une averse passagère. Miraculeusement indemne de ce choc, Fernando en profita pour changer immédiatement de pneus et chausser les intermédiaires… sauf que la pluie stoppa aussi sec, d'où un nouveau changement de gommes. Remonté huitième, il vira trop large du virage de Malmedy et finit sa course dans le mur de pneus. Le voici relégué à quarante et un points de Lewis Hamilton.

Mais s'il y a une saison où la tendance pouvait évoluer d'une course à l'autre, c'est bien 2010. Alonso enchaîna deux victoires de suite devant les tifosi à Monza, puis dans les rues éclairées de Singapour, les deux fois en partant de la pole position. Singapour vit même l'Espagnol faire le Grand Chelem, à savoir pole, meilleur tour, victoire et course menée de bout en bout. C'était la première fois qu'il accomplissait un tel exploit, et la seule à ce jour. En Italie, il perdit la tête face à Jenson Button mais la récupéra à la faveur des arrêts aux stands, tandis qu'il conserva Sebastian Vettel derrière lui du premier au dernier tour à Singapour.

Pendant ce temps, Lewis Hamilton avait renoncé les deux fois. Ce revirement ramena Alonso deuxième du championnat devant le Britannique et à seulement onze points du leader Mark Webber.

Après une troisième place au Japon derrière les Red Bull, un nouveau tournant prit place à Yeongam pour le premier Grand Prix de Corée du Sud. Noyée par les averses – « les pires conditions que j'ai connues », *dixit* Alonso à sa radio – la course fut interrompue au drapeau rouge après trois tours pendant quarante minutes, puis relancée sous *safety car*. Il fallut attendre le dix-huitième tour pour libérer les pilotes de plus en plus impatients face à des conditions devenues tolérables pour le pilotage. Ce qui n'empêcha pas la sortie de Mark Webber qui emporta Nico Rosberg dans sa chute, d'où une nouvelle neutralisation. Tel Alonso à Fuji en 2007, c'était le pire timing possible pour fauter, d'autant que Mark avait limité ses écarts en comparaison de ses rivaux jusqu'à maintenant. Son équipier Vettel était d'ailleurs sous le feu des projecteurs à ce sujet. Sauf que ce jour-là, ses nerfs n'avaient pas lâché… au contraire de son moteur. La voie était libre pour la cinquième victoire d'Alonso sous le soleil couchant tant la course fut retardée par les conditions. Fernando prenait enfin la tête du championnat du monde, et le statut de nouveau favori pour le titre.

Le Brésil se révéla sans histoire, comme une répétition de Suzuka : doublé Red Bull à l'avantage de Vettel, Alonso troisième devant les McLaren. Ce qui laissa le championnat dans la physionomie suivante avant le final d'Abu Dhabi : Alonso 246 points ; Webber 238 points ; Vettel 231 points ; Hamilton 222 points. C'était la première fois que quatre pilotes étaient en lice pour le titre mondial pour la dernière manche. Cela étant, avec une victoire à vingt-cinq points, les chances de Hamilton étaient plus théoriques qu'autre chose.

Restaient donc les deux pilotes Red Bull face à Alonso, désigné favori malgré une monoplace inférieure. Outre les qualités intrinsèques du pilote, Red Bull afficha plus de faiblesses côté fiabilité, Vettel paraissait manquer un chouïa de maturité pour concrétiser dans l'immédiat, et surtout la rivalité intense entre lui et Webber était le meilleur allié d'Alonso. Leur accrochage en Turquie notamment exposa la mauvaise gestion des pilotes, par eux-mêmes comme l'équipe. Et Alonso savait depuis 2007 qu'un troisième larron externe pouvait tirer les marrons du feu face à deux équipiers focalisés l'un sur l'autre. Pourtant, il ne basa pas ses espoirs là-dessus. « Je pense que plus on parlera d'eux, plus ils seront prudents. Beaucoup auront l'œil fixé sur eux et je suis sûr que rien ne se produira », déclara-t-il après la qualification du Grand Prix du Brésil.

Dans tous les cas, si Webber l'emportait, Alonso se devait d'être second. Si Vettel gagnait, alors la quatrième place serait suffisante. Un scénario analogue à Suzuka et Interlagos pouvait faire son bonheur. Et avec une troisième place en qualification, derrière Vettel en pole mais devant Webber cinquième, la dynamique semblait de son côté.

But contre son camp

Au départ, Alonso laissa filer Jenson Button et couvrit ses premiers tours en quatrième position. Vettel conserva la tête et Webber resta cinquième. À cet instant, Alonso était virtuellement champion du monde s'il parvenait à tenir Webber derrière lui. C'était dans ses cordes, doubler à Abu Dhabi n'était pas une sinécure. Restaient les arrêts aux stands, qui devinrent l'élément déterminant de cette course. Après avoir légèrement tutoyé le rail, Webber décida d'anticiper son arrêt aux abords du douzième tour. À ce moment, il venait déjà de saborder ses chances de titre car il repartait derrière le trafic, incluant des pilotes qui s'étaient déjà arrêtés. En effet un accrochage entre Michael Schumacher et Vitantonio Liuzzi força le *safety car* à sortir dès le premier tour. Plusieurs pilotes décidèrent d'appliquer la stratégie d'Alonso à Monaco, à savoir se débarrasser des pneus tendres pour couvrir toute la course en gommes dures. Dans le lot figuraient la Mercedes de Nico Rosberg et la Renault de Vitaly Petrov. Des monoplaces inférieures à celles des trois top teams mais qui pouvaient les maintenir en respect un certain moment. Un aspect que Ferrari ignora totalement puisque l'équipe choisit de couvrir la course de Webber et arrêter ses deux voitures dans la foulée, deux et quatre tours après la Red Bull, ce alors qu'Alonso était le plus rapide en piste. L'idée était de pouvoir repartir devant Webber et ne pas perdre la quatrième place en sa faveur. Sauf qu'il perdit bien plus de positions qu'envisagé. Alonso conserva Webber derrière lui, mais surtout, il ressortit dans la roue de la Renault de Vitaly Petrov.

Le Russe proposa à Fernando une résistance digne de ce dernier puisqu'il tint sa route d'un bout à l'autre sans quelque écart de conduite que ce soit. Ferrari eut beau motiver son pilote et le caresser dans le sens du poil (« Exploite le meilleur de ton talent, nous savons à quel point il est grand »), Alonso s'opposa à un mur, non pas de Berlin mais de Vyborg, et des lamentations pour les tifosi. Une fois tous les arrêts effectués, Alonso n'était que septième quand Vettel conservait sa première place. Les jeux étaient faits à moins d'un cataclysme qui ne se produisit pas. L'équipe Renault qui avait participé aux deux titres de Fernando l'empêcha malgré elle d'en ajouter un troisième. L'ironie de la F1 est sans limite. C'est ainsi que Sebastian Vettel devint champion du monde, le plus jeune de l'histoire, sans n'avoir jamais mené le championnat de toute la saison[1]. Celui dont les quelques erreurs lui valurent le sobriquet injuste de « Crash Kid » par certains détracteurs venait de les réduire au silence.

On crut un temps à une explosion de colère d'Alonso lorsque celui-ci adressa des gestes d'humeur depuis son cockpit à l'attention de Petrov durant le tour d'honneur. Vitaly n'avait bien sûr rien à se reprocher, les émotions de l'Espagnol décuplées par la déception avaient brièvement pris le dessus. Devant la presse, il revint à de plus sages dispositions et se garda de blâmer le pilote Renault, mais aussi et surtout son équipe en dépit de leur erreur stratégique évidente. « Après la course, c'est toujours très facile de voir quelle était la meilleure stratégie. Vous vous devez de couvrir la course de quelqu'un. Quand vous le faites, il est possible que cela profite à d'autres. Il s'agissait de choisir entre couvrir Vettel ou [piloter contre] Rosberg et Petrov, donc nous avons couvert Webber. Si nous ne nous étions pas arrêtés je pense que Webber aurait pu nous doubler, donc je pense que c'était une décision très compliquée à prendre. » Il ajouta qu'il ne s'était pas opposé à cette stratégie durant la course car il n'avait ni le temps ni les informations suffisantes pour échafauder son propre plan.

Ferrari de son côté reconnut son erreur et Stefano Domenicali évoqua trois facteurs pour l'expliquer : n'avoir couvert qu'un pilote au lieu de deux ; surestimé la potentielle dégradation des pneus tendres avec lesquels Alonso commençait la course ; et sous-estimé la difficulté à déborder les autres monoplaces. Bien entendu, si Domenicali

1. Il fut brièvement à égalité de points avec Webber après Monaco, mais Webber le devançait au nombre de victoires.

ressortit le mantra habituel des équipes en situation d'échec « on gagne ensemble, on perd ensemble », Ferrari finit par licencier Chris Dyer, l'homme qui supervisait les ingénieurs de course des pilotes. Domenicali lui-même envisagea un temps sa démission.

Champion moral ou juste retour des choses ?

2010 est vu au même titre que 2012 comme une des plus belles occasions manquées d'Alonso, ce qui est assez juste en un sens mais ne présente qu'une vision partielle des faits. Tout compte fait, Alonso eut autant de mérite à lutter pour le titre jusqu'au bout que de responsabilité à cette perte sur le fil. À son crédit, il remporta cinq victoires et mena le championnat avant la dernière manche sans avoir la meilleure monoplace face aux Red Bull, et parfois même les McLaren. Il effectua aussi de splendides remontées en Australie, Chine et Monaco, il ne gâcha pas d'opportunités de victoires quand elles se présentèrent – incluant un sans-faute à Singapour – et sut capitaliser au mieux lorsqu'il n'en était pas question. Le tout sans être parfaitement intégré d'entrée de jeu dans sa nouvelle équipe. À l'entendre, lors de ses débuts à Bahreïn, il ne savait pas encore à quoi correspondaient tous les boutons de son volant, ni le nom de tous les ingénieurs et mécaniciens ! Il se sentit plus confortable autour de la cinquième ou sixième course. Il admit de plus qu'il souffrait au même moment du nerf sciatique, le faisant souffrir de la jambe en fin de course.

De l'autre côté, Alonso laissa aussi filer des unités avec son départ volé en Chine, son crash en essais à Monaco et sa sortie éliminatoire en Belgique. À cela peut être ajoutée l'erreur de jugement de Silverstone : s'il avait laissé passer Kubica de lui-même sans attendre une réaction des autorités, il n'y aurait pas eu de pénalité. Avec seulement quatre points d'écart avec Vettel au classement final, ces écarts avaient autant compté que la panne de moteur de Sepang, l'accrochage du départ à Melbourne, le *safety car* mal placé de Valence et bien sûr le faux pas tactique d'Abu Dhabi. Enfin, sept points lui avaient été offerts sur un plateau à Hockenheim. Combien de ses détracteurs auraient rappelé ce cadeau s'il avait remporté le titre avec une marge inférieure ?

La saison 2010 fut aussi représentative de son état d'esprit avec ses bons et ses mauvais aspects. Sa détermination n'a jamais été prise en défaut, notamment après le passage à vide de Ferrari jusqu'à Silverstone où il témoigna de son optimisme à rétablir la situation à son avantage malgré les quarante-sept points de retard. Il se garda de tirer à boulets rouges sur Ferrari à Abu Dhabi, démontrant sa solidarité et son affection pour sa nouvelle équipe, et sut se satisfaire de sa saison puisqu'après tout, il ne s'attendait pas à de tels résultats au moment de sa signature. Mais ce ne serait pas une saison d'Alonso sans quelques coups de gueule (sa complainte de Valence contre les autorités) ou des accès de mauvaise foi (le dépassement de Silverstone), associés à un soupçon de polémique (la consigne de Hockenheim).

Une chose certaine, malgré les erreurs et sauts d'humeur, Alonso méritait bien ce troisième titre. Cette année-ci, il dépassa Niki Lauda et Juan-Manuel Fangio au nombre de victoires avec vingt-six succès et sut s'imposer comme un leader naturel chez Ferrari. Son tempérament latin – incluant sa maîtrise de la langue de Dante – et sa générosité au volant ne pouvaient que plaire aux tifosi nostalgiques de Gilles Villeneuve ou Jean Alesi. Malgré les envolées lyriques susnommées qui font partie du personnage, le pilote était globalement de meilleure humeur que par le passé. Quand *Autosport* lui demanda pourquoi il considérait 2010 comme sa meilleure saison, il répondit : « Parce que je me réveille chaque matin avec le sourire. En tant que pilote Ferrari, je pense avoir trouvé dans cette équipe toutes les valeurs que je partage : la détermination, le professionnalisme, un team heureux et amical qui n'a jamais abandonné. »

Et si les médias ne manquèrent pas de le pointer du doigt dans les moments plus difficiles comme à Hockenheim, ils ne cachèrent pas non plus dans l'ensemble leur admiration pour le pilote, y compris chez les Britanniques chez lesquels Alonso avait moins la cote depuis 2007, et inversement. Edd Straw d'*Autosport* le considérait déjà comme l'un des plus grands de l'histoire dans un billet résumant sa saison 2010.

Après un millésime des plus ouverts et fertile en rebondissements, 2011 se devait de continuer sur cette voie, surtout avec de nouveaux dispositifs censés améliorer le spectacle.

13

Les vérités d'un jour ne sont pas celles du lendemain

2011 est une année qui vit l'introduction de deux éléments qui font encore aujourd'hui la pluie et le beau temps en F1 – davantage la pluie pour les fans : les pneus Pirelli et le DRS. Bridgestone se retira en effet du sport et il n'était plus question de concurrence pneumatique pour des questions de coûts. Pirelli revint donc à la compétition après vingt ans d'absence pour son quatrième mandat, le premier en tant que fournisseur unique. Et face aux plaintes adressées au manufacturier japonais pour ses pneus bien trop résistants – il était possible de couvrir une course complète avec des mélanges tendres sur certains circuits –, la FIA poussa Pirelli à proposer des produits à dégradation rapide afin de favoriser le spectacle, inspirée en ce sens par le Grand Prix du Canada 2010. Faute de données suffisantes sur un tracé absent du calendrier en 2009 et surpris par des températures plus fraîches qu'escompté, Bridgestone offrit un pneumatique bien moins résistant qu'à l'accoutumée, ce qui aboutit à des changements de pneus après seulement cinq tours ! Une situation accidentelle et non planifiée que la FIA exigea de rendre volontaire.

Si cet aspect pouvait sonner artificiel aux oreilles des puristes, alors un aileron arrière mobile devait faire l'effet d'une craie sur un tableau. DRS est l'acronyme de « Drag Reduction System », système de réduction de la traînée. Activé par le pilote *via* un vérin hydraulique dans des zones définies par la FIA sur chaque circuit, il fait pivoter l'aile arrière de l'aileron à l'horizontale afin d'augmenter la vitesse de pointe d'environ 15 à 20 kilomètres à l'heure, et décupler l'effet d'aspiration derrière une autre monoplace.

On l'a vu, suivre une F1 de près est périlleux à cause des turbulences provoquées par l'aérodynamique des monoplaces, au point qu'une simple aspiration ne suffisait pas pour dépasser, voire parfois même tenter une manœuvre. Un aspect bien mis en avant lors du Grand Prix d'Abu Dhabi au détriment d'Alonso.

Ainsi, *via* ce dispositif, les dépassements allaient être favorisés, et le spectacle amélioré en conséquence. Ce qui est juste d'un pur point de vue statistique : le nombre de dépassements passa d'une moyenne de 21,33 en 2010 à 59,06 en 2011. Dans la pratique, les pneumatiques posèrent une autre problématique, car au lieu d'une dégradation progressive aisée à anticiper, les pneus pouvaient chuter en performance sans signe avant-coureur. Cela rendait les équipes plus dépendantes que jamais des pneus, faussant parfois la donne quant à la performance pure de chacune. Désormais, ce n'était pas forcément la voiture la plus rapide qui allait gagner mais la plus économe en gommes. En ce qui concerne le DRS, l'idée d'un dépassement permis par un gadget ne semblait pas en accord avec l'idée du sport que se faisaient beaucoup de fans. Aussi, il rendit la résistance au dépassement bien moins aisée et là aussi plus déséquilibrée que ce qui était probablement souhaité au premier abord. Certes, la frustration d'Abu Dhabi 2010 devenait moins probable dans ces circonstances, mais la satisfaction d'Imola 2005 également.

Alonso n'était en tout cas pas totalement convaincu par ces nouveautés. Il estimait le DRS insuffisamment efficace pour permettre des monoplaces aux performances similaires de se dépasser, et il voyait les pneus Pirelli comme un désavantage pour les meilleures équipes. « Je n'y suis pas favorable parce que je pense que cette incertitude accentuée ne va pas aider les meilleures équipes. C'est comme si au football, un penalty serait joué toutes les demi-heures. Dans ce cas, ni Barcelone ni le Real Madrid sauteraient de joie », furent ses mots durant une journée de relations publiques à Madrid fin février.

Néanmoins, 2011 promettait davantage que 2010 pour Alonso et Ferrari. Son intégration était désormais complète, aussi bien envers l'équipe que la monoplace. Non seulement Fernando avait appris le nom de ses collègues mais il alla jusqu'à récupérer le numéro des ingénieurs et les appela tous les deux jours pour leur mettre la pression ! Avec un règlement technique dans la continuité de l'année passée, Fernando s'attendait à une Ferrari 150° Italia[1] plus adaptée à son style. Restait à savoir à quel niveau seraient Red Bull, McLaren, voire Mercedes, les essais hivernaux ne permettant pas de déterminer une hiérarchie claire et précise.

1. Nommée ainsi en commémoration des cent cinquante ans de l'unification des royaumes italiens.

La fable du taureau et du cheval, acte 2

La première manche fut de nouveau organisée en Australie où on eut droit à la continuité d'Abu Dhabi, puisque Alonso passa à nouveau sa course derrière Vitaly Petrov ! Désormais renommée Lotus Renault après un bras de fer juridique quant à l'utilisation du patronyme, l'ex-équipe d'Alonso se dressa à nouveau contre lui, le privant cette fois d'un podium malgré le DRS. Autre coïncidence amusante : Alonso devançait à nouveau Mark Webber, celui que Ferrari visait en priorité quelques mois plus tôt. Mais être bloqué par Petrov n'était pas le plus inquiétant. Alonso s'était qualifié cinquième à près d'une seconde et demie de Sebastian Vettel. Le champion en titre domina ensuite la course et finit une vingtaine de secondes devant son plus propre poursuivant Lewis Hamilton. Red Bull avait de nouveau un avantage substantiel sur ses adversaires. Ce n'était pas ce que Ferrari envisageait. Et ce scénario se répéta onze fois sur dix-neuf épreuves en cette saison 2011. Les objectifs de conquérir les deux titres mondiaux fondirent plus vite que neige au soleil.

En Malaisie, pendant une nouvelle balade de Vettel, Alonso lutta à nouveau pour la dernière place sur le podium, cette fois face à Lewis Hamilton. Toute tentative de dépassement devint plus ardue faute de DRS valide. Placé dans son aspiration avant le virage 4, il tenta d'en sortir au même moment où Hamilton choisit de défendre sa position, rendant la touchette inévitable. Aileron avant cassé, Alonso rétrograda en sixième place. Maigre consolation, il devança malgré tout Hamilton qui fut contraint à un arrêt tardif. Pour enfoncer le clou, les deux reçurent une pénalité de vingt secondes d'après-course avec Fernando présenté responsable de l'accrochage et Lewis pour un décalage intempestif le tour précédant le contact.

De façon surprenante, aucun des deux ne remit en question la sévérité de la sanction, probablement parce que celle-ci ne changea rien à leur course. Aussi, Alonso comme Hamilton considérèrent le contact comme un banal incident de course. Une situation devenue plus exceptionnelle une décennie plus tard.

Si Fernando était satisfait de son rythme de course à Sepang, il s'attendait à déchanter à Shanghai. Les Ferrari parvenaient à tirer un bon parti des Pirelli par temps chaud mais des températures plus fraîches devinrent leur kryptonite en cette saison 2011. Ainsi, alors que le Grand Prix de Chine proposa un match très ouvert pour la victoire entre les Red Bull, les McLaren et la Mercedes de Nico Rosberg, Alonso fit de la figuration. Il tenta de partir sur deux arrêts contre trois pour ses adversaires mais la Ferrari se traîna de la cinquième place de grille à la septième en course, derrière celle de son équipier Massa. Au moins Red Bull connut son premier échec avec Hamilton vainqueur devant Vettel. De quoi maintenir l'espoir chez Alonso : McLaren était aux abois durant les essais hivernaux mais après seulement trois courses, l'équipe devint la première à faire chuter le champion en titre. Et les saisons 2006 et 2010 démontrèrent que la Scuderia savait redresser une situation en sa faveur en cours d'année. Il s'agissait de bien faire évoluer une monoplace que son chef designer reconnut comme trop conservatrice, et qui rencontra un souci de corrélation entre les données de la soufflerie et les résultats en piste. Ferrari se servit même de l'ancienne soufflerie de l'équipe Toyota à Cologne pour mieux comprendre le problème.

Efforts mal récompensés

Grâce à de nouvelles pièces, la Turquie se chargea de conforter Alonso dans son optimisme en lui offrant son premier podium de l'année, à distance raisonnable des Red Bull. Hélas, le Grand Prix d'Espagne le ramena à de plus sages dispositions. Ce n'était pourtant pas faute d'y avoir mis tout son cœur. Réalisant un tour parfait à ses yeux – « Je n'aurais pas pu faire mieux même en m'y essayant vingt fois ! » dira-t-il –, il ne se plaça pourtant que quatrième sur la grille de départ. Au démarrage il prit un envol de rêve qui le projeta en tête, et tint sa place durant les deux premiers relais de course. Puis il chuta petit à petit et finit cinquième à un tour de Vettel. Une parfaite illustration des efforts titanesques mais mal récompensés d'Alonso chez Ferrari. Dans la foulée de cette course, la Scuderia se sépara dc son directeur technique Aldo Costa, le même qui allait jouer un grand rôle dans la domination de Mercedes durant l'ère hybride.

Monaco devint la première franche opportunité de victoire sur ce tracé connu pour quelque peu niveler les performances des équipes. La course offrit une belle bataille stratégique avec Vettel sur un seul arrêt devant Alonso à deux stops et Button et ses trois changements de gommes. L'Allemand paraissait des plus vulnérables avec ses gommes usées avant qu'un accrochage force la direction de course à interrompre le Grand Prix. Il était autorisé de changer de pneus durant l'interruption, ce qui assura la victoire à Vettel désormais chaussé à neuf. Au moins Alonso signa son meilleur résultat de l'année.

Montréal fut une autre opportunité de faire la différence grâce à un circuit copieusement arrosé durant ce Grand Prix du Canada. Deuxième en qualification, il finit sa course, planté sur un vibreur après une mésentente avec Jenson Button à mi-parcours. Le pilote anglais signa un authentique exploit puisqu'il remporta la course dans le dernier tour après une erreur de Vettel, alors que le contact avec Alonso avait fait plonger Button au dernier rang trente tours plus tôt ! Autrement dit, ce n'était pas illusoire pour Fernando de rêver de la victoire. Il s'agit de son seul abandon de la saison, un témoignage édifiant de l'excellente fiabilité de sa Ferrari.

Malgré l'écart de plus en plus grand les séparant de Vettel et Red Bull aux championnats, ni Alonso ni ses dirigeants considérèrent les titres mondiaux inatteignables, tout en admettant qu'ils avaient besoin de quelques faux pas de leurs rivaux. La suite des événements ne leur donna qu'à moitié raison, car si Ferrari combla l'écart avec les champions en titre (ainsi que McLaren), le retournement de situation de 2010 ne se reproduisit guère, avec Vettel qui limita au plus les écarts de trajectoire de l'année passée. Il fallait donc se satisfaire de quelques victoires morales, comme à Valence où Alonso finit entre les Red Bull. Puis à Silverstone, Fernando finit enfin sur la plus haute marche, un timing parfait car soixante ans après la première victoire de Ferrari en F1 en ces mêmes lieux. Et si un arrêt manqué de Vettel lui favorisa la tâche, Sebastian lui-même admit que le rythme de Ferrari était supérieur à celui de Red Bull. Alonso continua de lutter pour la victoire au Nürburgring, cette fois contre Lewis Hamilton et Mark Webber, à l'avantage du premier nommé. Il s'en fallut de peu cependant pour que Ferrari perde sa seconde place. L'équipe demanda à Alonso de s'immobiliser durant son tour d'honneur car sa monoplace était presque à sec de carburant. Heureusement, il restait le litre réglementaire dans le réservoir et Fernando échappa à une disqualification. Mark Webber le ramena aux stands avec Alonso posé sur son ponton, une image presque anachronique en 2011, mais fréquente durant les années 1980 et 1990 où les pannes d'essence étaient légion.

Malgré cette progression, Alonso ne relâcha pas la pression et continua d'exiger des améliorations sur sa monoplace. En dépit de diverses clarifications de règlement en cours d'année concernant la cartographie moteur ou l'exploitation du diffuseur, la Red Bull restait la meilleure voiture et Alonso le savait. Le Grand Prix de Hongrie perturbé par la pluie permit de mettre en valeur le flair pneumatique de Jenson Button qui remporta la course sur McLaren, devant Vettel et Alonso, mais personne n'était dupe. Spa-Francorchamps fut un retour à la réalité presque aussi brutal que Barcelone pour Ferrari et tous ceux qui espéraient Red Bull en difficulté. Brièvement en tête de course durant une neutralisation, Alonso perdit cet avantage peu après la reprise de la course face à Vettel, et céda plus tard à Webber, puis Button qui se trouvait en dehors du top 10 en début de course. Comme souvent cette année, la 150° Italia exploitait moins bien les gommes dures, avec lesquelles Alonso finit la course, que les composés tendres sur lesquels il démarra l'épreuve. Ce qui joua un rôle dans sa victoire de Silverstone d'ailleurs : la course avait démarré sous la pluie avant que la piste ne sèche, et dans ce cas de figure, il n'est plus obligatoire de chausser deux types de pneumatiques secs. Ferrari put donc se passer des gommes dures.

Monza suivit peu à prou le même déroulé qu'à Spa. Un départ excellent le propulsa de quatrième à premier, mais il se vit dépassé par Vettel après seulement quatre tours, non sans une résistance acharnée qui força la Red Bull à franchir l'obstacle deux roues dans la poussière. Pas de polémique du côté allemand, Sebastian estima le geste à la limite mais maîtrisé de la part de son rival, lequel sut lâcher prise quand il était temps. Alonso lia sa défense plus prononcée au contexte : avec l'avance de Vettel au championnat et l'infériorité de sa Ferrari face à la Red Bull, il n'avait rien à perdre. Et non seulement la Ferrari ne jouait pas dans la même catégorie que Red Bull, mais McLaren s'affirma de plus en plus comme la deuxième meilleure équipe. Jenson Button subtilisa la deuxième marche du podium à Alonso dans le dernier tiers de course, et Lewis Hamilton fut proche de le priver de la troisième dans le dernier tour.

À ce moment de la saison il était moins question de savoir si Vettel deviendrait champion que de deviner à quelle course il serait effectivement couronné. Ce ne fut pas à Singapour, malgré une nouvelle victoire de sa part, une nouvelle fois devant Button. Alonso finit lui quatrième proche de son camarade Mark Webber. Les deux protégés de Flavio Briatore se retrouvèrent l'un derrière l'autre au classement à sept reprises durant cette saison. C'est à cette course qu'Alonso énonça publiquement avoir renoncé au titre mondial. Soit une seule épreuve avant que cette lutte soit entérinée. Vettel s'assura du titre au Japon, comme plusieurs glorieux aînés avant lui. Il ne finit que troisième derrière Button et Alonso mais c'était suffisant tant son avance était importante. À cet instant, Fernando se battait pour le titre honorifique de vice-champion, même si à choisir, de son propre aveu, il aurait préféré remporter une deuxième victoire. Pour finir, il n'eut ni l'un ni l'autre.

En attendant des lendemains qui chantent

La fin de saison s'acheva par une collection de places d'honneur : cinquième en Corée du Sud, troisième pour le premier Grand Prix d'Inde de l'histoire, deuxième à Abu

Dhabi et quatrième au Brésil. L'avant-dernière course fut sa plus franche opportunité de victoire après l'abandon prématuré de Sebastian Vettel à la suite d'une crevaison. Il n'échoua qu'à huit secondes de Lewis Hamilton. Vettel doubla donc la mise au championnat du monde, et si des esprits chagrins pouvaient sortir l'argument fallacieux de la « meilleure voiture », les performances de Mark Webber à côté (134 points de moins et une seule victoire) démontrèrent le mérite d'un pilote qui sut hausser son niveau de jeu après les imperfections de 2010. Ce que Alonso ne manqua pas de remarquer. « Il pilote de façon magistrale. Cette année il n'a pas fait d'erreurs ou très peu. Quand vous avez une voiture dominante il est facile de décrocher la pole ou gagner une course mais il y eut des moments où les conditions étaient très traîtres comme au Canada et à Silverstone, et il est parvenu à sortir un tour idéal en qualification et une course parfaite du début à la fin. Donc dans l'ensemble il a été le meilleur pilote, avec la meilleure équipe et le meilleur ensemble, donc ils méritent d'être où ils sont. »

Alonso lui finit quatrième du championnat, à un point de Webber et treize de Button. Chose amusante, malgré la domination de Vettel et une seule victoire, il avait marqué plus de points qu'en 2010, avec 257 points contre 252. La Scuderia Ferrari quant à elle finit troisième, bien éloignée de Red Bull et McLaren. L'équipe n'a pas été aidée par Felipe Massa, plus transparent encore qu'en 2010, sauf quand il semait du carbone en compagnie de Lewis Hamilton ! Les deux se rencontrèrent en piste bien trop souvent au vu des résultats et si Hamilton fut le plus souvent en torts dans leurs contacts, au moins parvint-il à remporter trois victoires. Massa lui ne monta pas sur le podium de toute l'année !

Signe encore une fois qu'Alonso savait tirer un meilleur parti d'une voiture limitée que ses équipiers, lesquels en prenaient ombrage psychologiquement, ce qui accentuait d'autant plus l'écart. Un cercle vicieux trop bien connu par Sergio Perez en 2024.

Malgré l'absence de titre mondial et l'impossibilité de lutter pour celui-ci, Fernando gardait foi en son équipe. Ferrari avait certes payé son conservatisme en plus d'avoir mal su exploiter certains dispositifs (le diffuseur soufflé notamment), mais la Scuderia avait gardé sa place de top team, avec un avantage non négligeable sur d'autres entités pourtant sérieuses telles que Mercedes et Lotus Renault. Tout n'était donc pas à jeter. Il fallait désormais changer d'approche et oser un design audacieux pour 2012. Ce fut chose faite, non sans difficultés.

14

Contre des moulins à vent

2011 n'a pas entamé la motivation d'Alonso, ni sa confiance envers la Scuderia Ferrari. Alors que 2012 était censée être sa dernière année de contrat, Fernando avait signé une extension de contrat dès le mois de mai 2011 pour quatre années supplémentaires. De la sorte, Alonso réaffirma sa volonté de finir sa carrière en rouge. « Ce n'est pas un grand changement dans ma tête. J'étais déjà très clair sur le fait que je voulais piloter ici pour de nombreuses années et quoi que dise le contrat, la stabilité était toujours à 100 % dans mon cas, énonça-t-il dans le communiqué officiel. La F1 est impossible à prédire, on ne peut savoir quand on remportera des titres avant même de commencer. Je suis dans la meilleure équipe possible afin de lutter pour le titre mondial. Certaines équipes ont des hauts et des bas, chez Ferrari, dans leurs pires années vous finissez deuxième ou troisième donc c'est ce que Ferrari peut offrir à un pilote. »

Durant cette saison 2011, Alonso poussa l'équipe à adopter une approche plus agressive et ambitieuse. De l'avis général, des observateurs extérieurs comme de l'équipe, Ferrari pêcha par conservatisme avec sa 150° Italia. Dès juillet 2011, le chef designer Nicholas Tombazis précisa que le prochain modèle ne serait pas une simple évolution de la précédente monoplace mais ne partirait pas non plus d'une feuille blanche. Certaines sections auraient droit à un changement significatif, sans spécifier lesquelles. Stefano Domenicali promit quant à lui une « monoplace très innovante ». L'objectif était d'être compétitif d'entrée de jeu pour ne pas avoir à rattraper le terrain perdu comme ce fut le cas en 2010.

Ferrari était donc conscient de ses faiblesses et déterminé à les corriger. Il fallait maintenant que cette nouvelle démarche porte ses fruits, et certaines circonstances allèrent dans ce sens. L'interdiction définitive du diffuseur soufflé retira une épine dans le pied du cheval cabré car Ferrari n'était jamais parvenu à l'exploiter à sa pleine mesure. En ce qui concerne les pneumatiques, notamment les gommes dures dont la mise en température était plus délicate, Ferrari recruta Hirohide Hamashima, l'ancien directeur de course de Bridgestone, afin de remédier à cet inconvénient. Or même avec beaucoup de travail et les meilleures intentions, le résultat pouvait ne pas répondre aux attentes. Comme le dit lui-même Alonso : « C'est impossible d'être sûr en F1. C'est un sport très complexe et même si vous avez confiance et que vous travaillez 24 heures sur 24, au moment de lancer la voiture en piste vous avez toujours certaines bonnes surprises et certaines mauvaises surprises. »

Si son ramage se rapporte à son plumage…

Il ne croyait pas si bien dire. Passe encore que la F2012 ait un look peu aguicheur : elle tranchait en effet avec ses devancières et prouvait que l'équipe savait se distinguer.

Face à la nouvelle réglementation technique qui imposait une nouvelle hauteur maximale du nez des monoplaces, les équipes proposèrent chacune leur propre solution avec plus ou moins d'élégance, la majorité incluant une « marche » assez disgracieuse. Mais qu'importe, d'autres monoplaces aux antipodes de la beauté ont su se faire une place au soleil, y compris dans l'histoire de la Scuderia.

Sauf que dès les essais hivernaux, la voiture suscita l'inquiétude : elle ne rivalisait en rien avec Red Bull et McLaren, ni même Lotus. Quand ceux-ci effectuaient des relais de performance, Ferrari continuait de sortir ses monoplaces avec moult capteurs afin de mieux comprendre leur fonctionnement. La traction était insuffisante de même que la vitesse pure. Le directeur technique Pat Fry admit lui-même ne pas être satisfait, pendant que ses pilotes noyaient le poisson pour ne pas cracher dans la soupe, sur le thème : « Ce ne sont que des essais, attendons la première course. » En vérité, la situation était bien préoccupante, et les langues finirent par se délier en conséquence. Peu de temps avant d'embarquer pour l'Australie, Pat Fry ne comptait même pas sur la présence de Ferrari sur le podium et affirmait qu'il restait encore beaucoup de travail. Même Alonso, au milieu de paroles réconfortantes envers son équipe, effectua un rétropédalage en déclarant que « ce qui compte n'est pas d'être premier à la première course, mais de l'être en novembre à la fin du championnat[1] ». L'objectif initial, les victoires d'entrée de jeu pour mieux sécuriser les titres mondiaux, n'était déjà plus à l'ordre du jour avant même les premiers tours de roue officiels.

Le Grand Prix d'Australie sonna comme un coup de semonce. Les qualifications s'achevèrent prématurément avec les douzième et seizième temps, soit aucune Ferrari

1. *Autosport*, 5 mars 2012.

présente pour la dernière session. Un tel camouflet n'était plus arrivé en conditions ordinaires[1] depuis Abu Dhabi 2009. Pour parachever cette œuvre, Alonso sortit de la piste dans sa dernière tentative. En course il parvint à remonter jusqu'au cinquième rang, soit plus que prévu par l'équipe après une telle qualification. Il ne fallait pas s'attendre à mieux en Malaisie : une semaine seulement séparait cette escale de Melbourne, trop peu pour amener quelconque évolution. Alonso se prépara à une course « sur la défensive » pour reprendre ses termes sur le site officiel de son équipe. Il n'espérait pas grand-chose de cette course, même si la pluie, élément perturbateur préféré des outsiders, était programmée pour ce week-end. Et sa neuvième place de grille (huitième après pénalité d'un adversaire) confirma ce sentiment. Au moins, nul découragement ou frustration ne ressortait de la bouche de l'Espagnol. Conscient de son rôle de leader et de l'influence qu'il disposait auprès de son équipe, il continua de motiver ses troupes. « Une chose est sûre, avec la volonté de gagner qui vit en chacun chez Ferrari et l'histoire que nous avons, il est de notre responsabilité de bien faire, pour nous, pour nos fans et pour nos partenaires, cela s'applique pour chacun d'entre nous. Nous devons tous nous y atteler pour atteindre notre objectif[2]. »

Sauvé des eaux

Et cette volonté de gagner chez Alonso a rarement été aussi bien exposée que durant ce Grand Prix de Malaisie 2012. Un bon départ sur une piste humide couplé à l'accrochage entre Romain Grosjean et Michael Schumacher le hissa cinquième. Une place qu'il conserva après que

1. Les deux Ferrari furent éliminées en Malaisie 2010 par temps de pluie.
2. Site officiel de Ferrari, repris par *Autosport* le 14 mars 2012.

tous les pilotes soient passés aux stands pour effectuer le switch intermédiaire-pluie à la suite de l'accroissement de l'averse. Une aggravation des conditions qui aboutit au drapeau rouge, comme il était désormais de rigueur en F1. La puissance des ondées en Malaisie était de notoriété publique (les éditions 2001 et 2009 en offrirent un témoignage édifiant) et ç'aurait été prendre des risques inutiles que d'insister dans ces circonstances. Le revers de la médaille, c'est que l'interruption dura plus de quarante minutes, si bien qu'à la relance, il était déjà temps de remettre les pneus intermédiaires ! Une situation qui devint récurrente, tant les pneus pluie de Pirelli n'inspiraient pas confiance.

Celui qui avait toute confiance, c'est Alonso. Il déborda son ami Mark Webber à l'extérieur du premier virage, effaçant un temps des esprits l'écart de performance entre sa Ferrari et la Red Bull. Il changea ses pneumatiques au tour suivant et déborda Lewis Hamilton dans la manœuvre. Ce ne fut pas la dernière fois que McLaren manqua son arrêt en faveur de Ferrari en cette saison. Alonso repartit d'ailleurs devant l'autre McLaren de Jenson Button, déjà équipée en pneus intermédiaires. Il était donc virtuellement deuxième.

Il ne restait plus que la non moins surprenante Sauber-Ferrari de Sergio Perez. Le pilote mexicain fut le plus prompt à changer de pneus en début de course et avait verrouillé la troisième place avant l'interruption. Cette fois, il tarda un tour trop tard à revenir aux intermédiaires. Il repartit juste devant Alonso mais avec des pneus encore trop froids, et Fernando le cueillit à la réaccélération après les deux premiers virages.

Après seize tours, Alonso menait donc la course devant Sergio Perez. Une scène surréaliste qu'il fallait savourer, aussi bien chez les fans que dans leurs équipes respectives.

Après tout avec l'assèchement progressif de la trajectoire, la hiérarchie allait reprendre ses droits. Ni Alonso ni Perez n'allaient tenir ce rang de bout en bout, n'est-ce pas ? Erreur. Les deux Latins ne quittèrent leurs deux premières places qu'à la faveur des arrêts aux stands pour s'équiper de pneus slicks. Ni Hamilton ni les Red Bull ne rattrapèrent ces invités surprises. Vettel fit même une erreur d'appréciation en se rabattant trop tôt devant un pilote retardataire, d'où une crevaison fort dispensable pour l'Allemand et beaucoup de points perdus.

Alonso lui contrôla de bout en bout. Perez se rapprocha petit à petit, aussi bien avant l'arrêt qu'après celui-ci mais il en fallait plus pour déstabiliser le taureau des Asturies. Au contraire c'est Perez qui vit rouge lorsqu'il partit au large à l'avant-dernier virage. Et ainsi Alonso remporta une vingt-huitième victoire que personne n'attendait, pas même le principal intéressé.

« Ça, c'est du Fernando tout craché, on le connaît dans ces conditions, et on voit qu'il ne lâche jamais rien une nouvelle fois et pour une nouvelle saison. » Jean-Louis Moncet ne pouvait pas mieux résumer la situation à l'antenne de TF1.

Cerise sur le gâteau, Alonso prenait la tête du championnat. Double stupéfaction.

Quelques théories du complot circulèrent rapidement après l'arrivée en raison des rapports liant Sauber à Ferrari. Non seulement l'équipe suisse disposait des moteurs du constructeur italien mais en plus, Sergio Perez faisait partie de son académie de jeunes pilotes. Après une première saison prometteuse et face aux difficultés de Felipe Massa (quinzième à près d'un tour de son équipier !), il était un candidat tout désigné à sa succession. Aussi, son équipe lui communiqua le message : « Sois prudent, nous avons besoin de cette position » très peu de temps avant sa légère sortie. Il était donc facile de supposer que Ferrari ait demandé à Sauber de laisser la victoire à Alonso en échange d'un rabais sur la facture moteur ou d'une future promotion du jeune mexicain par exemple. Malgré le passif de Ferrari en matière de message codé, il n'en était rien.

Retour à la « normale »

Alonso et Ferrari savourèrent ce succès à sa juste valeur, à savoir un heureux accident obtenu dans des circonstances particulières. À la régulière, Ferrari n'avait pas progressé, ce que s'empressèrent de confirmer les Grands Prix suivants. En Chine, Alonso resta bloqué en neuvième place le samedi comme le dimanche, coincé entre les Williams-Renault et les Sauber. Puis à Bahreïn, il sauvegarda la septième place derrière une Force India-Mercedes, non sans avoir croisé le fer avec la Mercedes de Nico Rosberg. Résistant au-delà du raisonnable, l'Allemand poussa la Ferrari dans le sable, débouchant sur l'une des phrases cultes d'Alonso à la radio : « Tout le temps, vous devez laisser de la place ! » Coupable du même geste sur Lewis Hamilton, le futur champion 2016 échappa à toute sanction car les deux pilotes hors piste n'étaient pas à sa hauteur et Nico avait défendu en gardant une ligne constante et continue selon le rapport des commissaires. Fernando répondit sur les réseaux sociaux avec l'ironie qu'on lui connaît désormais : « Je pense que vous allez vous amusez dans les prochaines courses ! Vous pouvez défendre votre position comme vous voulez et vous pouvez doubler hors piste ! » Cette situation allait évoluer en cours de saison.

Au-delà de ces peccadilles, Alonso fit plus que limiter les dégâts en marquant ces points intermédiaires.

Contrairement à 2011 où Vettel prit rapidement le large, cette saison 2012 était des plus ouvertes, avec quatre vainqueurs différents sur quatre monoplaces différentes lors des quatre premiers Grands Prix : Jenson Button (McLaren), Alonso, Nico Rosberg (Mercedes, la première du pilote et de l'équipe[1]) et Sebastian Vettel (Red Bull). Mieux encore, les trois autres lauréats connurent chacun un résultat nul – deux pour Rosberg et Button –, si bien qu'au championnat, Vettel n'avait que quatre et cinq points d'avance sur deux pilotes dénués de victoire, à savoir Lewis Hamilton et Mark Webber. L'Australien n'était même pas encore monté sur le podium et avait enchaîné quatre quatrièmes places ! Alonso se plaçait lui cinquième, avec dix points d'écart. Il s'en sortait mieux qu'en 2011 malgré une monoplace plus distancée.

Et ce n'était que le début des incongruités. Barcelone en tant que piste d'essai était souvent dépeint comme le juge de paix pour jauger le niveau des monoplaces. Si elle était performante ici, elle était alors d'un très bon niveau global. Quoi de plus logique ainsi de voir Williams-Renault remporter sa première victoire depuis 2004 avec le pilote payant Pastor Maldonado à son bord ! En vérité la FW34, sous la direction de Mike Coughlan (oui, l'un des deux instigateurs du *spygate* de 2007) était une très bonne voiture mais qui jouait davantage les places d'honneur que le podium. Preuve absolue qu'en 2012, il n'y avait pas de monoplace dominante et que la tenue des pneumatiques selon les conditions climatiques apporta plus que son grain de sel.

Néanmoins c'est bien à Barcelone que Ferrari retrouva un niveau de performance plus conforme. Bénéficiant de nouvelles pièces testées une semaine plus tôt sur leur

1. Depuis son retour en tant que constructeur, la dernière datant de 1955.

circuit d'essai du Mugello, la F2012 se qualifia troisième, puis deuxième après disqualification de Lewis Hamilton, tombé en panne d'essence à la fin de son tour rapide et ne disposant pas du litre minimal réglementaire. La sanction à laquelle avait échappé Alonso au Nürburgring l'année dernière. Fernando prit ensuite un meilleur départ que Maldonado et mena la première moitié de course pour finalement basculer derrière la Williams. Alonso maugréa contre la Marussia de Charles Pic qui le bloqua au plus mauvais moment mais admit en même temps que la Williams était plus rapide que sa Ferrari.

Avec la contre-performance des Red Bull – Vettel sixième et Webber onzième – et Hamilton parti du fond de grille à la suite de sa disqualification (il finit huitième), Alonso se retrouvait à nouveau en tête du championnat, à égalité avec Vettel. À ce moment, le titre mondial paraissait un objectif réaliste tant la hiérarchie refusait obstinément de se stabiliser. Et ce n'est pas Monaco et sa physionomie particulière qui allait rétablir un semblant d'ordre puisqu'on eut droit au sixième vainqueur différent en six courses grâce à la victoire de Mark Webber. Troisième, Alonso continuait de briller de par sa régularité. Il était désormais le seul avec Lewis Hamilton à avoir marqué des points à chaque course. Les deux rivaux continuèrent sur cette lancée au Canada, lorsque le Britannique devint le septième vainqueur différent de cette saison 2012, dont le caractère si imprévisible relevait de l'absurde pour certains observateurs, le terme « loterie » ayant été parfois prononcé. Non pas qu'ils préfèrent la situation (trop) bien établie et dénuée de suspense de 2011, mais en tant que sport, une relative constance devait être de mise pour les puristes afin de garder une compréhension globale de la situation. Or le rendement des pneus Pirelli pouvait grandement changer d'un circuit à l'autre, d'une monoplace à une autre et d'un pilote à un autre, sans que cette évolution puisse être entièrement planifiée. D'où un sentiment de confusion assez fréquent aussi bien pour les spectateurs que les acteurs de la discipline.

Et la composition du podium de ce Grand Prix du Canada participait à la stupéfaction puisque Hamilton fut entouré de Romain Grosjean (Lotus) et Sergio Perez (Sauber). À l'origine, la victoire se jouait entre Hamilton, Alonso et Vettel. Le premier choisit de tabler sur deux arrêts contre un pour ses rivaux. Si Grosjean et Perez parvinrent à faire fonctionner cette stratégie, leurs aînés perdirent leur avantage à dix tours du but, forçant Vettel à un arrêt tardif et Alonso à chuter au cinquième rang. Nouvelle démonstration de la variation de performance des pneumatiques selon les équipes et pilotes : Grosjean s'était arrêté seulement deux tours après Alonso et conserva le même rythme jusqu'au bout à l'inverse de la Ferrari. Donc ici, contrairement à Abu Dhabi 2010, ce n'était pas la stratégie qui était à blâmer, un point sur lequel Alonso insista après la course.

Pour les siens

On se prit ainsi à rêver à un huitième vainqueur de suite lorsque la F1 arrima au port de Valence pour le Grand Prix d'Europe. L'équipe Lotus était la candidate idéale avec les podiums de Romain Grosjean, qui effectuait pourtant sa première saison complète après l'intérim malheureux de 2009. À côté le revenant Kimi Räikkönen s'était rapidement remis en jambes et fut le principal adversaire de Vettel à Bahreïn. Leur monoplace, la E20 était considérée comme l'une des plus économes en pneumatique – Montréal le démontra dans le cas de

Grosjean – et leur premier succès n'était qu'une question de temps. Mais Valence, et par extension la F1, proposa une plus belle histoire encore dans ce cadre urbain qui, jusqu'à présent, avait échoué à offrir un spectacle digne de ce nom.

Dans un premier temps, la belle histoire se trouvait plutôt du côté du ballon rond – l'Espagne était en route pour sa deuxième Coupe d'Europe consécutive – que de la monoplace. À la surprise générale, Alonso s'était fait éliminer de justesse à la fin de la deuxième session, avec le onzième temps. À sa décharge, les écarts se révélèrent extrêmement serrés : Fernando se trouvait à moins de trois dixièmes du meilleur temps de la séance ! Reste qu'il ne fallait pas espérer grand-chose, Alonso lui-même estimait le podium hors d'atteinte. Il comptait sur la gestion pneumatique et un bon départ pour limiter les dégâts.

Il fit bien mieux que ça. Outre l'envol canon traditionnel, Alonso fit preuve d'une aisance fabuleuse dans ses dépassements, le plus souvent à l'extérieur du premier virage. Aidé par la célérité de Ferrari aux stands, il se retrouva quatrième après la première vague de changements de pneus et revint dans ce top 3 auparavant inaccessible lorsqu'une neutralisation fit anticiper la deuxième série d'arrêts. Le dépassement de Romain Grosjean à la relance – toujours à l'extérieur – améliora encore son classement. Puis vint le tournant, l'abandon de Sebastian Vettel, jusqu'alors dominateur, sur un problème d'alternateur. Adrian Newey se prit la tête dans les mains quand le public leva les siennes : Alonso était en tête ! Il ne lâcha plus le commandement du reste de la course, épargnant comme il fallait ses gommes face à ses vieux rivaux de 2007, Lewis Hamilton et Kimi Räikkönen, et passa la ligne en vainqueur, le premier de cette saison à y être parvenu deux fois.

Ce fut l'une des plus belles courses de la carrière d'Alonso, qui savoura chaque instant devant les siens. Très ému à la radio, il n'hésita pas à brandir le drapeau espagnol présenté par les commissaires durant son tour d'honneur, avant de s'immobiliser devant une tribune et poser le drapeau à leur intention. Il prit même le temps de poser pour quelques photos avec les bénévoles avant de chauffer la foule déjà bien allumée, quitte à retarder le podium de quelques minutes. L'émotion était si forte que, chose rare, Alonso lâcha quelques larmes durant l'hymne national espagnol. Le contexte international joua un rôle dans ce relâchement car l'Espagne traversait une grosse crise financière. Les victoires sportives ont souvent servi à consoler et fédérer une population meurtrie. Celle d'Alonso, doublée de la future victoire de l'Espagne à l'Euro de football, était donc des plus bienvenues et reste à ses yeux la plus belle en termes d'émotions ressenties. « Après la victoire de l'équipe nationale de foot, je me sens vraiment fier d'être un sportif espagnol, vu les difficultés que traverse mon pays. Je sentais que je devais faire quelque chose, et je suis heureux d'avoir pu mettre un peu de baume au cœur de mes compatriotes[1]. »

En plus de ce contexte particulier, le podium de ce Grand Prix était tout aussi poignant du point de vue des fans. Fernando fêtait sa victoire face à deux anciens rivaux du temps de ses titres mondiaux : Räikkönen et Michael Schumacher qui bénéficia d'un accrochage entre Hamilton et Pastor Maldonado pour finir troisième. Le septuple champion montait là sur son premier podium depuis son retour. Clin d'œil du destin, le membre de l'équipe Ferrari chargé de récupérer le trophée des constructeurs était Andrea Stella, l'ingénieur d'Alonso qui eut l'honneur de collaborer avec les trois champions du monde.

1. *Libération*, 24 juin 2012.

Tous les espoirs sont permis

Au soir de ce Grand Prix d'Europe, on croyait revivre la situation de la Corée du Sud en 2010 : Alonso en tête du championnat sur une monoplace inférieure à la suite d'un abandon de la Red Bull de Sebastian Vettel. La différence étant que Valence marquait la mi-saison, et non pas la dernière ligne droite du championnat. Si on mettait le facteur Pirelli de côté, Red Bull gardait l'avantage. En théorie. Car après Valence, Alonso enchaîna deux poles position et une nouvelle victoire. Pour la première fois depuis Singapour 2010, Alonso partait de la première place lors du Grand Prix de Grande-Bretagne durant une séance de qualification au temps typiquement britannique. Il mena la majorité de l'épreuve avant de céder face à Mark Webber à quelques tours du but. Il assura au moins la deuxième place devant Sebastian Vettel, et la quatrième place de Felipe Massa accréditait la thèse selon quoi la F2012 avait énormément progressé. Le Grand Prix d'Allemagne ajouta de l'eau à ce moulin avec une nouvelle pole – la dernière d'Alonso à ce jour – et une course cette fois dominée jusqu'à l'arrivée, pour la troisième victoire de l'année. Dans les deux cas, les pneus Pirelli se tinrent davantage à carreau, ce qui permettait de mieux distinguer la hiérarchie en cours. Pourtant, ces progrès n'en faisaient toujours pas la meilleure voiture du plateau et Fernando ne manqua pas de le rappeler. En Allemagne, la McLaren de Jenson Button et la Red Bull de Sebastian Vettel placés derrière lui avaient les monoplaces les plus rapides. Or Alonso donna l'impression de parfaitement contrôler sa course alors qu'il dut produire soixante-sept tours de qualifications pour garder l'avantage, ne serait-ce que de quelques secondes. D'où une victoire certes moins spectaculaire qu'à Sepang ou Valence mais toute aussi méritante et en bonne place parmi ses meilleurs succès. Niki Lauda, le même qui le cloua au pilori deux ans plus tôt ici même après la fameuse consigne déguisée, lui tira littéralement son chapeau (sa casquette ici) sur le podium en guise d'hommage.

Fernando était à son paroxysme, le titre mondial devenait une possibilité de plus en plus réaliste. Il possédait alors trente-quatre points d'avance sur Webber et quarante-quatre sur Vettel. Mais Alonso ne pouvait pas produire de miracle chaque week-end. Le Grand Prix de Hongrie le ramena à de plus modestes dispositions avec une cinquième place finale. Heureusement, une fois de plus, il limita les pertes avec Vettel quatrième et Webber huitième. Alonso avait enchaîné les onze premières courses dans les points, le seul dans ce cas de figure, si bien que même durant les moments les plus difficiles pour Ferrari, il ne perdit pas gros face à ses rivaux directs. De quoi prendre des vacances avec sérénité, pendant que la F1 entamait sa traditionnelle pause estivale. Sauf que tout bascula à la rentrée durant le Grand Prix de Belgique. Spa Francorchamps devint malgré lui un des tournants du championnat, sinon une des courses qui eut le plus d'influence sur l'attribution du titre. Et on peut hélas pointer Romain Grosjean du doigt. Au départ, le français se décala sur la trajectoire de Lewis Hamilton quand ce dernier était déjà à sa hauteur, d'où un contact inévitable. Les deux devinrent passagers de leurs futures épaves et percutèrent au premier virage les deux Sauber ainsi que la Ferrari d'Alonso. La Lotus de Grosjean passa même tel un train à quelques centimètres du casque de l'Espagnol. Une catastrophe évitée de justesse qui relança les commentaires sur les cockpits fermés. « Vous voyez ces incidents arriver les uns après les autres et vous pensez : “On a eu de la chance.”

Un jour, on n'en aura plus[1] » furent les mots tristement prémonitoires de Paddy Lowe, alors directeur technique de McLaren.

Alonso mit un peu de temps à sortir après avoir ressenti des douleurs au dos, puis fit contrôler son épaule gauche au centre médical. Heureusement on ne déplora aucun blessé dans ce carambolage. En revanche les dégâts furent conséquents à différents niveaux. Au sens propre du terme déjà avec quatre abandons et deux monoplaces endommagées. Au sens figuré ensuite puisque deux prétendants au titre renoncèrent d'emblée, une première pour Alonso cette saison. Ce contact mit fin à une série de vingt-trois arrivées successives dans les points pour Alonso qui avait débuté au Grand Prix d'Europe 2011. Il ne lui manquait plus que Spa pour égaler le record de Michael Schumacher établi de fin 2001 à début 2003[2]. Enfin, Grosjean subit les foudres des commissaires qui l'exclurent purement et simplement du prochain Grand Prix, une première depuis 1994 et Mika Hakkinen. En vérité, Romain payait les pots cassés d'une réputation naissante et pas toujours justifiée de « taré du premier tour » (surnom donné par Mark Webber plus tard dans l'année), à la suite de plusieurs contacts rencontrés dans la boucle initiale, même si sa responsabilité n'était pas toujours impliquée. Monaco en offrit un témoignage édifiant quand il se retrouva pris en sandwich entre Schumacher à gauche et... Alonso à droite. Une situation qui aboutit à une Lotus en travers au milieu du peloton, une place peu enviable en Principauté mais heureusement dénuée de l'issue destructrice de Spa-Francorchamps. Alonso lui-même considéra la sanction trop sévère lorsque son ancien équipier s'excusa auprès

1. *Autosport*, 3 septembre 2012

2. Aujourd'hui le record est détenu par Lewis Hamilton avec 48 courses de suite dans les points (de la Grande-Bretagne 2018 à Bahreïn 2020). Alonso est désormais septième dans ce classement.

de lui par SMS. Ce cas de figure inspira la FIA à instaurer un permis à points à partir de 2014, histoire de mieux réguler les infractions répétées en piste, permis encore en vigueur de nos jours.

La deuxième place de Vettel derrière un intouchable Button réduit l'écart entre le champion en titre et Alonso à vingt-quatre points. Écart qui s'agrandit à trente-sept après le Grand Prix d'Italie, lequel avait pourtant bien mal démarré pour Alonso. Alors que Fernando disait pouvoir se permettre un abandon par rapport à ses rivaux, il enchaîna les soucis techniques en essais libres : moteur défaillant, problème de freins et panne de boîte de vitesses rien que pour la journée du vendredi. En qualifications, sa barre antiroulis lâcha, le forçant à partir dixième. En course en revanche, il parvint à remonter jusqu'à la troisième place et c'est son rival n° 1 Sebastian Vettel qui renonça ! Ce même Vettel avec lequel il recréa malgré lui un remake inversé de 2011 : cette fois, c'est la Red Bull qui tassa la Ferrari dans le gravier avec les quatre roues hors piste. Les commissaires apprirent la leçon prodiguée par Fernando à Bahreïn puisqu'ils sanctionnèrent ici Vettel d'un *drive through*. Bien entendu, la partie pénalisée considéra la sanction trop sévère, quand Alonso souligna les dégâts occasionnés à son fond plat durant son rodéo furtif qui justifieraient la décision.

En vérité, le directeur de course Charlie Whiting avait instauré à Silverstone une mise à jour quant au jugement des incidents de course, dont la cohérence d'un Grand Prix à l'autre laissait à désirer. Celle-ci spécifiait que « tout pilote défendant sa position en ligne droite et avant chaque point de freinage peut utiliser toute la largeur de la piste lors de son premier mouvement, à condition qu'aucune partie significative de la monoplace tentant de le doubler ne soit à ses côtés. À ce moment, le pilote ne doit pas quitter la piste sans raison valable. Pour éviter tout doute, si une partie de l'aileron avant de la voiture tentant de passer est aux côtés de l'aileron arrière de la voiture placée devant, ce sera considéré comme une "partie significative"[1] ». Une directive qui aurait abouti à une sanction pour Rosberg cette saison à Bahreïn, puisqu'à ce moment l'aileron avant n'était pas encore considéré comme une « partie significative ». 2024 n'a rien inventé côté contradictions. Notons ce petit hasard dont la F1 a le secret : le pilote commissaire officiant à Monza en 2012 était Emanuele Pirro[2]. Le même qui s'attira l'ire des fans de Vettel à Montréal en 2019 pour une autre sanction sévère attribuée à l'Allemand. Au moins, il ne pouvait être taxé de favoritisme envers Ferrari !

Red Bull (re)prend le taureau par les cornes

En bon compétiteur, Sebastian Vettel sut répondre avec autorité, puisqu'il enchaîna après cela quatre victoires de rang. Jusqu'à maintenant, aucun pilote n'avait réussi à remporter deux succès consécutifs en cette saison. Si à Singapour, il fut aidé par le manque de fiabilité des McLaren qui coûta la victoire à Lewis Hamilton, il mena de bout en bout aussi bien au Japon qu'en Corée du Sud et en Inde ! Alors que son abandon de Monza pouvait marquer un tournant du championnat en sa défaveur, 2012 reprit d'un coup la physionomie de 2011, avec un Vettel intouchable et un Alonso limitant la casse autant que possible. Troisième à Singapour et en Corée du Sud puis deuxième

1. *Autosport*, 12 juillet 2012.

2. Pilote de F1 de 1989 à 1991, quintuple vainqueur des 24 heures du Mans entre 2000 et 2007.

en Inde, l'Espagnol pouvait difficilement faire mieux durant ces courses.

Hélas pour lui, cet abandon qu'il disait pouvoir se permettre intervint à Suzuka et une deuxième fois dès le premier virage. Cette fois-ci, Grosjean n'y était pour rien (bien qu'il ait percuté Mark Webber) mais l'autre Lotus de Kimi Räikkönen le toucha à l'arrière gauche. Une crevaison immédiate le fit partir en tête-à-queue pour le compte. Fernando blâma Räikkönen pour ce contact, prétendant qu'il aurait dû lever le pied car il n'y avait pas de place pour passer à l'extérieur. Son coup d'œil dans le rétroviseur démontrait qu'il avait conscience de la position de la Lotus et qu'il s'attendait donc à son ralentissement. Kimi répondit qu'il n'avait pas dévié de sa ligne et s'était retrouvé progressivement enfermé par la Ferrari à gauche de la piste. Les deux visions de l'incident étaient justes : les deux avaient trop insisté dans leur démarche, avec la Lotus ne baissant pas pavillon au bon moment et la Ferrari trop décalée à gauche malgré un espace disponible à sa droite. Lorsque le premier virage survint avec Jenson Button comblant cet espace, il était déjà trop tard. Pour une rare fois, sans parler d'erreur à proprement parler, la science du placement au départ d'Alonso lui avait fait défaut. En attendant, son équipier Felipe Massa monta sur la deuxième marche du podium (son premier depuis deux ans !) en partant depuis la dixième place. Le résultat promis à Alonso sans tous ces tracas.

Triste coup du sort : ce même Räikkönen était parti en travers en qualifications, provoquant un drapeau jaune. Annulant de fait son dernier tour rapide qui, selon lui, l'aurait qualifié quatrième au lieu de septième. Sauf que tous les pilotes levèrent le pied, y compris Sebastian Vettel… au point de gêner légèrement Alonso à la chicane. L'Allemand s'en tira avec une simple réprimande, ce qui ne manqua pas de faire lever quelques sourcils car Jean-Éric Vergne fut pénalisé de trois places pour avoir bloqué Bruno Senna en Q1 à cette même chicane. Sauf que l'infraction était ici bien plus manifeste, quand Vettel se mit assez vite hors trajectoire, d'où cette mansuétude. Reste qu'en 2012, la gestion des sanctions pour blocage en qualifications était aussi aléatoire que de nos jours.

Le championnat recommençait à glisser entre les doigts d'Alonso et plus encore qu'en 2010, il n'y était pas pour grand-chose. Sa patience commençait à en prendre un coup, si bien qu'en Inde, il se laissa aller à ce commentaire auprès de la chaîne allemande RTL : « Dans les autres équipes, il y a peu de paroles mais beaucoup d'évolutions alors qu'ici, nous avons beaucoup de paroles mais très peu d'évolutions. » À l'entendre, Ferrari n'avait plus rien apporté sur les six dernières courses. Il n'en fallait pas plus pour que la presse italienne monte ces tensions en épingle et évoque une dispute entre Alonso et le directeur technique Pat Fry, une rumeur dépourvue de tout fondement. Dans les faits, Ferrari avait bien amené de nouvelles pièces mais celles-ci n'eurent aucune influence sur les performances de la F2012. Comme l'année dernière, la soufflerie peina à proposer une corrélation entre les données enregistrées et la réalité du terrain. Stefano Domenicali admit publiquement que son outil n'était plus au niveau par rapport à ceux de ses rivaux bénéficiant de technologies dernier cri. Il annonça même la fermeture temporaire de son dispositif afin qu'il bénéficie d'une vraie mise à jour. Mais en attendant, Red Bull avait gagné la course au développement. D'où une analyse plus mesurée et juste de Fernando durant ce même Grand Prix d'Inde : « En ce moment nous ne nous battons pas seulement contre Sebastian, mais aussi contre Newey. » Grand Prix où il parvint à doubler les McLaren et Mark Webber – certes privé de KERS – et à ne pas se faire distancer par Vettel. De quoi maintenir l'espoir malgré les treize points de retard sur ce dernier.

Abu Dhabi illustra bien à quel point un championnat pouvait se jouer à peu de choses. La qualification s'acheva par une septième place assez décourageante pour Alonso, mais en fin de journée, il récupéra le sixième rang : Vettel venait d'être disqualifié des qualifications ! Comme Lewis Hamilton en Espagne, Vettel dut s'arrêter en piste faute d'essence et il lui manquait le litre réglementaire, d'où cette exclusion. Il lui fallait remonter tout le peloton, un exercice fort délicat sur le circuit de Yas Marina, comme le prouva l'édition 2010. Néanmoins, 2012 aimait faire des exceptions aux règles puisqu'après Valence, Abu Dhabi proposa à son tour une course des plus animées après avoir peiné à proposer un spectacle digne de ce nom jusqu'alors. Et Vettel en fut l'un des principaux artisans puisqu'il se propulsa de la dernière à la troisième place dans un magnifique effort, quoique taxé de chanceux par certains observateurs et rivaux – en premier lieu McLaren – à cause des interventions du *safety car* qui resserrèrent les rangs.

Alonso lui finit second dans la roue de Kimi Räikkönen, enfin vainqueur après une saison formidable de régularité, puisqu'il n'avait pas abandonné de toute l'année. Fernando reprenait ainsi trois points à son rival, une aubaine au vu de la compétitivité relative de sa machine ce week-end. Si Vettel eut un soupçon de chance, Alonso était aussi concerné car le plus rapide ce jour-là était Lewis Hamilton… jusqu'à une nouvelle panne mécanique de sa McLaren. Une pierre supplémentaire dans le jardin de l'équipe britannique, de quoi justifier d'autant plus le départ de son ancien protégé chez Mercedes pour 2013.

Au moins Ferrari n'avait pas relâché ses efforts. La preuve : par deux fois durant le week-end, Ferrari travailla sur sa monoplace pendant le couvre-feu réglementaire. Quatre entraves à cette règle étaient permises, donc tous les coups étaient permis. Et le prochain Grand Prix démontra à sa manière que Ferrari n'était pas à court de stratégies originales pour maximiser les chances de son leader. Sur le nouveau circuit d'Austin au Texas, pour le premier Grand Prix des États-Unis depuis 2007, Vettel signa une nouvelle pole tandis qu'Alonso ne se qualifia que huitième[1]. Il allait se trouver sur la partie sale de la piste pour le départ, minimisant ses chances de progresser jusqu'au premier virage. Fort conscient de ce handicap, Ferrari choisit de sacrifier la course de son second Felipe Massa. Auteur du sixième temps, le Brésilien écopa d'une pénalité de cinq places après que son équipe ait volontairement brisé le scellé officiel de la FIA sur sa boîte de vitesses ! Ainsi, Alonso progressait au septième rang, et partait du bon côté de la piste. Une manœuvre des plus cyniques mais parfaitement légale, à l'image de certaines consignes passées de la Scuderia. Au moins celle-ci fut parfaitement assumée par l'équipe, ce qu'apprécia Alonso qui se déclara « fier » de son team. Sa maestria au départ fit le reste puisqu'il bondit en quatrième place, puis troisième après l'abandon de Mark Webber. Ce fut sa place finale derrière Hamilton et Vettel.

Une finale sens dessus dessous

Treize points séparaient désormais Vettel d'Alonso au championnat avant d'aborder la finale au Brésil. Il lui fallait absolument finir sur le podium et Vettel ne devait pas faire mieux que cinquième en cas de victoire

1. Neuvième à l'origine, puis huitième après que Romain Grosjean eut été pénalisé de cinq places pour changement (légitime celui-ci) de boîte de vitesses.

d'Alonso. Or Sebastian venait d'enchaîner six podiums de suite, qui incluent quatre victoires consécutives et une troisième place obtenue depuis le fond de grille. Il devait donc espérer un scénario particulier, tel celui rencontré à son détriment à Abu Dhabi 2010. À titre de comparaison ce jour-là, Vettel avait repris quinze points à Alonso.

La qualification s'inscrivit dans la lignée de ces dernières courses avec Alonso seulement huitième, à nouveau derrière son équipier Massa (cinquième). Vettel cela dit se qualifia quatrième derrière les McLaren et son équipier Webber. Il ne semblait donc pas disposer d'un avantage majeur. Mais pour que la tendance s'inverse, la pluie n'allait pas être de trop, elle qui rendit la finale de saison 2008 mémorable.

Le ton fut donné dès l'extinction des feux. Massa et Alonso prirent un splendide départ qui les hissa en deuxième et cinquième places aux S de Senna. Ils avaient profité du mauvais envol de Vettel, serré par… son propre équipier Mark Webber ! Un incident que Sebastian n'allait pas oublier de sitôt. Mais c'est une autre situation quelques secondes plus tard qui manqua de lui faire tout perdre. Arrivé à l'extérieur du virage 4, Vettel prit sa trajectoire et rencontra la Williams de Bruno Senna placé à l'intérieur qui vit arriver la Red Bull de nulle part. Cette dernière partit en tête-à-queue à la suite du contact et Vettel se retrouva dans le mauvais sens de la marche, face à une dizaine de pilotes ! Heureusement, personne ne le toucha et il n'avait pas calé, aidé par la déclivité de la piste à cet endroit. Sebastian se relança quelques secondes plus tard comme si de rien était.

Si Senna renonça à la suite de cet accrochage – ce fut son dernier Grand Prix en F1 – Vettel parvint à continuer sa route. Pourtant la Red Bull était légitimement endommagée et son équipe ne pouvait pratiquer aucune réparation.

Il n'y avait qu'à observer les données télémétriques et prier pour que les dégâts ne soient pas trop importants pour compromettre sa course. Devant Massa avait perdu la troisième place en faveur de Jenson Button se retrouvait à la merci de Mark Webber. Possédé dans sa mission de seconder Alonso, il se tint au milieu de la piste, forçant Webber à miser sur l'extérieur. Une brèche s'ouvrit à l'intérieur et Alonso s'y engouffra avec audace. Fernando goba deux monoplaces d'un coup et monta en troisième place quand Vettel se trouvait hors des points. Voilà le scénario particulier dont il rêvait : il était virtuellement champion du monde à cet instant ! Comme si cela ne suffisait pas, la pluie tant attendue se fit sentir et Alonso faillit devenir sa première victime quand il tira tout droit au premier virage. Le podium lui échappa au profit d'un Nico Hülkenberg saisissant la meilleure chance de sa carrière de briller. Quatrième désormais, le titre s'éloignait à nouveau pour Fernando. Tout cela seulement après cinq tours.

Pendant que les pilotes McLaren s'échangeaient la tête pour leur dernière collaboration interne, plusieurs pilotes choisirent de chausser les pneus intermédiaires, ramenant Vettel dans les points malgré le contact initial. Beaucoup hésitèrent à opter pour ces gommes car l'averse n'était pas aussi importante qu'escomptée. Vettel et Alonso finirent par suivre le mouvement au dixième tour. Sauf que la pluie s'estompa assez vite et tous ces pilotes repassèrent aux stands moins de dix tours après. Les exceptions étaient le surprenant Hülkenberg sur Force India et Button sur McLaren, souvent souverain dans ces conditions changeantes, désormais confortablement en tête. Alonso se retrouvait à nouveau quatrième, devant Vettel. Une neutralisation après que Nico Rosberg ait semé des débris calma un peu le jeu mais si Kamui Kobayashi doubla Vettel à la relance de course, ce n'était pas suffisant pour Alonso, qui se fit également déborder par le japonais l'espace d'un tour. Quelques boucles plus tard, Massa fit chuter Vettel d'un rang de plus. Qu'importe. Alonso devait absolument finir sur le podium pour espérer vaincre. Il fallait une nouvelle intervention de la pluie. Celle-ci intervint à vingt tours de l'arrivée. Mais là encore, son intensité laissa perplexe les équipes : allait-elle être éphémère comme en début de course ou permanente comme en 2008 ? Red Bull paria sur la première éventualité et chaussa Vettel de nouveaux pneus secs. Erreur, la pluie s'intensifia et perdura, Red Bull dut rappeler Vettel en catastrophe deux tours après. Heureusement pour eux, Ferrari se pénalisa aussi quelque peu en attendant trop longtemps pour équiper Alonso des bons pneus. Fernando risqua de peu la correctionnelle avec un immense dérapage maîtrisé dans le virage 3.

Dans l'aventure, Hülkenberg s'accrocha avec Hamilton. Suspension pliée, le champion 2008 acheva tristement son aventure avec McLaren. Considéré comme responsable d'un contact évitable, Hülkenberg fut pénalisé d'un drive through et perdit le podium qui se refuse toujours à lui depuis[1]. Cela ramena Alonso troisième, puis deuxième après que Massa lui ait ouvert la voie. Sauf qu'après le dernier bal des arrêts, Vettel se trouvait septième. Il menait encore la danse pour le titre d'un point. Alonso ne pouvait qu'attendre un dernier retournement de situation. Or comme un symbole, son ancien rival Michael Schumacher, aussi le modèle et mentor de Vettel, ouvrit la porte à ce dernier. Le septuple champion allemand disputait là le dernier Grand Prix de sa carrière, six ans après sa première retraite. Vettel avait désormais trois points d'avance. Le dernier rebondissement prit la

1. Fin 2024, Hülkenberg avait disputé 227 Grands Prix sans être monté sur le podium, ce qui est de loin le record en la matière.

forme d'un accident de Paul Di Resta dans l'antépénultième tour, dans le même virage où Alonso connut son gros crash en 2003. Le *safety car* intervint fort logiquement et la course s'acheva sous régime de cette voiture de sécurité. Point de relance de dernière minute ici et personne n'y trouva quelque chose à redire.

Button remporta la course, sa dernière en carrière, devant Alonso et Massa. Le même trio qui orna le podium en 2006 mais cette amusante coïncidence passa au-dessus des esprits de la majorité. Sebastian Vettel venait de remporter son troisième titre mondial consécutif. Le premier pilote qui le félicita fut bien entendu Schumacher, au même moment où la réalisation captura un Alonso encore casqué et apparemment stupéfait. Un plan devenu mythique sur les réseaux sociaux depuis, qui capturait parfaitement la détresse d'un pilote ayant tout donné mais se retrouvant encore vaincu. En vérité, Alonso raconta bien des années après qu'il ne pensait pas au titre perdu mais fixait simplement son équipier Felipe Massa, qui avait fondu en larmes et était consolé par son équipe et son épouse.

Le troisième titre mondial revint ainsi à Sebastian Vettel. Malgré les éléments et la folie douce ayant saisi ce Grand Prix du Brésil, l'aide de Felipe Massa et l'acharnement de Fernando Alonso, l'Allemand remporta une couronne de haute volée. Brocardé pour des victoires prétendues « faciles » en comparaison des escapades de son rival, il s'était donné corps et âme durant deux remontées dantesques à Abu Dhabi et Interlagos dignes d'un champion du monde. Alors que l'accrochage du départ aurait pu le décourager, il se relança et déborda douze pilotes en dix tours. Puis répéta cette même performance sur une aussi courte distance une fois qu'il fut passé en pneus intermédiaires. Le tout avec une voiture endommagée par le contact avec Senna.

Un exploit aussi valable que les victoires d'Alonso en Malaisie ou à Valence... qui manqua presque d'être gâché lorsque Ferrari demanda une clarification sur un éventuel dépassement sous drapeau jaune de Vettel. Heureusement, aucune infraction ne fut notée.

2012, le paroxysme de la magie Alonso

Néanmoins, si Vettel méritait bien ce titre mondial conquis dans l'adversité, le commentaire le plus répandu sur le moment et d'autant plus avec le recul était de déclarer Alonso le meilleur pilote de cette saison. Encore aujourd'hui, 2012 est globalement considérée comme son apothéose, l'année où il a piloté mieux que jamais. « Quand Fernando pilote à ce niveau, il y a un nombre réduit de pilotes dans l'histoire avec qui vous pouvez le comparer, et ils se comptent sur les doigts d'une main, énonça son ingénieur Andrea Stella, témoin privilégié. Je ne peux pas parler de perfection car vous pouvez toujours vous améliorer. Mais j'ai du mal à me souvenir de pilotes conduisant à ce niveau dans chaque condition comme nous l'avons vu en Allemagne. Nous avons roulé sur une piste détrempée, humide, sèche, avec tous les types de pneus et il était toujours le meilleur[1]. »

Plus encore qu'en 2010, Alonso parvint à transcender sa monoplace, ce qui n'était pas donné à tous les pilotes même les plus talentueux. Si Ferrari resta en lice jusqu'au dernier Grand Prix pour le titre pilote, c'était dû en grande partie à son champion du monde. Sa remontée à Valence avec des dépassements osés sur un tracé peu propice à ces fantaisies, ses performances sous la pluie en Malaisie ainsi

1. *La Gazzetta Dello Sport*, 25 juillet 2012.

qu'en qualifications à Silverstone et Hockenheim, couplés à sa grande régularité durant les moments faibles de son équipe, le tout sans aucune faute majeure de pilotage en course. Enfin la comparaison avec son équipier Felipe Massa prit des proportions hallucinantes sur certaines épreuves où le Brésilien subit complètement les éléments quand Alonso les exploitait au mieux. Après six courses, lorsque Alonso menait le championnat avec 76 points, Massa figurait en quatorzième place avec dix unités seulement. Avant la pause estivale, Alonso avait établi un total de 164 points contre... 25 pour Massa ! Une humiliation pure et simple. Heureusement Massa se ressaisit à la reprise du championnat et marqua à chaque course, alignant 97 points, contre 114 pour son leader qui connut les deux retraits de Spa et Suzuka dans cet intervalle. Une saison presque parfaite de l'aveu général, y compris du côté de cette fameuse presse britannique dont Alonso se méfiait. Le journaliste Edd Straw proposa ainsi le meilleur résumé de son année 2012. « Bien que ce ne soit pas parfait, ce fut un championnat aussi proche de la perfection que l'on puisse attendre d'un pilote[1]. »

Le principal intéressé était bien de cet avis. Il donna un 10/10 à sa saison et la considéra comme la meilleure de sa carrière, aussi bien pour ce qu'il offrit que pour ce qu'en tiraient les observateurs. Cette saison, Alonso s'attira les faveurs du public et même de ses pairs à une quasi-unanimité. « Quand bien même j'ai fini second, je n'avais jamais reçu autant de respect et d'affection de la part de tout le monde dans le paddock. C'était la première fois que je voyais les pilotes – actuels comme anciens – les équipes et les fans dire que nous avons fait le meilleur championnat. Je me sens très bien après 2012,

1. *Autosport*, 28 novembre 2012.

de loin la meilleure année de ma carrière. Nous devons être fiers de finir second, ce n'est pas donné à tout le monde d'y parvenir. Quand vous vous battez avec tout votre cœur et votre force pendant de nombreux mois sans faire la moindre erreur, de ma part ou de mon équipe, nous devons être très fiers[1]. » Alonso se considérait aussi à son meilleur physiquement. Il se sentit à 100 % de ses capacités durant chaque Grand Prix quand, durant les saisons précédentes, certaines douleurs aux jambes ou aux épaules pouvaient le pénaliser, tel son nerf sciatique en 2010. Mentalement il parvint aussi à aborder les courses, y compris les plus décisives de façon plus sereine. À Austin, il se souvint avoir été assez stressé durant la dernière course en 2006 en dépit de son avance substantielle sur Michael Schumacher. En 2010 comme en 2012, son approche était bien plus ordinaire et détendue. Bien sûr, Ferrari aborda en ce sens et s'ajouta à la cascade de louanges qui inonda le pilote espagnol. L'équipe lui était reconnaissante d'avoir gardé foi en elle notamment durant la crise du début de saison, où il harangua les employés à ne pas baisser les bras. Cette confiance sans faille en son équipe joua un grand rôle dans le redressement de cette dernière de l'aveu même de Stefano Domenicali. « Le voir toujours motivé et concentré sur son travail, cela fait du bien et une certaine différence quand vous êtes sous pression. Nous avions beaucoup de travail pour améliorer la voiture, mais si vous voyez votre champion du monde tirer l'équipe vers le haut, c'est quelque chose d'essentiel. Nous le remercions beaucoup pour ça[2]. »

1. *Autosport*, 25 novembre 2012.

2. *Autosport*, 23 juillet 2012.

Une lutte miraculeuse

Cependant, si le mérite d'Alonso est indéniable au regard de son implication, de ses résultats et de la comparaison avec son équipier, le considérer comme le seul artisan de ce petit miracle serait une analyse fallacieuse, ou tout du moins incomplète. Il faut rendre ses mérites à Ferrari, qui parvint à améliorer drastiquement sa F2012 assez vite dans la saison, jusqu'à gagner trois secondes depuis le premier test de Jerez selon Andrea Stella. À partir de Barcelone, elle devint un candidat régulier au podium quand elle se traînait pour marquer quelques points durant les premières courses. Aussi, elle témoigna d'une fiabilité remarquable puisque ni Alonso ni Massa ne renoncèrent une seule fois sur souci mécanique de toute la saison. Un avantage non négligeable face aux nombreux errements mécaniques qui pourrirent notamment la saison de McLaren, alors qu'ils disposaient d'une monoplace plus rapide. Un scénario qui rappelle assez la saison 2005 d'Alonso d'ailleurs.

S'il aurait été inconvenant de qualifier Alonso et Ferrari de chanceux, les deux reconnurent que cette saison offrit une physionomie toute particulière qui leur sourit à plus d'une reprise, entre l'influence des pneus Pirelli et l'intervention des conditions climatiques. Le directeur technique Pat Fry admit que sans le concours de la pluie, qui nivela les performances et permit à son pilote de briller davantage, Ferrari et Alonso n'auraient pas bénéficié d'un tel matelas d'avance à mi-saison. Sans la pluie, point de victoire à la régulière en Malaisie quand la monoplace était à son pire niveau, ni de pole à Silverstone et Hockenheim compte tenu des faiblesses de la F2012 en qualifications. Alonso de son côté considérait qu'en conditions normales, la lutte pour le titre se serait achevée dès Monza ou Singapour pour Ferrari, et qu'il était miraculeux qu'il soit resté dans la course jusqu'à l'issue du championnat.

Si Fernando blâma le crash de Spa-Francorchamps avec Grosjean et l'absence de sanction envers Vettel en qualifications à Suzuka comme les deux éléments clés de son nouvel échec, il serait plus juste de prendre cette saison dans sa globalité. Contrairement à l'objectif fixé en début d'année, Ferrari avait failli à proposer une monoplace performante d'entrée de jeu quand le championnat était le plus ouvert, puis pêcha dans son développement dans le dernier tiers de la saison au moment où Red Bull évolua dans le bon sens. Ce qui est d'autant plus dommage car Ferrari sut progresser dans d'autres domaines, tels que la stratégie et la fiabilité. Un aspect qu'Alonso souligna dès début mai, avant même que la F2012 reprenne du poil de la bête. « Je n'ai aucun doute, nous sommes désormais une équipe presque parfaite. Nous sommes sur la corde raide mais ça a rendu l'équipe plus forte. Les erreurs que nous avons faites en 2010 et 2011, en stratégie ou en piste ne se produisent plus désormais. Nous avons atteint un niveau de professionnalisme et de confiance plus haut que vous pouvez l'imaginer. Il nous manque toujours la voiture la plus rapide mais les difficultés que nous avons rencontrées ont fait progresser l'équipe deux fois plus vite[1]. »

Reste qu'avec Alonso à son meilleur, toute excuse était désormais prohibée pour Ferrari. 2013 devait être la saison où ce troisième titre tant mérité allait lui revenir n'est-ce pas ?

Sauf que comme Alonso l'apprit bien plus tard, la F1 n'a pas pour vocation d'être juste.

---

1. *La Gazzetta Dello Sport*, 2 mai 2012.

15

Paroles, paroles...

2013 marque la fin d'une ère pour la F1. À cet instant, la discipline avait déjà engagé son prochain virage plus en accord avec l'évolution des mœurs et des technologies en cours, puisqu'en 2014, les monoplaces allaient disposer d'un moteur V6 turbocompressé hybride, mi-thermique, mi-électrique. L'électricité commençait à avoir le vent en poupe du côté des voitures de route et les sports mécaniques ne pouvaient l'ignorer en tant que potentielle vitrine technologique pour l'industrie automobile. Pas étonnant dès lors qu'une discipline de monoplaces 100 % électrique n'allait pas tarder à faire irruption, à savoir la Formule E. Face à cette révolution, la plupart des énergies s'étaient logiquement déjà tournées vers 2014. Autrement dit, il ne pouvait pas y avoir de gros investissements sur la saison à venir. Ce qui représentait un dilemme pour les équipes : comment miser sur l'avenir sans sacrifier la saison 2013, surtout pour celles qui avaient encore un certain écart à combler ?

Dans le cas de Ferrari, il y avait des éléments rassurants entre les progrès déjà enregistrés en cours de saison 2012, et une bonne conscience des défauts à corriger. L'un d'entre eux était l'exploitation du DRS, le fameux aileron arrière mobile utilisé pour favoriser les dépassements. Si son utilisation est limitée à des secteurs précis en course, elle était plus libre en qualifications. Or Ferrari ne parvint jamais à tirer le meilleur parti de son ouverture, d'où des séances globalement décevantes, tandis que la monoplace proposait un rythme plus convenable en course. Ils seraient aidés en ce sens par la nouvelle réglementation qui restreignait l'usage du DRS en essais aux mêmes zones délimitées en course.

Un autre problème majeur était lié à sa soufflerie et ses manquements en termes de corrélation entre les données et les résultats en piste. Cette situation qui freina le développement de la voiture en fin de saison joua un grand rôle dans la perte du titre pilote. En conséquence, le président Luca Di Montezemolo exigea une analyse en profondeur de l'organisation interne et des méthodes de travail de son équipe pour ne plus reproduire le scénario de 2012.

Il fut donc décidé de miser sur les deux tableaux et d'adjoindre une équipe spécifique pour chaque saison chapeautée par un coordinateur différent. Simone Resta fut associé à la future monoplace de 2013 et Fabio Montecchi allait se pencher sur le projet 2014. Dans le même ordre d'idées, Stefano Domenicali voulut mieux répartir les tâches entre les personnes dirigeant la soufflerie et celles créant de nouvelles pièces à partir des résultats de celle-ci. « Cette année [2012] nous avons vu que lorsque nous faisons trop de choses à la fois, nous ne sommes peut-être pas assez efficaces. » Domenicali encouragea l'équipe à garder une démarche innovante et créative, tout en restant dans la continuité du concept de la F2012 afin de ne pas s'égarer en chemin. Le recrutement d'ingénieurs et designers connus du milieu comme Loïc Bigois et Ben Agathangelou suivait cette logique. Enfin la Scuderia décida de fermer temporairement sa soufflerie afin de la remettre à jour, ce qui allait prendre pratiquement toute la saison 2013. En attendant, Ferrari comptait sur la soufflerie de Toyota à Cologne déjà louée par d'autres équipes, notamment McLaren.

Restait une difficulté non pas d'ordre technique mais du côté des pilotes : il fallait espérer que Felipe Massa garde le même élan qu'en fin de saison 2012. Sa première moitié fut catastrophique, alimentant d'autant plus les rumeurs de remplacement par Mark Webber, Sergio Perez ou Nico Hülkenberg selon la tendance en cours. Pilote au moral plus friable que son leader, Felipe souffrit naturellement de cette incertitude, s'engouffrant dans un cercle vicieux. Heureusement il sut se redresser et Ferrari finit par renouveler son contrat pour 2013, soutenu en ce sens par Alonso qui avait son mot à dire sur l'identité de son équipier. Non sans un brin de condescendance envers les potentiels remplaçants quand on le questionna à ce sujet à Singapour… « Si l'équipe décide de remplacer Felipe, cette personne doit être meilleure que lui. J'ai vu beaucoup de noms circuler et je ne sais pas si ça venait de la tête ou du cœur. Si vous comparez ce que Felipe a fait en F1 avec ce que ces petits noms ont fait[1]. »

Bien entendu, Fernando n'allait pas laisser un autre loup entrer dans la bergerie, il avait assez donné en 2007 chez McLaren. Non seulement Massa ne lui faisait guère d'ombre mais il maintenait une bonne entente avec lui, Felipe s'étant parfaitement acquitté de son rôle de lieutenant durant la fin de saison 2012, notamment à Interlagos. À propos de soutien côté pilote, Ferrari reçut également le renfort de Pedro de la Rosa en tant que pilote d'essai et de développement, lui qui remplit ce rôle de 2003 à 2009

1. *Autosport*, 20 septembre 2012.

chez McLaren en plus de quelques courses de remplacement. Avec un simulateur plus perfectionné, son retour technique ne sera pas négligeable. Restait à savoir qui serait son plus proche rival en piste entre Red Bull, McLaren et Lotus, voire Mercedes. Durant l'événement hivernal annuel *Wrooom* de Ferrari au Madonna du Campiglio, Alonso hissa Lewis Hamilton au rang de meilleur pilote du plateau, ce qui ne manqua pas de surprendre les journalistes après trois titres mondiaux consécutifs de Sebastian Vettel. Réponse d'Alonso ? « Je ne dis pas qu'il n'est pas le meilleur pilote. » Un poil contradictoire, même s'il ne manqua pas d'affirmer que Vettel méritait bien ses titres, et qu'il s'agissait d'un avis personnel et non politique, sous-entendu qu'il n'était nullement question de toucher Vettel psychologiquement. Cette précision n'était pas anodine : le conseiller spécial de Red Bull Helmut Marko venait de fustiger Alonso sur sa tendance aux petites phrases, qui passaient de toute façon au-dessus de l'esprit du pilote allemand. En tout cas, l'implication et le talent d'Alonso ne pouvaient aucunement être remis en question après une telle saison 2012. Mais même le fier hidalgo sut garder la tête froide et émettre quelques réserves : reproduire une telle dynamique serait presque impossible à ses yeux, même avec une Ferrari prête d'entrée de jeu. Pour s'assurer de s'y rapprocher au plus, il fut exempté du premier galop d'essais du nouveau modèle par l'équipe afin de mieux préparer sa condition physique.

Les essais hivernaux rassurèrent la Scuderia dans un premier temps. Faute d'avoir l'avantage sur ses adversaires, la nouvelle F138[1] se montra saine, dépourvue des problèmes rencontrés en douze mois plus tôt. Pour reprendre les termes de Massa, « en comparaison de

1. F pour Ferrari, 13 pour l'année et 8 en référence aux V8 dont c'était la dernière année.

l'année dernière, c'est une différente planète[1] ». Fernando s'essaya lui à une nouvelle hyperbole, en estimant la situation « 200 fois meilleure que l'année dernière[2] ».

Red Bull partait toujours favori mais une fois de plus, les pneus Pirelli avaient toutes les chances de jouer les trouble-fêtes avec leur nouvelle structure. Le directeur technique Pat Fry estimait que Melbourne allait offrir quelques surprises car certaines équipes n'avaient pas encore fini de tout apprendre sur leurs propres monoplaces et leur dégradation des pneumatiques. Cela ajouté à la traditionnelle esbroufe d'avant-saison et la différence de programmes suivis par les équipes suffit à pousser le mécanicien Marc Priestley à déclarer ces essais hivernaux comme « probablement les moins représentatifs de ces dernières années ». Néanmoins, le pronostic le plus juste vint du directeur général Stefano Domenicali avant les trois coups du championnat 2013 « À moins que quelqu'un d'autre ait accompli un travail exceptionnel, je suis convaincu que Ferrari sera dans la lutte jusqu'au bout. » Et par pronostic juste, il est question de la première partie de la phrase.

Feu de paille

Dans un premier temps, Melbourne laissa penser à un championnat aussi ouvert qu'en 2012. La première ligne 100 % Red Bull annonçait pourtant la continuité de la fin de saison dernière, mais la course aboutit à une victoire de Kimi Räikkönen sur sa Lotus. Une fois encore, sa monoplace sut mieux économiser les Pirelli, si bien que le finlandais put se contenter de deux arrêts contre trois pour la majorité, dont Alonso. Parti cinquième derrière

1. *Autosport*, 5 février 2013.

2. *Autosport*, 1er mars 2013.

son équipier, il parvint à le déborder aux stands, ainsi que Vettel, avant de dépasser Lewis Hamilton en piste sous ses nouvelles couleurs. Deuxième à l'arrivée, l'Espagnol démarrait de façon fort satisfaisante, bien plus que l'année passée. Problème, la Malaisie se posa en opposition à 2012. Parti troisième sur une piste humide mais en voie d'assèchement, l'Espagnol toucha Vettel à l'arrière au deuxième virage et endommagea son aileron avant. Un changement était indispensable mais Ferrari choisit de le laisser en piste afin de passer aux pneus secs dans le même mouvement au lieu d'enchaîner deux arrêts. Erreur fatale, l'aileron se désintégra en pleine ligne droite dès le deuxième tour et Alonso échoua dans le gravier. Ce fut son seul abandon de la saison, ainsi que le seul Grand Prix de 2013 perturbé par la pluie.

Entre cette erreur et un enchaînement de quatre défaites de suite contre Massa en qualifications (fin 2012 inclus), certains questionnèrent déjà l'état d'esprit d'Alonso une fois arrivé en Chine. « Je n'ai pas dormi depuis l'Australie, je ne mange que du riz blanc, je perds mes cheveux, c'est un drame immense. C'est très surprenant que deux séances de qualification soient si importantes après 200 courses. Je suis content que ça le soit car si je le devance, ça voudra dire que j'ai fait un tour stratosphérique ! » S'il se laissait aller à un trait d'humour de la sorte, alors il n'y avait pas à s'inquiéter. Ce qu'il prit la peine d'illustrer durant ce week-end. Troisième le samedi devant son équipier, il passa deuxième au départ, puis déborda rapidement Lewis Hamilton. Brillante sur un tour, la Mercedes était hélas bien trop gourmande avec ses pneumatiques et en paya le prix cher plus d'une fois dans la saison. Reste que les premiers changements de pneus intervinrent après cinq tours seulement. Une situation déjà constatée en Australie et appelée à se répéter, de quoi à nouveau jeter l'opprobre sur Pirelli. « Quand on voit ça, ce ne sont pas des pneus qui devraient être en F1 ! » lâchera Jacques Villeneuve aux commentaires de Canal +. Hormis cet aspect quelque peu chaotique, le Grand Prix se déroula normalement et Alonso le contrôla en menant la majorité de l'épreuve qu'il finit par gagner. Mieux encore pour lui, Vettel ne finit que quatrième.

Trois vainqueurs différents en trois courses, 2013 prenait des airs de son prédécesseur. Sauf qu'ici, Vettel n'attendit pas le dernier tiers de saison pour remporter sa deuxième victoire. Il la conquit dès le quatrième Grand Prix de l'année à Bahreïn, et sans grande difficulté. Alonso aurait pu et dû être son rempart n° 1 (à nouveau troisième en qualifications) mais il fut victime d'un incident peu banal : son DRS est resté ouvert après activation dès les premiers tours ! Il dut s'arrêter deux fois pour le refermer et se retrouva privé du dispositif pour le reste de la course, limitant ses possibilités de dépassement par rapport aux autres. Il finit la course huitième.

Après quatre courses, Ferrari proposait un bilan contrasté, auquel le chef designer Nikolas Tombazis attribua un 6/10. En points positifs, Ferrari se retrouvait avec un total de 77 points en quatre courses contre 45 l'année passée, une victoire remportée à la régulière et un deuxième pilote dans le rythme. En négatif, la F138 ne jouait pas plus la pole position que la F2012 et des points ont été bêtement perdus en Malaisie et à Bahreïn. Alonso lui voyait le verre à moitié plein et se satisfit de ne pas aborder Barcelone sur la défensive contrairement aux éditions précédentes où il savait sa Ferrari incapable de viser la gagne. En tant que seule course à domicile après la suppression du circuit de Valence du calendrier, il fallait marquer le coup.

Timing parfait, car c'est ici que Ferrari et son pilote fétiche produisirent leur meilleure prestation de l'année.

Alonso ne partait pourtant pas favori. Il s'était qualifié cinquième sur un circuit où le vainqueur est quasi systématiquement parti de la première ligne La seule exception était Michael Schumacher en 1996 qui démarra... troisième. Quand on en fit la remarque à Alonso, il se fendit d'un prémonitoire « Il est temps de changer ce record... » Ce n'était pas que de la forfanterie car il comptait sur le recul des Mercedes, toujours en difficulté avec ses Pirelli le dimanche. Restait à prendre un bon départ. Et bon départ il prit, même si ce n'est pas tant son décollage qui marqua les mémoires puisqu'il resta cinquième au premier enchaînement, mais sa manœuvre au virage suivant, un long droit très exigeant. Calculant sa trajectoire au centimètre près dans les deux premiers virages, Alonso se donna l'élan suffisant pour non seulement déborder Räikkönen avant la longue courbe, mais aussi prendre l'avantage sur Hamilton à l'extérieur de cette dernière. Une des meilleures illustrations de cette maîtrise de la science de la course par le professeur Alonso, qui estima la manœuvre possible après avoir regardé la course des jeunes espoirs en GP2. Il sauta par la suite Vettel au jeu des changements de pneus, et enfin Nico Rosberg à l'entame du treizième tour. La tête de la course était sienne et il ne la quitta que lors de ses arrêts suivants, y compris durant le dernier qu'il dut pourtant anticiper à la suite d'une crevaison lente. Le quatrième arrêt sur un total de 77 pour l'ensemble du plateau. La gronde des équipes contre Pirelli n'allait pas se calmer de sitôt.

Et ainsi Fernando Alonso remporta la trente-deuxième victoire de sa carrière, avec son équipier Massa troisième. Comme à Valence, il n'omit pas de brandir un drapeau espagnol durant son tour d'honneur. Le pays était toujours marqué par la crise économique et il savait qu'un tel résultat pouvait avoir un impact positif sur le moral de ses compatriotes. Avec cette victoire, Alonso se plaçait quatrième au rang des plus victorieux dans l'histoire de la F1 derrière son ancien rival Michael Schumacher et les illustres Alain Prost et Ayrton Senna. Nul doute qu'il n'était qu'une question de temps pour rejoindre le Brésilien, voire le Français à ce palmarès. Mais personne, absolument pas un seul observateur avisé, ne pouvait prédire à cet instant que cette victoire allait être la dernière de Fernando Alonso en F1, sinon avant un long moment.

On prend les mêmes et on recommence

Si Alonso se savait capable de gagner cette course grâce à ses qualités propres et aux meilleures armes de son équipe (stratégie, arrêts aux stands, fiabilité et bonne gestion pneumatique), il avait aussi pleinement conscience de nc pas encore disposer de la meilleure monoplace. Ferrari devait cette fois proposer un développement à la hauteur de l'enjeu.

Monaco avec ses caractéristiques propres n'allait guère être représentatif à ce sujet mais il offrit l'une des plus faibles performances d'Alonso cette saison. Sixième en qualifications sur une monoplace clairement en dessous des Mercedes et Red Bull, Fernando passa sa course dans l'anonymat le plus complet, à l'exception des trois dépassements qu'il subit par les deux McLaren, pourtant loin de leurs standards habituels cette saison, et la Force India d'Adrian Sutil. Alonso apparut anormalement apathique durant ces manœuvres mais c'était calculé de sa part : lui jouait le championnat contrairement à ses adversaires du jour et avait donc plus à perdre vu l'étroitesse du tracé monégasque. Aussi, on apprit après coup qu'il fut ralenti par un sac en plastique bloqué dans son aileron avant, puis par une pièce de la McLaren de Sergio Perez – particulièrement brouillon ce jour-là – coincée sous le fond plat. Mais Alonso admit que la Ferrari était de toute façon trop lente ce week-end.

Montréal lui sourit davantage même si la victoire ne fut jamais une option réaliste, en partie à cause d'une qualification manquée. Sa Ferrari souffrait davantage par temps frais et la pluie qui perturba l'Île Notre Dame ce samedi l'empêcha de donner sa pleine mesure. Une piste plus sèche et plus chaude le dimanche effaça ce handicap, et Fernando remonta efficacement jusqu'à la deuxième place en course, non sans de belles batailles avec Nico Rosberg, Mark Webber et Lewis Hamilton qu'il savoura pleinement. La dernière avec le Britannique fut la plus intéressante du lot car elle occasionna une situation peu banale. Conscient qu'il risquait de se faire avaler dans la dernière ligne droite avant les stands avec l'aide du DRS, Hamilton ralentit juste avant le début de la zone définie afin de laisser passer Alonso, pour mieux profiter lui-même de l'aileron mobile dans la pleine charge. Pas dupe, Alonso fit de même et les deux restèrent côte à côte jusqu'à l'épingle. Fernando finit par le déborder juste avant le premier virage non sans se frôler. Ce ne sera certainement pas la dernière fois que les deux croiseront le fer avec audace et intelligence.

Alors que Ferrari s'attendait à poursuivre sur sa lancée à Silverstone, une douche froide attendit la Scuderia à la fin des qualifications : dixième et douzième places. Un manque cruel de rythme était à blâmer, ni plus ni moins. Sa troisième place finale le dimanche était donc un petit miracle à plusieurs niveaux. Outre un rythme insuffisant pour viser le podium à la régulière, Alonso manqua de peu d'être un dommage collatéral de la crevaison de Sergio Perez, qui survint juste devant lui.

À ce sujet, Fernando eut surtout de la chance de ne subir aucune défaillance pneumatique durant une course qui tourna au jeu de massacre. Quatre pilotes, dont son équipier Massa, virent leur pneu arrière gauche éclater à pleine vitesse. Une situation qui pendait au nez de Pirelli depuis des mois, après d'autres incidents plus isolés en cours de saison. Mais ils n'étaient pas seuls responsables de la situation. Leur nouveau produit était constitué d'une ceinture en acier au lieu de kevlar. Hélas, cette composition supportait bien plus mal les pressions exercées par les F1 de 2013 car ces composés, à cause des limitations d'essais privés, n'ont pu être pleinement testés sur ces monoplaces. Aussi, les équipes avaient la fâcheuse tendance à parfois inverser les pneus gauche et droite ou de ne pas pleinement respecter les recommandations de Pirelli quant aux pressions minimales à adopter. Ajoutez à cela l'enchaînement de virages rapides de Silverstone des plus usants envers les pneumatiques (et l'un ou l'autre vibreur plus traître) et voici le résultat.

Plusieurs équipes réclamaient un changement depuis plusieurs courses quand d'autres s'y opposaient. Bien entendu dans le premier camp figuraient celles qui avaient bien du mal à exploiter la gomme en course – Mercedes et Red Bull – et dans l'autre les teams qui tiraient leur épingle du jeu avec celles-ci, parmi lesquels Lotus et Ferrari. Les problèmes de sécurité qui explosèrent – littéralement – au grand jour à Silverstone rendirent ce changement indispensable, et les pneus avec une ceinture en kevlar redevinrent la norme. La FIA serra également la vis quant au respect des pressions de pneumatiques. Restait à espérer qu'un tel changement n'influe pas le déroulement du championnat du monde. Le directeur sportif de Pirelli Paul Hembery jura ses grands dieux que non. Malheureusement pour lui et pour les fans, la dynamique du championnat changea de façon notable à partir de là à l'avantage de Red Bull.

Pour Ferrari, le Grand Prix d'Allemagne fut une répétition de celui de Grande-Bretagne : pas de rythme en qualifications, petite correction en course mais Alonso attribua sa quatrième place d'arrivée à sa stratégie décalée plus qu'à sa Ferrari elle-même. Restait la Hongrie pour renouveler l'espoir avant la pause estivale et la fermeture des usines… et deux cinquièmes places le samedi comme le dimanche pour Fernando, la première considérée comme un « petit miracle » par son pilote. Guère encourageant. Troisième au championnat malgré ces résultats mitigés, il comptait alors trente-neuf points d'écart avec Vettel, soit… trois de moins qu'en 2012, à l'avantage d'Alonso à l'époque. Difficile cette fois d'imaginer un tel retournement de situation.

Premiers signes de tension

Alonso n'allait donc pas fêter ses 32 ans avec l'assurance d'une meilleure voiture. Preuve s'il en est, lorsque les médias lui demandèrent quel cadeau souhaitait-il pour l'occasion, il répondit : « Une voiture comme les autres », comprendre : celles de ses rivaux. Une sortie plus inoffensive que d'autres saillies salées d'Alonso, pourtant elle fit réagir le président de Ferrari et Fiat, Luca Di Montezemolo. Sur le site internet officiel de l'équipe, le big boss appela à « resserrer les rangs, sans céder à des débordements qui, bien que compréhensibles à la suite d'un mauvais résultat, ne sont utiles à personne » et précisa qu'il faisait directement référence aux commentaires d'Alonso qui n'avaient plu ni à Montezemolo, ni à l'équipe. « C'est le moment d'éviter les polémiques et montrer de l'humilité et de la détermination, de rester calme et aux côtés des personnes présentes sur la piste et en dehors. » Le tout en mettant en avant la consigne énoncée lors de son arrivée en 2010 : le pilote devait mettre ses intérêts au second plan derrière ceux de l'équipe.

Les observateurs ne manquèrent pas de remarquer le timing de cette condamnation verbale, car rien n'est dû au hasard en F1. Le même week-end, le manager d'Alonso Luis Garcia Abad avait rencontré le patron de Red Bull Christian Horner. Officiellement, il était question de l'avenir d'un autre pilote espagnol géré par Abad, Carlos Sainz Jr, le fils du champion du monde de rallye et pilote de la filière Red Bull. Reste que Horner ne ferma pas la porte à un possible recrutement d'Alonso pour 2014 en remplacement de Mark Webber qui allait prendre sa retraite. Et cette rencontre entre Horner et Abad était tout sauf confidentielle puisqu'une nuée de photographe put la capturer. Le tout alors qu'Alonso avait un contrat courant jusqu'en 2016 avec les rouges. Bien entendu Alonso nia toute volonté de départ mais faire mine d'aller voir ailleurs pour provoquer une réaction dans son team était une tactique courante en F1, que ce soit pour faire monter les enchères au moment de négocier un contrat, ou remuer une équipe qui échouait encore et toujours à proposer une monoplace gagnante sur la durée.

Car oui, pour la troisième année de suite, Ferrari fit fausse route dans son développement. Des évolutions furent apportées à Silverstone avec les résultats décevants évoqués précédemment, si bien qu'en Hongrie, la F138 revint à l'ancienne spécification, qui datait du Grand Prix d'Espagne. Ferrari fit implicitement aveu d'échec, et après Aldo Costa, c'est Pat Fry qui en paya le prix. Il perdit son rôle de directeur technique au profit de James Allison et fut rétrogradé au poste de directeur de l'ingénierie, sous les ordres d'Allison. Le Britannique n'était pas un inconnu pour Alonso puisqu'il était présent durant ses deux passages chez Renault, dont il devint le directeur technique en 2009. On lui devait donc les très bons châssis Lotus de 2012 et 2013. Hélas pour Ferrari, sa clause de non-concurrence – fréquente chez les ingénieurs haut placés – fit que son arrivée chez la Scuderia ne devint effective qu'en début d'année 2014, tel Adrian Newey chez Aston Martin en 2025. Il n'allait donc pas pouvoir corriger les errements de la F138.

En attendant, il fallait espérer que les dernières évolutions fonctionnent, puisque fin septembre, le projet 2014 allait devenir la priorité côté développement. On pouvait le penser dans un premier temps, puisqu'Alonso conquit trois deuxièmes places de suite en Belgique, Italie et Singapour. Parti neuvième à Spa, il figurait déjà cinquième après le Raidillon, rappelant à tous sa maîtrise du départ arrêté. Singapour en témoigna d'autant plus lorsqu'un splendide freinage à l'extérieur du premier virage le fit passer de septième à troisième, sans le moindre blocage ou débordement hors piste. Entre-temps il se fendit d'un beau dépassement sur Mark Webber à Monza, indiquant en ce sens que Red Bull n'était pas totalement inaccessible, ni qu'il ne baissait pas les bras. En revanche, inaccessible, Vettel l'était. Sebastian enchaîna trois victoires consécutives sans jamais être concurrencé et continuait de creuser l'écart au championnat. Petit symbole : à Singapour il remporta sa trente-quatrième victoire, dépassant Alonso dans cette hiérarchie.

Mais entre-temps, un changement de dynamique s'opéra au sein de l'équipe quand fut annoncé le remplacement de Felipe Massa par Kimi Räikkönen pour la saison 2014. Si le Brésilien était sur la sellette depuis un moment en raison de ses performances décevantes – un seul podium cette année, soit trois en trois ans ! – on imaginait mal la Scuderia aligner deux pilotes de pointe. L'équipe via son directeur Stefano Domenicali avait balayé cette idée en début d'année lorsque les rumeurs citaient Sebastian Vettel comme la nouvelle recrue. À l'époque, Domenicali voyait l'association de deux pointures comme plus négative que positive en termes de gestion interne et voulait concentrer les énergies sur le développement de la monoplace. Le président Luca Di Montezemolo lui-même en ajouta une couche, arguant qu'il ne voulait pas « deux coqs dans le même poulailler ». Plusieurs mois après, Ferrari continuait de buter sur la dernière marche quant à ses performances en plus de gérer la monoplace de 2014, mais associer deux pilotes de calibre similaire n'était plus un problème !

Bien entendu, se séparer du docile Massa qui recueillait toutes les faveurs d'Alonso en faveur d'un Räikkönen parfois imprévisible fut interprété par les médias comme un avertissement envers Fernando. Une interprétation que Ferrari s'empressa d'étouffer en ces termes sur son site internet officiel : « Chez Ferrari, tout le monde sait que les intérêts de l'équipe passent en priorité avant les intérêts individuels. Fernando est une pièce maîtresse pour cette équipe et il le sera pour un long moment. Je suis sûr qu'il est le premier à être satisfait d'un choix fait pour renforcer le groupe, il est trop intelligent pour ne pas comprendre qu'une équipe plus forte ne peut qu'être un avantage. »

Il est vrai qu'Alonso avait ri des noms circulant pour remplacer Massa quelques mois plus tôt, arguant que s'il fallait supplanter Felipe, le pilote remplaçant devait être meilleur que le Brésilien. Räikkönen remplissait ses critères pour l'avoir battu durant leur première collaboration en 2007 après tout. Mais personne n'était dupe. Alonso avait lui-même admis avoir un droit de regard sur son équipier et poussé par le passé pour conserver Massa. Pas étonnant dès lors qu'au moment de déclarer que « Kimi était le meilleur choix » pour faire bonne figure, l'attitude ne collait pas avec les mots. Alonso ne faisait plus l'unanimité au sein de son équipe et ses performances en piste ne suffisaient plus pour passer l'éponge sur ses états d'âme. Fernando eut beau prétendre que sa relation avec Ferrari était parfaite et le restera, il devenait plus difficile de prendre ses mots pour parole d'évangile.

Et sa fin de saison ne fit rien pour masquer les fêlures qui lézardaient l'édifice Ferrari. La F138 était en fin de développement et se retrouvait derrière les Mercedes et les Lotus à la régulière. Ainsi sur les six dernières courses, Alonso ne monta plus qu'une fois sur le podium, lors de la dernière manche au Brésil où il finit troisième, sa place de grille. Ce fut aussi la seule fois qu'il se qualifia sur les deux premières lignes dans ce laps de temps. Entre-temps, il bloqua durant tout le Grand Prix de Corée du Sud sur la Sauber de Nico Hülkenberg, pourtant propulsée par le même moteur, pour achever son calvaire à une piètre sixième place. Il échoua à la porte des points en Inde après avoir dû remplacer son aileron avant à la suite d'une touchette au premier tour. Sa direction s'en était trouvée irrémédiablement endommagée et il ne put donner le meilleur de lui-même pendant que Vettel assurait pour de bon son quatrième titre mondial.

Comme si cela ne suffisait pas, Abu Dhabi manqua de lui coûter cher physiquement lors d'un passage hors piste. En sortant des stands, il chevaucha un vibreur à pleine vitesse pour éviter la Toro Rosso de Jean-Éric Vergne et cette ruade sur son cheval cabré lui valut un choc de 25G. Il en fut quitte pour des maux de tête et des douleurs au dos pendant plusieurs jours. Tout ça pour une cinquième place après avoir été éliminé en Q2 – onzième – et buté sur son équipier une bonne partie du Grand Prix. Massa venait d'enchaîner cinq qualifications sur six à son avantage, du jamais vu durant leur collaboration. Un volant chez Williams pour 2014 l'attendait et Massa pouvait donc piloter avec une pression moindre sur les épaules, ce qui joua probablement dans cette dynamique après avoir longtemps craint de ne pas être prolongé par le passé. Restaient une quatrième place au Japon et une cinquième aux États-Unis plus anecdotiques mais également frustrantes.

« Il a tout essayé, il ne trouve plus de solutions »

Malgré cette fin chaotique, Alonso parvint à sécuriser un nouveau titre honorifique de vice-champion du monde avec quarante-trois points d'avance sur son poursuivant Mark Webber, soit une bonne marge. Ce qui ne faisait pas oublier l'écart de cent cinquante-cinq points avec Sebastian Vettel, soit l'équivalent d'un peu plus de six victoires. Ni la troisième place de Ferrari, débordé par Mercedes. Encore une fois, ce n'était pas faute d'essayer de la part d'Alonso. Mais si les efforts en piste ne faiblissaient pas, son attitude trahissait une certaine lassitude ou impuissance face à de telles répétitions, entre le nouveau titre de Vettel et l'incapacité chronique de Ferrari à mener un bon développement de bout en bout. Dans la rétrospective de la saison proposée par Canal +, son ex-équipier Frank Montagny résuma ainsi la situation : « On a l'impression d'avoir un pilote un petit peu fatigué et qui manque de confiance envers son équipe. Il a tout essayé, il ne trouve plus de solutions. On motive, on attaque et ça ne marche toujours pas. »

Une lassitude également audible dans ses propos envers le désormais quadruple champion du monde. Avec neuf victoires de suite en fin de saison, Vettel venait d'établir un nouveau record[1] qui appartenait jusqu'alors à son modèle Michael Schumacher. Aussi, seuls ce dernier et Juan-Manuel Fangio avaient réussi à enchaîner quatre couronnes consécutives avant Sebastian. L'Allemand devenait la référence de son sport et pouvait prétendre à faire partie des plus grands de la discipline. Hélas pour lui, ses mérites pourtant concrets furent teintés de scepticisme par des observateurs blasés à la suite d'une telle domination. Les acclamations de la foule à chaque victoire se mélangèrent progressivement avec des sifflets de mécontentement durant sa série de succès. La rengaine « C'est facile de gagner avec la meilleure voiture » trouvait un certain écho dans plusieurs cercles de fans… et chez Fernando Alonso également, toujours pas décidé à hisser Vettel à son niveau. « On verra à quel point il est bon plus tard dans sa carrière. Il a eu la meilleure voiture toutes ces années, il gagne tous les championnats mais Hamilton a failli gagner le titre dès sa première saison, il l'a gagné l'année suivante et depuis il ne l'a plus remporté. »

Un commentaire cynique et désabusé mais qui, au vu de la suite des événements, n'est pas si éloigné de la vérité. Vettel ne remporta plus jamais de titre – notamment chez Ferrari – pendant que Hamilton en enchaîna plus que quiconque. Si la monoplace ne fait jamais tout par elle-même (2024 en témoigne chez Red Bull), son influence par rapport au pilote reste très importante en F1. Et s'il y a bien un pilote qui put ressentir ce décalage plus que quiconque, c'est bien Fernando Alonso. Le même que beaucoup hissaient au rang de meilleur pilote du plateau, qui est en son for intérieur persuadé de ce statut, mais qui voyait sans cesse ce titre lui échapper. Néanmoins, une fois la saison achevée, Fernando sut mieux relativiser.

1. Depuis, Max Verstappen a enchaîné dix victoires de rang en 2023, du Grand Prix de Miami à celui d'Italie.

Lors de la remise des prix du championnat 2013, où il fut officialisé vice-champion pour la troisième fois de sa carrière, il témoigna de ce recul, en français dans le texte. « Dans tous les sports tu veux être champion, c'est normal parce que nous sommes compétitifs. Mais je pense que la seconde position en F1 pour moi est un privilège. Dans les temps que nous avons aujourd'hui, avec le sport, avec l'économie, tout ça, je pense que je dois être très content de ma chance et ma vie. »

Se doutait-il que des lendemains plus sombres l'attendaient, tel Vettel dans son tour d'honneur à Austin ? Car Sebastian durant sa célébration lâcha à la radio des paroles plutôt prophétiques : « Nous devons nous souvenir de ces moments, il n'y a pas de garantie que ça dure toujours. » Il doubla la dose à ce sujet au Brésil quand on le questionna sur sa série de victoires. « Quand je serai vieux quelqu'un fera peut-être mieux. » En effet, et toujours chez Red Bull. Mais Vettel ne sortait pas ces mots de nulle part. 2014 allait faire rentrer la F1 dans une nouvelle ère. Et même si son directeur technique Adrian Newey avait le chic de tirer le meilleur parti des dernières restrictions imposées, la motorisation allait jouer un rôle majeur avec cette technologie hybride encore inédite en F1. Red Bull pouvait donc perdre du jour au lendemain sa place au profit d'une autre équipe ou d'un autre motoriste mieux préparé.

Et c'est exactement ce qui se produisit. Comme 2013, 2014 marqua la fin d'une ère à plusieurs niveaux. Y compris pour Fernando Alonso.

16

De l'électricité dans l'air

2014 voyait donc l'introduction des moteurs V6 turbo hybrides, une révolution censée s'accorder avec l'évolution des mœurs et des technologies en vogue pour mieux inspirer les futurs modèles de voitures de route. Problème, les éternelles prérogatives restrictives exigées par la FIA rendirent ce transfert de technologie aussi complexe que les moteurs eux-mêmes, confortant la F1 dans une bulle sélective dont elle avait bien du mal à se sortir. Pas de quoi flatter le profanc. Pour ne rien arranger, le bruit de ces blocs était à mille lieues des vrombissements de l'époque bénie des années 1980 et sonnait moins bien que ses prédécesseurs. Ce qui fâcha par la même occasion les puristes, y compris certains pilotes pour qui la sonorité des moteurs participait au charme de la discipline. Enfin, à l'image de 2012, les nouvelles restrictions aérodynamiques apportées à l'avant des monoplaces aboutirent à un ensemble de nez disgracieux particulièrement… phalliques pour la plupart d'entre eux. Ferrari fut l'une des exceptions, mais n'allait toujours pas gagner un prix de beauté pour autant. La F14T (F pour Ferrari, 14 pour l'année et T pour turbo) proposa un museau des plus aplatis, à mi-chemin entre un tuyau d'aspirateur et une trompe d'éléphant selon les sensibilités.

Mais là n'était pas le plus important. La priorité pour beaucoup était de proposer un ensemble fiable car entre un bloc-moteur inédit et des essais privés des plus limités, il n'était pas exagéré d'attendre une hécatombe durant les premières courses le temps de rôder le matériel. Et avec seulement cinq moteurs autorisés pour toute la saison, chaque abandon allait avoir son influence sur le déroulement final. De quoi favoriser Ferrari qui, faute de briller pour son développement ou sa vitesse pure en qualification, restait irréprochable en ce qui concernait sa solidité mécanique. Et ses essais confirmèrent cette tendance, même si Ferrari n'impressionnait guère par son rythme. Mercedes en revanche semblait avoir pris le dessus pendant que Red Bull peinait à enchaîner les tours sans défaillance. Il fallait maintenant espérer que cette nouvelle réglementation ne remplace pas la domination d'une équipe par une autre.

Restait une question qui brûlait les lèvres des fans : qui allait prendre l'avantage entre Alonso et Räikkönen ? Si en 2005, le Finlandais avait les faveurs de la foule qui n'avait pas encore saisi tout le potentiel de l'Espagnol, en 2014, le rapport de force avait évolué. Alonso s'était affirmé comme le pilote le plus complet, celui qui essayait de se réinventer chaque saison pour s'améliorer. À côté, Räikkönen avait développé un personnage dilettante, qui comptait principalement sur son (immense) talent naturel sans aller chercher le dernier dixième à tout prix si l'envie n'y était pas. Sa fin de saison 2013 chez Lotus l'avait illustré : en difficultés financières, l'équipe n'était plus en mesure de payer son copieux salaire, ni de développer correctement la voiture. En retour, Kimi se montrait de moins en moins concerné. Après un abandon précoce à

Abu Dhabi, il quitta le circuit quelques minutes plus tard sans attendre la fin de course.

Face à un Alonso, il fallait davantage se retrousser les manches pour parvenir à lutter sur la durée. Des pilotes bien doués comme Jarno Trulli, Giancarlo Fisichella ou Felipe Massa en avaient fait la douloureuse expérience. Cela étant, ces trois-là témoignèrent aussi d'un mental plus friable face à l'adversité, ce qui aggrava leur cas. Avec un Räikkönen plus imperturbable que la garde royale britannique, Fernando ne pouvait guère miser sur la guerre psychologique. Il n'était donc pas étonnant que les journalistes et observateurs de tout poil se fassent les choux gras de cette confrontation, ce dès l'annonce de la signature de Räikkönen. Mais là aussi les essais privés, dont la représentativité restait relative, annoncèrent une tendance appelée à se confirmer durant la saison, avec Kimi en difficulté face à Fernando.

Des essais privés qui relativisèrent l'optimisme initial de ce dernier. Au lancement de la F14T, Alonso disait qu'il n'y avait aucune raison d'être pessimiste car l'équipe était prête pour cette nouvelle réglementation, aussi bien d'un point de vue matériel que psychologique, et avait appris de ses erreurs passées. Mais après les tests et arrivé à Melbourne, Alonso ne visait plus que les points et potentiellement un podium. Comme si rien n'avait changé depuis l'année passée. Et l'Australie confirma cet état de fait, avec une cinquième place en qualifications comme en course, convertie en quatrième après disqualification du local Daniel Ricciardo sur Red Bull. Le tout après avoir été bloqué par une Force India durant le premier relais sans possibilité de dépassement. Côté Mercedes, si Lewis Hamilton abandonna rapidement, Nico Rosberg ne fut jamais inquiété et domina l'épreuve qui ne vit que cinq retraits mécaniques. Les inquiétudes quant à une potentielle hécatombe se dissipèrent aussi rapidement que les espoirs des tifosi de jouer le championnat. Mercedes avait bien trouvé la formule magique et ne chuta que trois fois cette saison. Et jamais à l'avantage de Ferrari.

Situation de crise

Alonso et Domenicali reprirent le discours probablement appris par cœur au fil des ans sur le besoin de rester calme et de travailler pour compenser l'écart car la saison était longue. Mais au bout de la cinquième saison, cela sonnait de plus en plus faux. Une fois encore l'espoir et la joie furent remplacés par la résignation face à la réalité. Le week-end suivant à Sepang en fut une parfaite illustration. En qualifications, Alonso savoura à ses yeux la meilleure quatrième place de sa carrière, car acquise avec une direction endommagée à la suite d'un accrochage. À l'entendre, il pouvait tourner à droite avec un doigt et peiner à manœuvrer à gauche avec ses deux mains ! Une hyperbole et une performance typiques d'Alonso. Sauf qu'en course, les Mercedes mais également les Red Bull s'échappèrent très vite pendant qu'Alonso se battait pour dépasser Nico Hülkenberg, le même qui lui avait mené la vie dure en Australie. Si l'abandon de Daniel Ricciardo le ramena quatrième, il n'y avait rien à fêter, pas même l'excellente fiabilité. Et Bahreïn fut le coup de grâce. Pour le 900e Grand Prix de l'histoire, Alonso partit et finit neuvième. Battu par les Mercedes et Red Bull mais aussi les deux Force India – qui le dépassèrent plus d'une fois durant l'épreuve – et les deux Williams. Ces dernières avaient spectaculairement progressé depuis 2013 où elles s'étaient contentées de quelques points. Merci (en partie) à Mercedes, qui propulsait désormais l'équipe britannique en plus de Force India.

C'en était trop pour Stefano Domenicali. Entre Sakhir et Shanghai, il décida de démissionner de son poste de directeur d'équipe qu'il occupait depuis 2008, après avoir été membre de la Scuderia depuis 1991. Un tel changement aussi tôt dans la saison était l'équivalent de poser un immense panneau devant le stand Ferrari où il serait inscrit : « Nous sommes en crise. » Le gestionnaire italien devint par la suite président de Lamborghini, l'ancien rival historique de Ferrari, avant de revenir en F1 en 2021 et diriger la discipline dans son ensemble. Une autre situation qui aurait été impossible à prédire quelques années plus tôt. Comme si le départ d'un homme clé de la Scuderia n'était déjà pas assez alarmant, Montezemolo le remplaça par le dénommé Marco Mattiacci, alors président de la branche américaine de Ferrari. Certes un élément interne à la marque, donc habitué à la politique maison, un passionné de sport automobile décrit comme un excellent meneur d'hommes, mais sans connaissance des affaires internes en F1. Lui-même eut du mal à croire que Montezemolo fit sérieusement appel à lui dans un premier temps.

Certains médias eurent beau faire le lien entre son arrivée et le premier podium d'Alonso à Shanghai, où il devança Red Bull à la régulière, ce n'était que de la poudre aux yeux. En Espagne devant les siens, un an après sa dernière victoire, Alonso accusa un déficit de près de deux secondes en qualifications par rapport aux Mercedes et finit péniblement sixième à presque un tour de Hamilton. Au Canada où une grosse évolution fut apportée, il finit à la même position, aidé en ce sens par un accrochage au dernier tour entre Sergio Perez et Felipe Massa. Il dut attendre le Grand Prix d'Autriche en juin pour (brièvement) mener une course, et celui de Hongrie fin juillet pour monter à nouveau sur le podium.

Il ne faut pas y aller par quatre chemins, cette F14T était ratée. Il suffisait de voir les caméras embarquées de ses pilotes pour constater la difficulté de maintenir ce cheval sur le droit chemin. Il était à la traîne dans tous les domaines : aérodynamique, adhérence comme puissance, aspect qui ne faisait pas partie des handicaps de Ferrari jusqu'à maintenant. Et comme d'habitude ou presque, les nouvelles pièces aboutirent à des résultats variables, parfois positifs, parfois négatifs mais jamais significatifs. Ce qui était en partie prévisible. Les carences de développement de l'équipe ne pouvaient être rattrapées en 2014, car sa soufflerie maison, qui nécessitait une remise à niveau, ne rouvrit ses portes qu'à la fin du mois d'octobre 2013. À ce moment, le programme 2014 était déjà bien avancé dans le tunnel de Toyota à Cologne. Si la base de la monoplace n'était pas bonne, difficile de la faire progresser avec d'autres outils. Dans le même ordre d'idées, l'arrivée du talentueux James Allison survint trop tard pour être un facteur clé sur les performances de la monoplace 2014. Allison qui appela l'équipe à faire preuve de plus de créativité et d'originalité, faisant écho à une problématique déjà présente au début de la décennie. À croire que Ferrari peinait à apprendre de ses erreurs, ou n'osait plus faire original pour ne pas rééditer le semi-échec de la F2012. Notons pour remuer le couteau dans la plaie que l'un des artisans de l'excellent châssis Mercedes était Aldo Costa, celui lâché par Ferrari quelques années plus tôt. Comme quoi le problème ne venait pas de lui.

Enfin Mercedes proposa tout simplement un meilleur moteur que Ferrari, et le gel du développement sur cette pièce en cours de saison – en place depuis quelques années – empêcha la Scuderia de combler son déficit de puissance. Pour ne rien arranger, selon Mattiacci, le département moteur blâma le département châssis pour ses faiblesses et vice-versa, ce qui implique une certaine fuite de responsabilités en interne. Pas étonnant que Allison fit écho à ces commentaires en mettant en avant l'importance d'une cohésion entre les deux parties pourtant situées au même endroit. À côté Mercedes fonctionnait en parfaite harmonie avec son usine châssis britannique et son usine moteur germanique. Mattiacci trancha et limogea Luca Marmorini, le chef du département moteur et un des vétérans de l'équipe, déjà présent sous l'ère Todt/Schumacher. Il fut remplacé par un individu qui n'allait pas tarder à monter progressivement en grade et en notoriété, un certain Mattia Binotto.

Ce ne fut pas le seul nom historique à quitter le navire, ou plutôt le bateau ivre, sauf qu'ici, la décision vint des plus hautes sphères, à savoir l'actionnaire majoritaire Fiat. Celui-ci décida de se séparer du président Luca Di Montezemolo, ni plus ni moins. Ce dernier eut beau nier les rumeurs déjà insistantes de ce départ en marge du Grand Prix d'Italie, celui devint officiel quelques jours après ce démenti, une tendance commune en F1. Ce qui est tout aussi commun dans ce genre de décision, ce sont les implications politiques : Montezemolo ne payait pas que les mauvais résultats de Ferrari mais aussi l'hostilité grandissante que lui prêtait le président de Fiat Sergio Marchionne. Celui-ci s'apprêtait à introduire le groupe en bourse et se devait donc de non seulement valoriser Ferrari mais aussi rétablir son autorité sur la firme. Il récupéra donc lui-même le poste laissé vacant par Montezemolo. Le genre d'intrigues dont Ferrari s'était fait une spécialité durant son histoire. Au moins Mattiacci était rôdé à l'exercice pouvait-on se dire… jusqu'à son propre licenciement au soir du dernier Grand Prix de l'année ! Il faut dire qu'il était le choix de Montezemolo, et non de Marchionne. Ce dernier choisit Mauricio Arrivabene, un des cadres de Phillip Morris, le cigarettier qui détenait Marlboro, le sponsor historique des rouges. Il évoqua ses connaissances non seulement de Ferrari mais également des rouages du sport dans son ensemble en tant que membre de la Commission F1, ce qui manquait justement à Mattiacci.

Toutes ces tensions n'allaient nullement pouvoir calmer Alonso, dont l'étanchéité face à la fuite de petites phrases fit à nouveau défaut. Après que les dirigeants de Mercedes aient chanté ses louanges dans les médias, Fernando fit remarquer qu'il est « parfois étrange de lire de bons commentaires et compliments provenant de personnes extérieures et son contraire de la part des gens censés être proches de vous ». Faisait-il référence à des critiques issues des médias espagnols ou de sa propre équipe ? Étant donné que Montezemolo publia un communiqué dans la foulée qui vendit les mérites de son premier pilote, la seconde hypothèse est tout à fait valide. Il se fit aussi moins discret (tout en restant diplomate) sur les erreurs de son équipe, entre un développement inégal et un temps de réaction trop important dans certaines décisions, comme en Grande-Bretagne où lui et Räikkönen se firent recaler dès la Q1 après que l'équipe n'ait pas envoyé ses voitures en pneus secs à temps entre deux averses.

Cette lassitude se ressentit également dans ses commentaires envers le spectacle pour le moins inégal de cette saison 2014 qu'il considérait comme insuffisant. Et comme souvent au moment de critiquer cet aspect, il n'était pas innocent que les principaux détracteurs parmi les acteurs de ce sport étaient ceux qui ne gagnaient pas ou plus, car la F1 dut constamment se réinventer pour garantir un ensemble alliant idéalement le sport et le divertissement et ne parvint jamais à faire l'unanimité quelle que soit sa réglementation. Cette impuissance et cette frustration qui habitaient Fernando n'allaient hélas jamais totalement le quitter durant les années suivantes. Les prémices de son premier départ se trouvaient déjà là.

Énergie du désespoir

Néanmoins, comme toujours, il ne baissa guère les bras en piste. Ce spectacle qui manquait à ses yeux, il le produisit lors du Grand Prix de Grande-Bretagne grâce à une splendide bataille avec son ancien rival Sebastian Vettel, qu'il tint en respect pendant treize tours pour la cinquième place en dépit de soucis de batterie et de consommation d'essence. La Red Bull prit l'avantage, mais l'abnégation de l'Espagnol faisait toujours plaisir à voir, même si les échanges radios des deux pilotes, forts en complaintes, tinrent à noircir un peu le tableau sur le moment. Il croisa le fer de belle manière avec l'autre Red Bull de Daniel Ricciardo lors du Grand Prix suivant en Allemagne mais finit cette fois devant.

Ce qu'il considérait alors comme sa plus belle course de l'année fut en réalité la suivante en Hongrie, avec un exploit dont seul Alonso avait le secret. Placé quatrième sur piste humide puis relégué huitième une fois passé en pneus secs, Fernando remonta à la régulière jusqu'au podium, dépassant même la Mercedes de Nico Rosberg. Une neutralisation le propulsa en tête lorsqu'il décida de conserver ses pneus contrairement à ses adversaires. Il choisit de s'arrêter une fois de moins afin de maintenir ses espoirs de succès le plus possible, donnant lieu à un final à trois à suspens entre Fernando, Lewis Hamilton et Daniel Ricciardo, lui en pneus neufs. Il parvint à retarder l'échéance jusqu'à trois tours de l'arrivée en dépit de gommes tendres qui avaient couvert la moitié de la course. Il finit finalement second derrière Ricciardo mais devant Hamilton, avec qui il remettra le couvert bien des années après sur ce même tracé. On avait presque oublié qu'il pilotait une Ferrari incapable de viser le podium à la régulière le reste du temps. On pouvait se dire qu'il se devait de le savourer à sa juste valeur car il n'allait probablement pas y remonter cette saison. Il n'y revint plus jusqu'en 2021.

Les courses suivantes démontrèrent que même la fiabilité, une des forces incontestables de Ferrari jusqu'alors, devint problématique. En Belgique, Alonso manqua de caler à cause d'un souci de batterie, forçant son équipe à travailler sur sa voiture au-delà des délais réglementaires. Une pénalité de cinq secondes ajoutée à son arrêt planifié le mit hors course pour un podium et une lutte face à un Kevin Magnussen peu commode le fit plonger huitième, puis septième après que le Danois fut pénalisé pour son zèle. Il n'eut même pas le temps de prendre sa revanche à Monza lorsque son ERS le lâcha après vingt-huit tours. Mais en occupant la dixième place, ce premier abandon de l'année – le premier sur casse mécanique depuis Sepang 2010 ! – devait probablement être un soulagement pour l'Espagnol. Passé une relative éclaircie dans l'obscurité de Singapour – quatrième – il renonça sous le déluge de Suzuka durant une neutralisation sur une panne électrique. Avec Räikkönen hors des points, ce fut le premier zéro pointé de Ferrari cette saison, une statistique vite passée au second plan après l'accident de Jules Bianchi. Le français, protégé de la Scuderia et destiné à revêtir la combinaison rouge en course un jour n'eut jamais cet honneur. Grièvement blessé après avoir heurté une grue occupée à évacuer une autre voiture, il décéda de ses blessures l'année suivante. Un drame qui poussa la FIA à instaurer pour de bon une protection du cockpit *via* le Halo en 2018, une décision qui divisa l'opinion mais encouragée par Alonso à la suite du drame de Suzuka. Il n'avait pas oublié qu'il eut plus de chance que Bianchi à Spa 2012.

Rupture anticipée

Ce Grand Prix du Japon se révéla riche en nouvelles chocs. Avant l'accident de Bianchi, le marché des transferts proposa sa plus grosse bombe la veille de la course, avec le départ de Sebastian Vettel de Red Bull pour Ferrari. Une nouvelle annoncée par Red Bull et non le principal intéressé, ce qui en disait long sur l'entente liant désormais les deux parties ! Si l'officialisation du départ d'Alonso de Ferrari et de l'arrivée de Vettel mit plusieurs semaines, ce chassé-croisé était déjà acquis dans tous les esprits à partir de ce Grand Prix du Japon.

Bien entendu Alonso avait répété mordicus durant cette saison qu'il resterait avec Ferrari jusqu'au bout de son contrat. Mais au fil du temps, l'affirmation devint moins certaine, passant du « je resterai » à « je souhaite rester », sous-entendant qu'il n'avait plus son avenir entre ses mains ou que le contrat avait désormais plus de chances d'être dénoncé par l'une ou l'autre partie. En vérité – il l'avoua en fin de saison – Alonso avait déjà commencé à douter de son équipe en 2013, vis-à-vis de la capacité de Ferrari à s'adapter à la nouvelle réglementation. Ses craintes se sont hélas vérifiées en piste, alimentant sa frustration et sa manie de vouloir tout contrôler s'il sent que son équipe ne peut répondre à ses attentes. Il fit par exemple pression pour obtenir un droit de regard sur les recrutements d'ordre technique, lui qui avait déjà ce passe-droit vis-à-vis de son équipier. Or deux équipes historiquement sont connues pour mal supporter qu'un pilote outrepasse ses prérogatives : Williams et Ferrari. Leur dynamique en prit ainsi un coup, avec Montezemolo dénonçant son individualisme et une attitude démotivante pour l'équipe. « Je pense qu'il s'est convaincu qu'il n'allait jamais gagner avec Ferrari et qu'il pouvait gagner sur Mercedes avec une seule main », lâcha l'ex-big boss en 2016. Qui plus est, avec la révolution de palais qui secouait la Scuderia en interne, Alonso n'avait non seulement plus les mêmes interlocuteurs mais devait s'attendre à de nouvelles années de transition avant d'arriver à ses fins. Par conséquent, le couple idéal comprit qu'il fallait prendre des chemins différents.

Passé la surprise de Suzuka avec son timing tout particulier, l'annonce officielle n'était donc pas si surprenante avec le recul, pas plus que le nom de son remplaçant. Au même titre que l'association Alonso-Ferrari était discutée de longue date avant 2010, le mariage entre Vettel et la Scuderia n'est pas survenu du jour au lendemain. Certes son alliance avec Red Bull, qui avait soutenu sa carrière de bout en bout, paraissait faite pour durer, d'autant que les succès s'accumulaient. Mais une saison 2014 compliquée dépourvue de victoires et une équipe se prenant davantage d'affection pour la nouvelle star Daniel Ricciardo servirent de détonateur. Sebastian avait besoin d'un nouveau challenge pour renouveler sa motivation. Et comme beaucoup de pilotes, le mythe Ferrari ne le laissait pas insensible. Dès le printemps 2011, lorsque le renouvellement du contrat d'Alonso jusqu'en 2016 fut annoncé, Vettel ne considérait pas cette nouvelle comme un obstacle à sa présence chez les rouges d'ici là. Les rumeurs se firent plus bruyantes en 2012 au point de faire réagir Alonso, qui s'en amusa. « Quand j'ai gagné le championnat 2005 avec Renault, j'étais déjà associé à Ferrari et je suis arrivé en

2010, donc si Vettel est lié aujourd'hui, peut-être viendra-t-il dans cinq ans ! » Il mit moins de temps.

Mais si ses dirigeants restaient campés sur leurs positions, à savoir ne pas associer deux pointures susceptibles de se neutraliser au détriment de l'équipe, ils ne cachaient pas non plus leur admiration pour le travail du champion en titre dont ils avaient connaissance de longue date. Michael Schumacher en avait touché deux mots dès ses premiers succès en karting et recommanda Sebastian à son ex-équipe dès 2009. Et fin 2012, Montezemolo confia au journal *The Independant* qu'en cas de départ d'Alonso, il considérait Vettel comme son parfait remplaçant, « pour des raisons aussi bien humaines que professionnelles. Il n'est pas présomptueux, il veut gagner mais n'est pas arrogant ». Dans la même interview, il fit également l'éloge d'Alonso qui combinait à ses yeux l'intelligence d'un Niki Lauda et l'agressivité d'un Michael Schumacher mais en se concentrant strictement sur ses qualités de pilote. Faisait-il passer un message ? Vettel confirma par la suite qu'il s'était fendu d'une visite secrète à Maranello durant cette période.

Fin amère

Aucun résultat ne vint colorer cette fin de saison des plus ternes chez Ferrari. Alonso finit trois fois sixième en Russie, aux États-Unis et au Brésil avant d'achever son passage en rouge par une triste neuvième place à Abu Dhabi. Et s'il n'avait plus toutes les faveurs des autorités désormais, son départ émut malgré tout ses mécaniciens, qui restèrent jusqu'à la dernière seconde réglementaire à l'amorce du tour de chauffe, les yeux humides. Alonso n'était pas moins touché au moment d'enclencher la première vitesse. Son amour pour la Scuderia n'avait pas disparu. Et encore aujourd'hui, Fernando garde de très bons souvenirs de ses années en rouge, malgré les absences de titres.

Cela étant, cette saison 2014 resta comme l'une des pires de l'histoire récente de Ferrari. Quatrième du championnat constructeur, la Scuderia n'a surtout pas remporté la moindre victoire pour la première fois depuis 1993, l'année qui avait vu Jean Todt prendre les commandes à mi-saison. Alonso lui finit sixième derrière son vieux rival et remplaçant Sebastian Vettel, également dépourvu de succès. Une de ses rares consolations était d'avoir écrasé son équipier Kimi Räikkönen, piteux douzième du championnat sans le moindre podium et avec à peine le tiers des points d'Alonso. La confrontation tant redoutée n'eut jamais lieu, le finlandais n'était jamais parvenu à adapter son style de pilotage au cheval capricieux qu'était la F14T, lui plus sensible à certaines difficultés quand Alonso pouvait davantage s'adapter. De manière générale, on ne vit plus beaucoup le Kimi de l'époque McLaren qui mena la vie dure à Alonso durant les années suivantes.

En comparaison 2015 ne pouvait qu'être mieux n'est-ce pas ? C'était sans compter un nouveau choix d'équipe malheureux.

17

Unfinished business

L'identité de sa nouvelle équipe pour 2015 se fit attendre, si bien que ses propres rivaux s'amusèrent de la situation. Felipe Massa interrompit une interview d'Alonso à Suzuka pour demander avec humour s'il allait signer chez Marussia ou Caterham, à savoir les deux équipes de fond de grille. En vérité, une seule équipe se révéla une option accessible et raisonnable pour Alonso, une qui n'aurait jamais été considérée douze mois plus tôt et ce depuis fin 2007 : McLaren. À plus forte raison avec Ron Dennis de retour à sa tête alors qu'Alonso avait plus d'une fois souligné l'influence du président dans l'échec de leur première collaboration. De plus, McLaren traversait elle-même une passe difficile avec une MP4-29 plus capricieuse que la F14T au point de ne pas avoir profité du moteur Mercedes qui propulsait l'équipe une dernière fois. Car en 2015, Honda allait faire son retour en F1 en collaboration avec son ancien allié historique.

Cela tombe bien, la McLaren-Honda d'Ayrton Senna était l'un des tout premiers souvenirs d'Alonso parmi les rares images qu'il pouvait capter à l'époque en Espagne. Pourtant pas le pilote le plus porté sur la nostalgie, Alonso cita cette référence comme l'une des raisons qui le poussa à revenir avec McLaren. C'était omettre une tentative avortée de se faire une place chez Mercedes ou Red Bull pour 2015, ce bien avant la grande annonce de Suzuka. Alonso lui-même dira avoir fait son choix deux à trois mois avant le Grand Prix du Japon, sans préciser lequel bien entendu. Or la première équipe ne voyait aucune raison de changer son duo gagnant malgré les tensions grandissantes et surmédiatisées, tandis que la deuxième misait sur la promotion interne, avec le rookie de Toro Rosso Daniil Kvyat qui remplaça Vettel aux côtés de Daniel Ricciardo pour 2015. En revanche Mercedes pouvait libérer une place à partir de 2016, et face au désir de plus en plus pressant d'Alonso de disposer d'une machine de pointe, la théorie de l'année sabbatique circula un temps. Il n'en fut rien.

Ainsi ce retour chez McLaren, au-delà de la surprise au vu de leur passé houleux, sonnait un peu faux car Fernando s'engageait presque faute de mieux. Certes, les arguments qu'il avança à l'époque ou lors d'interviews récentes n'étaient pas dénués de fondement, entre la volonté d'effacer le mauvais souvenir de 2007 et le défi Honda qui pouvait motiver un pilote très amateur de la culture japonaise. Mais il lui fallut aussi avaler une couleuvre et pactiser avec Ron Dennis, ce même patron auquel il n'adressa plus la parole pendant longtemps après son départ de McLaren, même s'il reconnut sa part de responsabilité. Tout comme Dennis comprit qu'il retrouvait un pilote différent de cette période, où il était encore jeune et plus influençable. Il fallait aussi redoubler de patience car Honda ne pouvait pas être performant d'entrée de jeu, avec une arrivée un an après ses adversaires et des essais privés limités. Il était donc certain qu'Alonso soit contraint de recharger ses batteries de patience, et fort probable pour que McLaren fasse moins bien que Ferrari. Ce fut pire encore, au-delà de toute imagination.

Dès les premiers tours de roue à Abou Dhabi sur une McLaren adaptée au moteur Honda, la semaine suivant le dernier Grand Prix 2014, les problèmes s'affichèrent au grand jour. Le pilote d'essais Stoffel Vandoorne ne put couvrir que deux tours le premier jour avant que l'électronique puis l'arrivée d'essence ne fassent des siennes. Le deuxième, des soucis électriques immobilisèrent la voiture au garage pratiquement toute la journée, avec une seule boucle d'installation. Les soucis de refroidissement étaient si importants qu'il fallut davantage ouvrir la carrosserie. Même situation à Jerez début février où ni Alonso ni Jenson Button n'arrivèrent à passer plus de six tours sans problème. La situation était si alarmante que le team manager Éric Boullier décrivit les trente-deux tours couverts le troisième jour comme un « immense soulagement » ! Bien entendu ces tours se sont achevés par un nouveau pépin de fiabilité. Au bout de quatre jours, McLaren avait couvert soixante-dix-neuf tours, quand d'autres dépassèrent cette distance en une seule journée. Pas plus d'espoir à Barcelone deux semaines plus tard quand une énième rupture moteur contraignit Honda à suspendre ses essais le temps de redessiner la pièce défectueuse. Une pièce qui arriva deux jours plus tard… et qui aboutit à la même défaillance ! McLaren dut fournir ses propres composants pour aider Honda en se basant sur ses travaux passés en matière de récupération d'énergie.

Comment les choses avaient-elles pu si mal tourner ? Deux éléments majeurs devinrent vite évidents. Du côté de Honda, il y avait un retard logique à rattraper sur ses concurrents, qui eurent aussi de grosses maladies de jeunesse en 2014. Problème, l'équipe privilégia la promotion d'ingénieurs locaux au détriment du recrutement de têtes connues du milieu qui auraient déjà travaillé sur le bloc hybride. Du côté de McLaren l'une des réponses se trouvait dans une déclaration du directeur technique Tim Ross durant la présentation de la MP4-30, où il évoquait un châssis bien plus étroit. Dans cette déclaration, il félicita Honda et son « travail fantastique pour parvenir à tout caser dans un espace si restreint ». Si restreint que le bloc peinait à pleinement respirer, aggravant par conséquent ses problèmes.

Si Alonso brilla par sa patience durant tous ces pépins, il ne se fit guère d'illusions et l'annonça publiquement : McLaren ne sera probablement pas prêt pour Melbourne. « Nous allons arriver en Australie en espérant que le Grand Prix se déroule en juin ou juillet ! » Sauf que Fernando ne participa même pas au Grand Prix d'Australie.

Un mystérieux accident

22 février 2015. Après avoir attendu près de deux heures pour sortir des stands après que Honda ait fini d'installer de nouvelles pièces, Alonso finit par sortir des stands et couvrir vingt tours. Au vingt et unième, il perdit le contrôle de sa McLaren et toucha le mur intérieur à la fin du virage 3. Un contact qui conduisit Fernando à l'hôpital où il resta trois jours en observation. Par sécurité, Alonso ne fut pas autorisé à rouler pour la première course en Australie qui se déroula trois semaines plus tard.

Un voile de mystère enveloppa rapidement cet accident, lequel n'a jamais été totalement relevé depuis. Non seulement la cause du crash est toujours sujette à caution mais les différentes informations rapportées par les parties concernées se sont révélées contradictoires, quand d'autres manquaient tout simplement à l'appel. Aucune vidéo du crash n'a été rendue publique, tout au plus des simulations ou le début du tour d'Alonso juste avant l'incident. La vitesse avant l'impact et les forces G encaissées sont elles aussi restées confidentielles.

Déjà, l'état exact d'Alonso fut plus d'une fois sujet à caution. Le team manager Éric Boullier parla dans un premier temps d'une commotion dont aurait souffert Alonso, avant que le président Ron Dennis ne nuance la chose, évoquant des symptômes proches de la commotion sans en être une, ainsi qu'une brève perte de connaissance de son pilote dont l'équipe s'était auparavant défendue. Puis McLaren annonça le forfait d'Alonso en Australie après que les médecins lui aient recommandé d'éviter tout environnement à risque qui pourrait aboutir à une nouvelle commotion, quand bien même il se sentait parfaitement bien physiquement.

En ce qui concerne la raison du crash, McLaren blâma le vent, il est vrai très présent sur ce circuit et influent dans ce virage 3, où Carlos Sainz Jr s'était laissé prendre par surprise durant ces essais. Toute rupture mécanique fut rejetée par l'équipe. Sauf que lorsqu'Alonso prit la parole sur l'incident, il balaya d'un revers de main l'explication de son équipe – « Même un ouragan n'aurait pas fait bouger la voiture à cette vitesse », dira-t-il avec sa typique exagération – et évoqua un problème de direction bloquée à droite, tout en admettant que les données récoltées ne permettaient pas de le confirmer avec certitude. Ce manque de données et la convalescence prolongée d'Alonso poussèrent la FIA à mener une enquête en collaboration avec l'équipe pour mieux encadrer de futurs incidents du genre.

Tout cela donna naissance à certaines histoires plus ou moins farfelues tournant autour de ce qui apparaît la raison officieuse du contact pour beaucoup : Alonso fut assommé par un choc électrique à la suite d'une défaillance du système de récupération d'énergie. L'ancien pilote Minardi Fabrizio Barbazza, prétendant avoir des sources proches du dossier, évoqua un choc de 600 watts. Certains journalistes s'engouffrèrent dans la brèche et rapportèrent des pertes de mémoire dans le chef de l'Espagnol à cause de ce choc. Un reporter allemand prétendit qu'à son réveil, Alonso parlait italien et se croyait encore piloter pour Ferrari, quand un journal espagnol argua que Fernando était revenu en 1995 dans son esprit et mit une semaine à retrouver tous ses souvenirs !

À ce sujet, McLaren comme Alonso nièrent en bloc toute perte de mémoire. L'équipe précisa que son pilote était en train de rétrograder tout en appuyant à fond sur la pédale de frein avant le choc contre le mur, prouvant qu'il n'était pas inconscient durant la perte de contrôle. Ce que confirma Alonso qui prétendit se souvenir de tout ce qui s'était passé, avant comme après l'accident. Selon lui, il resta parfaitement conscient après le choc et ne perdit connaissance qu'une fois pris en charge par les médecins qui lui avaient administré un sédatif.

Pour ce qui est de sa durée d'hospitalisation et son forfait pour l'Australie, certains spécialistes défendirent cette précaution en raison des risques concrets liés aux commotions cérébrales, une blessure longtemps négligée mais qui devenait de plus en plus régulée par les fédérations les plus concernées par ce genre de choc, telles que la NFL (football américain) et la WWE (catch). Le sport automobile ne faisait pas exception. Le champion d'IndyCar et vainqueur des 500 Miles d'Indianapolis Dario Franchitti dut mettre fin à sa carrière fin 2013 lorsqu'un grave accident à Houston lui occasionna une commotion en plus de blessures au dos. Enfin, la vitesse réduite de l'accident laissait penser que le risque de blessure était minime, renforçant les théories du complot. Là encore, d'autres éléments accréditèrent la thèse qu'un léger contact pouvait avoir de grosses conséquences. Jenson Button était censé relayer Alonso sur sa monoplace le jour du crash, mais la boîte de vitesses et le moteur étaient également été touchés dans l'incident, rendant toute tentative de réparation superflue. Romain Grosjean de son côté rappela que certains éléments de la monoplace comme les triangles de suspension peuvent réagir différemment selon la nature et l'angle du choc, et si jamais ces pièces n'absorbent pas le choc, le pilote l'encaisse davantage.

Alonso reprit le volant lors du Grand Prix de Malaisie comme si rien ne s'était passé, après avoir été « probablement le pilote le plus médicalement contrôlé de l'histoire », selon lui. Mais au vu de la suite des événements, peut-être souhaiterait-il aujourd'hui tout oublier de cette saison 2015.

« On passe pour des amateurs ! »

Car le bilan de cette saison est tout bonnement catastrophique. Alonso se classa dix-septième du championnat avec onze points marqués, le deuxième pire classement et score de sa carrière après son année inaugurale avec Minardi. Ce fut aussi la première fois que son équipier marqua plus d'unités que lui, puisque Button en sécurisa seize. Fernando renonça à huit reprises, une rareté dans la F1 moderne sur-fiabilisée, et c'était sans compter les pertes de puissance sans abandon, les pannes en séance de qualification ou les changements de pièces opérés durant les essais. Se sachant condamné au fond de grille, McLaren choisit plus d'une fois de remplacer tous les composants du groupe propulseur durant un week-end afin de se donner plus de chances, ce qui aboutit à un cumul de sanctions proprement ubuesque : vingt-cinq places de pénalité en Autriche et au Brésil, trente-cinq en Russie, cinquante-cinq en Belgique ! Ce qui ne voulait rien dire sur une grille de vingt voitures mais tel était le règlement… Sur toute la saison, Alonso aura épuisé pas moins de douze blocs, soit trois fois plus que le maximum autorisé !

Certes, Honda ne fut pas responsable de tous ses abandons. Par exemple, Alonso renonça en Espagne à cause d'une protection de visière bloquée dans une écope de frein ! Plus tard en Autriche durant le premier tour, il se trouva au mauvais endroit au mauvais moment (air connu) lorsque Kimi Räikkönen perdit le contrôle de sa Ferrari à la réaccélération et percuta la McLaren, qui finit perché sur le train avant de son ancien équipier. Mais dans l'ensemble, la fiabilité de son bloc propulseur était l'élément déclencheur n° 1.

Et côté performance, ce n'était pas plus glorieux. En début de saison, McLaren devançait à peine les modestes Marussia qui se débattaient avec un moteur Ferrari de 2014 et un châssis de même ancienneté réactualisé. Si elles progressèrent légèrement au fil de l'année, Alonso ne signa qu'un seul top 10 en qualifications, une neuvième place aux États-Unis en fin de saison. On ne pouvait même pas parler de placement en Q3 car celle-ci n'eut jamais lieu à cause d'une trop grosse averse ! Le classement fut établi selon les résultats de la deuxième session de qualifications. Ce Grand Prix représentait une de ses meilleures chances de résultat avec la pluie mais un accrochage dès le premier virage – occasionnant une crevaison – le pénalisa d'entrée. Puis une perte de puissance en fin de course alors qu'il occupait le cinquième rang le relégua hors des points, après « probablement une des meilleures courses de ma carrière ». Une phrase qui devint presque aussi récurrente que les pannes de son moteur Honda.

Les points, Alonso n'en vit la couleur qu'à deux reprises. Le premier top 10 intervint à Silverstone au bout de huit courses, non sans s'être frotté à son équipier au départ, parce qu'il fallait bien cet ennui supplémentaire pour McLaren. Le meilleur résultat survint lors du Grand Prix suivant en Hongrie, avec une performance qui valait bien sa deuxième place douze mois plus tôt. Parti quinzième, l'Espagnol passa douzième après le premier tour, puis dixième après le premier changement de pneumatiques et finalement cinquième à l'arrivée. Un bel hommage à son ancien camarade Jules Bianchi qui venait de décéder une semaine plus tôt. Bien entendu plusieurs incidents qui émaillèrent la course jouèrent un grand rôle avec huit pénalités attribuées ce jour-là, dont trois pour Pastor Maldonado bien évidemment. Les deux pilotes Mercedes notamment se démarquèrent par un pilotage fort brouillon, si bien que les deux finirent derrière Alonso, Hamilton échouant à trois secondes de Fernando. Les deux sont décidément inséparables en Hongrie ! De quoi oublier ce qui s'était produit la veille en qualification, lorsqu'une panne électrique le stoppa à l'entrée des stands. Alonso n'attendit pas les commissaires et poussa lui-même sa voiture, tel un pilote des années 1980 à court d'essence cherchant à franchir la ligne d'arrivée par ses propres moyens.

Si ici il n'y eut guère besoin de mots pour s'exprimer, Alonso sut user de sa salive pour communiquer sa détresse cette saison. Au Canada, lorsque son équipe lui recommanda d'économiser de l'essence, Fernando refusa catégoriquement, considérant qu'il avait déjà assez de problèmes comme ça et que lui et McLaren « passaient pour des amateurs ». Mais l'échange radio le plus célèbre prit place au Grand Prix du Japon quand par deux fois,

Alonso compara son moteur Honda à un bloc de GP2, la catégorie inférieure à la F1. Bien entendu, il n'a échappé à personne que cette saillie verbale fut prononcée non seulement durant le Grand Prix national de Honda, mais sur son propre circuit. Était-ce un malheureux hasard ou Alonso avait-il bien choisi son moment pour remuer le couteau dans la plaie ? Fernando nia toute sournoiserie en rappelant que les échanges radio étaient entre le pilote et l'équipe et qu'on ne pouvait savoir à l'avance ce qui serait ou non diffusé. Selon lui, d'autres passages non retranscrits durant l'année – de sa part comme de Button – pouvaient être encore plus colorés ! Fernando en profita pour remettre en question la diffusion même des échanges radio qui devraient rester privés à son goût. Néanmoins, quelle que soit l'intention, le mal était fait et Ron Dennis condamna publiquement cette attitude. Ironiquement, ceci se produisit durant un de ses meilleurs efforts de la saison puisqu'il finit onzième sur dix-neuf arrivés. En dehors de la Hongrie, il n'avait jamais précédé autant de pilotes à la régulière en 2015.

Cet acharnement typique de Fernando pouvait cela dit voisiner avec un découragement, disons, calculé. Selon Button, durant l'une ou l'autre course où Alonso se situait derrière lui et où les McLaren ne jouaient pas le top 10, Fernando déplora un problème imaginaire à la radio pour justifier un retrait anticipé ! Jenson supposa qu'il cherchait à économiser le matériel pour la course suivante dans l'espoir que celle-ci soit plus favorable. Mais Alonso ne se faisait aucune illusion. Après le Canada et sept courses disputées – toujours sans aucun point – il recommanda à McLaren de concentrer ses énergies sur la saison 2016, ce que l'équipe refusa.

Face à cette situation désespérée, presque tragicomique, de ronchon, Alonso finit par devenir désinvolte. Après une énième panne en qualifications au Brésil, l'Espagnol passa le reste de sa séance sur une chaise longue auprès des commissaires de piste, feignant de bronzer au soleil. Une image qui connut moult détournements sur les réseaux sociaux après coup. Il se permit aussi de monter sur le podium avec son équipier durant cette même séance, bien conscient qu'il s'agissait de leur unique chance de figurer en ce lieu en 2015 !

Premières envies d'ailleurs

Ces images eurent le mérite de détendre l'atmosphère durant une saison assez morose. Comme en 2014, les Mercedes de Lewis Hamilton – qui remporta son troisième titre – et Nico Rosberg écrasèrent la concurrence et ne laissèrent échapper que trois victoires pour le même heureux élu, ici Sebastian Vettel revigoré chez Ferrari. Plus détendu et facétieux, laissant davantage exprimer la sensibilité et l'esprit vif seulement entraperçus chez Red Bull, le champion allemand fut l'un des rayons de soleil de l'année 2015, tandis que Ferrari avait retrouvé sa voie vers le succès, quoique ponctuellement seulement. De quoi faire relativiser la portée du choix de carrière d'Alonso car, comme il le fit remarquer, Ferrari ne faisait pas nécessairement mieux que durant ses cinq années en rouge.

Une façon comme une autre de fermer les yeux sur sa propre situation, car une certaine amertume prenait de plus en plus place dans son cœur. Non seulement son championnat tourna à la blague, non seulement une domination en avait remplacé une autre, mais l'intérêt des courses continua de baisser, avec peu de rebondissements, des monoplaces peu aguichantes à l'œil comme à l'oreille et qui n'étaient plus aussi rapides qu'elles pouvaient l'être, à son grand désarroi. Il déplora aussi les restrictions côté développement qui empêchaient de vrais retournements de situation chez les équipes et regrettait le temps de la confrontation pneumatique et des ravitaillements… soit sa période de succès. S'il reconnut qu'adopter à nouveau ces règles signifierait un retour en arrière et un aveu d'échec de la F1, il ne fit aucun mystère sur sa baisse d'enthousiasme face au produit du moment.

Pas étonnant qu'au moment de faire le bilan de sa saison, il estima ne pas avoir été à son meilleur niveau, se décrivant en « mode économie » à force de végéter en fond de grille. Dans le même esprit, Internet se chargea de détourner l'image d'Alonso sur une chaise pliante à Interlagos sur le thème #PlacesAlonsoWouldRatherBe, à savoir « Endroits où Alonso préférerait se trouver ». Sous-entendu : en dehors de sa McLaren. Et même Ron Dennis s'engouffra dans la brèche en n'écartant pas l'éventualité d'une année sabbatique d'Alonso si sa frustration prenait le dessus, une possibilité partagée par Flavio Briatore, toujours impliqué dans les affaires internes de l'Espagnol. Il est vrai qu'après Suzuka et le fameux « moteur GP2 », lorsqu'on demanda au principal intéressé s'il serait encore en F1 l'année prochaine, sa première réponse fut un « je ne sais pas » alarmant. Il eut beau ajouter juste après que son intention était de rester, il ne s'agissait pas d'un lapsus.

Pensait-il déjà à s'essayer à d'autres catégories pour revitaliser sa passion, lui qui décrivit l'Endurance ou la Moto à Abu Dhabi comme : « Bien plus fun que nous » ? L'idée avait en effet germé dans son esprit bien avant qu'un de ses congénères ne se fasse remarquer durant l'édition 2015. La magie du Mans l'attirait déjà et Antonio Garcia, vainqueur en catégorie GT avec Corvette et un de ses amis proches, contribua à nourrir ce désir en partageant sa propre expérience. Il n'était donc pas innocent qu'il soit choisi pour donner le départ en 2014 : il savait qu'il se présenterait sur la grille un jour ou l'autre. Or en 2015, Nico Hülkenberg emporta l'édition 2015 avec Porsche en parallèle de son programme F1 avec Force India, rappelant l'époque où les pilotes pouvaient sauter d'une catégorie à une autre sans que cela paraisse incongru. Sauf que ce volant Porsche fut à l'origine proposé à Alonso avant d'en être privé au dernier moment, supposément par Honda. Fernando regretta longtemps cette occasion manquée, aussi bien pour le défi en lui-même que pour le résultat. Ce n'était que partie remise.

18

L'impuissance continue

Il fallait une réaction immédiate de McLaren pour ne pas définitivement user la patience de son premier pilote. Ron Dennis ne resta pas les bras croisés, lui qui devait protéger l'image de McLaren non seulement en tant qu'équipe de F1, mais également la marque à part entière qui avait diversifié ses activités durant la dernière décennie. Il engagea notamment Jost Capito en tant que directeur exécutif, qui mena Volkswagen aux titres mondiaux en Rallye ces dernières années avec Sebastian Ogier. Il n'était pas étranger à la F1 pour autant après avoir collaboré avec Sauber au début des années 2000. Honda trancha également dans le vif en renvoyant son directeur sportif Yasuhisa Arai en faveur de Yusuke Hasegawa, déjà présent à l'époque de l'alliance BAR-Honda dix ans plus tôt.

Hélas, 2016 devait être une année de transition avant une nouvelle ère de monoplaces pour 2017 censée être plus rapide et agréable à conduire. Autrement dit, si progrès il y avait, ils ne pouvaient être considérables, surtout côté moteur, l'aspect qui nécessitait le plus d'améliorations. Ce dont les pilotes ne se cachaient pas après les premiers essais de la MP4-31. S'ils couvrirent heureusement deux fois plus de tours qu'en 2015, Button comme Alonso soulignèrent qu'il y avait encore une marge de manœuvre. Fernando fit d'ailleurs la distinction lorsqu'il évoqua l'objectif de l'équipe qui était d'avoir le meilleur châssis, sous-entendant tout ce qui ne dépendait pas de Honda… Si bien qu'au moment d'embarquer pour Melbourne, McLaren ne fut pas en mesure de boucler son programme de tests hivernaux, forçant l'équipe à pleinement éprouver de nouvelles pièces durant le premier Grand Prix. Sauf qu'en Australie, ce n'est pas tant la fiabilité mécanique que la solidité de l'ensemble qui fut éprouvée.

En effet au dix-septième tour, peu de temps après son arrêt pneumatique, Alonso avait pris en chasse Esteban Gutierrez, qui pilotait pour la nouvelle équipe américaine Haas. À l'abord du point de freinage du virage 3, il tenta une approche à l'extérieur au même instant où le Mexicain reprenait sa trajectoire. Il était trop tard pour corriger. Alonso toucha la Haas à l'arrière gauche, percuta le mur extérieur de plein fouet, et partit dans une série de tonneaux pour finir à l'envers dans le bac à graviers. Une scène aussi spectaculaire qu'effrayante, mais l'Espagnol parvint à sortir de son épave par ses propres moyens dans la minute qui suivit l'atterrissage. « Je suis très vite sorti pour m'assurer que mes proches ne se fassent pas trop de soucis », dira-t-il après coup. Après Interlagos 2003, voici un autre témoignage des niveaux de sécurité atteints en F1 où le double champion du monde se retrouva sous le feu des projecteurs. Cet accident fut ensuite analysé et simulé par la FIA afin de perfectionner le développement du fameux Halo, officiellement annoncé pour 2018.

Dans un premier temps, les médecins le déclarèrent indemne mais des douleurs à la poitrine l'amenèrent à un second diagnostic moins positif. Alonso souffrait d'une côte cassée et d'un léger pneumothorax. Or avec les forces centrifuges rencontrées dans le cockpit, le risque que la côte se déplace et touche son poumon était concret. Il dut par conséquent déclarer forfait pour le Grand Prix suivant à Bahreïn afin de pleinement se rétablir. C'était sa deuxième absence médicale en deux ans. Celle-ci permit au Belge Stoffel Vandoorne de débuter en F1, qui se qualifia devant Button et marqua le point de la dixième place d'entrée de jeu. Une belle performance à laquelle Alonso participa. Présent tout le week-end dans le stand, il guida le champion GP2 2015 dans la mise au point de la McLaren afin de faciliter son apprentissage. Une illustration comme une autre de son engagement envers l'équipe au lieu de quitter le circuit dans la minute de son forfait.

Chaud et froid

La saison 2016 se révéla plutôt mitigée, avec des éléments légitimement positifs et rassurants, mais d'autres participèrent à nuancer, voire noircir le tableau. Par exemple, la fiabilité fit un bond en avant significatif (était-ce si compliqué ?) avec trois abandons mécaniques en tout et seulement deux départs depuis le fond de grille pour Alonso. La performance suivit également une courbe ascendante puisque l'Espagnol finit neuf fois dans le top 10 et dixième du championnat avec 54 points. Chez les constructeurs, McLaren se classa sixième, soit trois rangs de mieux qu'en 2015. Une progression incontestable mais plus limitée qu'espéré par McLaren comme Honda, et évidemment Alonso. À mi-saison, Fernando estimait la quatrième place au championnat constructeur possible. En réalité, McLaren échoua bien loin du pied du podium qu'occupait Force India avec 173 points contre 76, une équipe au budget bien plus serré en comparaison.

McLaren se voila la face en prétendant à un moment d'avoir conçu le troisième meilleur châssis après Mercedes et Red Bull. En vérité, la MP4-31 peina grandement dans les courbes rapides, condamnant ses pilotes à partir de trop loin sur les circuits les plus fournis en la matière pour pouvoir espérer remonter sans circonstances favorables. Le Grand Prix du Japon fut criant à cet égard vu que les pilotes se qualifièrent quinzième et dix-septième (Button partit finalement dernier après un changement de moteur) et finirent seizième et dix-huitième, soit une plus mauvaise performance d'ensemble qu'en 2015 ! Au moins il n'y eut aucune référence à un bloc de deuxième division cette fois-ci. De son côté Honda ne pouvait pas régler tous ses handicaps en une seule saison. Sa fiabilité n'était plus à prendre en défaut mais sa puissance pure n'était toujours pas à la hauteur de ses concurrents (80 chevaux de moins que Mercedes en fin de saison !), rendant tout dépassement plus complexe qu'il ne l'est déjà, même *via* la « magie » du DRS. De plus, la consommation d'essence du groupe propulseur restait excessive et poussa ses pilotes à une conduite plus économe qu'envisagé.

Ainsi Alonso connut plusieurs courses anonymes avec sept arrivées en dehors des points faute de pouvoir progresser dans la hiérarchie à la régulière. Et plusieurs de ses meilleures performances furent produites avec un coup de pouce de ses adversaires, sinon de la météo. Premier exemple en Russie avec une sixième position, bien aidé par le tohu-bohu du départ qui le propulsa de quatorzième à septième. Il pouvait remercier Daniil Kvyat qui torpilla la Ferrari de Sebastian Vettel par deux fois, ce qui permit à l'Allemand de battre le record de jurons prononcés durant une séquence radio en F1. La FIA n'avait de toute évidence pas encore serré la vis sur cette problématique désormais capitale en 2025.

La seconde occurrence se produisit à Monaco avec une cinquième place, son meilleur résultat de l'année. Parti neuvième sur une piste détrempée, il chaussa les pneus secs parmi les derniers et prit l'avantage sur plusieurs pilotes, notamment la Mercedes de Nico Rosberg qu'il tint en respect jusqu'au bout. Mais cette performance laissait un goût d'inachevé car en partie liée aux conditions climatiques, sans parler du caractère spécifique du tracé monégasque, alors qu'Éric Boullier prédisait une concurrence directe avec Ferrari à la régulière sur un tracé moins pénalisant envers les moteurs en manque de chevaux. Or Alonso s'était qualifié à six dixièmes de la moins bonne Ferrari. Et après ça, il enchaîna quatre courses sans points. McLaren lui coûta d'ailleurs une belle occasion en Autriche où Button s'était qualifié cinquième pour finir sixième. Alonso resta bloqué au quatorzième rang après que son équipe l'ait fait partir avec un train de pneus usagé hérité de la Q1, puis renonça en course sur perte de puissance moteur.

La performance qui colla au plus proche aux ambitions de l'équipe et son pilote en cette saison se produisit au Grand Prix de Hongrie, un des circuits les plus dépourvus de courbes rapides. Les deux McLaren se placèrent en quatrième ligne, soit leur première Q3 collective avec Honda et en dépit d'une course pauvre en rebondissements, Alonso finit septième et meilleur représentant du *midfield* derrière les trois top teams qu'étaient Mercedes, Red Bull et Ferrari. Même résultat et honneur à Singapour, autre tracé peu avare en virages lents, et donc favorable à la McLaren, où Alonso pratiqua un énième départ canon qui lui fit gagner quatre places avant le premier virage.

Mais ce n'était rien en comparaison des progressions spectaculaires qu'il proposa à Spa-Francorchamps et Sepang, où il subit ses seules pénalités moteur de l'année et partit donc du fond de grille. Par deux fois, Alonso gagna dix places en un seul tour ! Certes, comme à Sochi, des contacts impliquant plusieurs pilotes lui facilitèrent la tâche mais l'art du départ se façonnait aussi dans la capacité à bien se placer pour éviter les dommages collatéraux. Un art perfectionné par Alonso, qui savait mieux que quiconque être au bon endroit au bon moment sur la piste dans un tour d'ouverture, faute d'avoir développé cette même compétence dans ses choix d'équipes. Dans ces deux courses, il finit septième non sans avoir longtemps tenu le top 5 à Spa, pourtant garni de pleines charges et de courbes rapides auxquelles la McLaren était allergique.

« C'était mieux avant... »

Sa dernière performance de valeur intervint aux États-Unis avec une splendide cinquième place agrémentée d'un dépassement autoritaire sur son ancien équipier Felipe Massa, où les deux se touchèrent et la Williams fut rejetée hors piste. Étrangement, il échappa à toute sanction, quand un contact moins sévère entre Rosberg et Räikkönen en Malaisie – entre autres exemples cette année-là – aboutit à dix secondes de pénalité pour le premier. Comme quoi Fernando pouvait parfois être bénéficiaire de la constante inconstance des sanctions sur les incidents de course en F1. Massa ironisa d'ailleurs en prétendant qu'Alonso devait avoir de très bons amis chez les commissaires de course. Ceux qui se souvenaient de l'épisode de Monza 2006 ne pouvaient que rire face à l'hypocrisie de cette déclaration.

Mais s'il eut tout le temps de se plaindre de cet aspect avant 2016 comme après, sa lassitude face à d'autres facteurs négatifs de son sport ne s'était hélas pas atténuée malgré les progrès de son équipe, et d'autres manquèrent de s'y ajouter. Durant les deux premières courses, la F1 tenta une désastreuse expérimentation avec sa séance de qualification. À un moment donné de chacune des trois séances, le pilote le plus lent se voyait éliminé toutes les quatre-vingt-dix secondes jusqu'à la fin du temps imparti. L'idée était de rendre chaque minute intéressante pour le spectateur, en poussant les pilotes à se donner sans relâchement quitte à obtenir des résultats fantaisistes. Le problème, c'est que les pneus Pirelli n'étaient pas adaptés à une telle dynamique, avec une fenêtre de fonctionnement idéale trop limitée. Résultat, au lieu de voir une intense course contre le temps, plusieurs équipes rendirent les armes et rentrèrent aux stands avant même que le couperet final tombe car, au choix, leurs pneus n'étaient déjà plus à la bonne température, les équipes n'avaient plus le temps d'en changer ou ne disposaient plus de trains neufs !

Ce nouveau format fut entériné deux semaines seulement avant la première course, et intervint sur l'un des seuls points où la F1 n'attirait pas de critiques. Il faut dire que même Bernie Ecclestone tira à boulets rouges sur sa propre discipline quant à la qualité du produit proposé après une saison 2015 des plus moroses, si bien que la FIA tenta de bousculer l'ordre établi avec une proposition plus artificielle qu'autre chose. Notons que l'idée des courses Sprint était déjà discutée à cette époque pour remplacer la qualification en tant que telle. On ne peut donc pas entièrement blâmer Liberty Media ou Netflix pour leur apparition en 2021 ! Si Alonso ne descendit pas ce format en flammes comme d'autres de ses pairs, il regretta que dans un sport déjà difficile à comprendre de l'extérieur, on changea l'une des rares choses faciles d'accès pour le grand public. Pour illustrer la confusion que ce format provoqua, lorsque son équipier Jenson Button regarda la dernière séance depuis les temps – il fut éliminé en Q2 – il prêta plus attention aux chiffres et aux chronos affichés qu'à l'action en piste ! Si tenté que l'on pouvait parler d'action.

Un autre changement de réglementation éphémère et polémique concernait les restrictions apportées aux conversations radio. Face à des F1 de plus en plus sophistiquées – il suffit d'observer l'évolution des volants pour le comprendre – les pilotes se voient de plus en plus guidés par leurs ingénieurs pour gérer quelques paramètres techniques susceptibles de leur échapper, ce qui renforce le poncif « la voiture fait tout, le pilote est assisté » cher à certains puristes désabusés. Ainsi la FIA choisit de limiter les échanges en direction du pilote pour lui donner plus de crédit. Alonso exprima son scepticisme face à cette règle, considérant que cela allait à l'inverse limiter le pilote dans sa démarche, notamment en cas de changement stratégique. « Au lieu de suivre notre instinct de pilote, nous devrons nous limiter à ce qui a été approuvé deux heures avant la course. C'est étrange que dans une ère de communication et de technologie, la F1 essaie de limiter ces aspects. » Ces échanges permettaient justement au pilote de se concentrer sur l'essentiel au lieu de devoir mémoriser les innombrables éléments techniques communiqués par l'ingénieur. Si même Alonso, un pilote capable de se souvenir de choses que son propre ingénieur pouvait oublier condamnait cette règle, il était juste de dire que la FIA s'était trompée de combat, une fois encore. Face à l'impossibilité de déterminer ce qui était nécessaire ou non de communiquer, et au potentiel danger que cela pouvait impliquer (notamment un problème technique à l'insu du pilote), la règle fut allégée avant même le début de saison, puis supprimée en cours d'année, après que Nico Rosberg ait été sanctionné à Silverstone pour avoir reçu une consigne prohibée quant à un changement de vitesse.

Si ces polémiques restèrent heureusement provisoires, Alonso en remit une couche sur les griefs déjà exprimés en 2015. Durant l'été, il confia au magazine italien Autosprint n'être « pas du tout satisfait » sur la direction prise par la F1, notamment l'incapacité de pousser sa monoplace à la limite avec des pneus Pirelli toujours aussi sensibles et des moteurs en mode économie. « Si vous attaquez trop, les pneus surchauffent et vous perdez l'adhérence immédiatement. Si vous tirez trop sur votre moteur, vous surconsommez. Pour être rapide en F1 aujourd'hui, vous ne devez pas trop attaquer et ça va à l'encontre des instincts d'un pilote. » Ce qui aboutissait à des monoplaces non seulement moins agréables à piloter que celles des générations précédentes, mais aussi moins exigeantes physiquement. « Avant, vous aviez besoin d'un massage de deux heures au bout de dix tours, désormais vous pouvez piloter 150 tours pratiquement sans transpirer. »

Il en rajouta une couche durant les essais libres du Grand Prix du Brésil. Arrêté par un problème de pression d'eau à hauteur du premier enchaînement, il assista à la séance en bord de piste et pesta contre le manque de rapidité des F1, plus flagrant depuis son emplacement. « Nous devrions payer les personnes qui sont dans les tribunes pour regarder les voitures passer ! » Pour tromper son ennui, il tenta non pas de refaire son bronzage, mais de remplacer le cameraman placé en bas des S de Senna ! À croire qu'Interlagos était sa destination privilégiée pour créer de nouveaux mèmes. Hélas, lorsque la Force India de Perez passa devant la caméra, il manqua autant son objectif en piste que McLaren au championnat. On ne peut pas être bon partout.

Cela étant, s'il ne fit aucun mystère sur son sentiment envers la F1 actuelle, sa motivation restait intacte et gare à ceux qui se permettaient de la remettre en question, y compris chez les anciens pilotes devenus consultants. À Bahreïn, il le fit comprendre auprès de Johnny Herbert[1]. Après que celui-ci ait évoqué un potentiel retrait d'Alonso, ce dernier lui répondit sèchement par un : « Non, je suis champion du monde, c'est pourquoi tu as fini commentateur car tu n'as jamais été champion ! » Pour rappel, c'était le même week-end où Alonso s'était vu refuser sa participation au Grand Prix à la suite de ses blessures contractées en Australie. Or Fernando avait fait le forcing pour courir malgré tout et prit donc ces suggestions comme un manque de respect. « Dites que je suis lent, moche ou je ne sais quoi, mais ne dites pas que je ne suis pas motivé, ça n'a pas de sens », compléta-t-il plus tard auprès de *Motorsport Magazine*.

Et en effet, son acharnement en piste pouvait en témoigner. Contrairement à 2015 où il s'était déclaré en « mode économie », Alonso avait davantage donné son meilleur malgré l'un ou l'autre écart – deux tête-à-queue à Silverstone et Interlagos – et il sut limiter les envolées lyriques à la radio. Rappelant ad nauseam qu'il progressait année après année, il considéra cette saison à l'époque comme la troisième meilleure de sa carrière après 2012 et 2014. Ce qui joua dans son appréciation, c'est l'écart creusé avec son équipier. Là où Jenson Button fit jeu égal douze mois plus tôt, Alonso prit nettement l'avantage en 2016. Le Britannique n'avait plus le feu sacré et avoua plus tard que le décès de son père début 2014, un personnage unanimement apprécié dans le paddock, participa grandement à cette baisse de motivation. Il annonça une année

1. Pilote de 1989 à 2000, vainqueur de trois Grands Prix.

sabbatique qui se transforma en retraite définitive de la F1, tel Mika Hakkinen en 2001.

Il fallait maintenant espérer que McLaren tire le meilleur parti de la nouvelle génération de F1 prévue pour 2017, et que celle-ci rende les monoplaces plus agréables à conduire pour son double champion du monde afin de le persuader à renouveler sa présence parmi l'élite, ou ce qui était supposé comme telle. Fernando lui-même n'hésita pas à l'affirmer dans son interview pour Autosprint. « Si je vois que la F1 insiste dans une direction différente par rapport à ce que j'appréciais et connaissais par le passé, alors je pourrai considérer d'autres solutions et quitter la F1. » Sauf qu'en prononçant ces mots, il devint évident que Fernando avait déjà commencé à mettre un pied en dehors de la F1…

19

Le début de la fin

Au mois de novembre 2016, une ère étalée sur plus de trente ans prenait fin : Ron Dennis quittait la tête du groupe McLaren. Le dirigeant était alors en conflit avec les autres actionnaires du groupe, à savoir son associé de longue date Mansour Ojjeh et le fonds d'investissement bahreïni Mumtalakat. Ne détenant que 25 % des actions contre 50 % pour Mumtalakat – et 25 % pour Ojjeh –, il chercha longtemps à acquérir ces parts restantes, sans succès. En fin de compte, les deux parties le poussèrent au départ. Outre les résultats des plus insuffisants déjà évoqués, Dennis échoua à s'adapter aux changements de son équipe et du sport dans son ensemble. Jenson Button résuma la situation ainsi dans son autobiographie : « Il n'avait pas l'air d'avoir la même emprise qu'avant sur les événements. Il y avait eu beaucoup de changements dans l'effectif de l'équipe, et notre façon de faire avait évolué, seulement Ron semblait être resté le même, ce qui fait qu'il était en quelque sorte en décalage, pas seulement avec l'équipe mais dans le sport en général. Il tenait le gouvernail d'une main assurée, mais celle-ci n'était peut-être plus aussi ferme qu'elle avait été. »

Ron vendit ses parts quelques mois plus tard. Jost Capito, à l'origine recruté par Dennis, fit les frais de ce changement de direction et reprit sa liberté quelques mois à peine après sa prise de fonction durant l'été 2016. Dennis fut remplacé par Zak Brown, alors à la tête du groupe de médias automobile Motorsport.com qui détenait notamment *Autosport* et *F1 Racing*, ainsi que la société de marketing JMI. Grand passionné, propriétaire de bon nombre de modèles historiques, pilote à ses heures perdues, Brown allait user de ses connaissances en marketing et communication pour renouveler l'image de McLaren, avec qui il avait déjà collaboré dans la signature de plusieurs sponsors ces dernières années. Ce changement de direction fut symboliquement marqué dans l'appellation des châssis McLaren et dans leur livrée. Le MP4, hérité de l'association McLaren et Project 4 (l'ancienne entité de Dennis en formules de promotion) depuis 1981, fut remplacé par MCL. Côte couleurs, le noir et gris chers à Dennis laissaient place à l'orange, autrefois couleur nationale de la Nouvelle-Zélande en automobile, le pays de naissance du fondateur Bruce McLaren. Les premières monoplaces de l'équipe portaient cette teinte à la fin des années 1960 et au début des années 1970, puis firent brièvement irruption lors des essais de présaison 1997 et 2006. Si l'arrivée de nombreux sponsors réduisit l'espace de l'orange au fil des années sur la carrosserie, la couleur est toujours présente de nos jours.

Ce n'était pas le seul gros changement qui secoua la F1 durant cette intersaison. Face aux reproches adressés par les pilotes – notamment Alonso – à la dernière génération de monoplaces, peu agréable à la conduite et empêchant d'attaquer à sa guise, la réglementation technique augmenta leur largeur, aussi bien le châssis que ses ailerons, ainsi que les pneumatiques. L'idée était de générer plus d'appui aérodynamique et de pousser les pilotes à leurs limites. Pour une rare fois, un changement technique ne fut pas imposé par souci de sécurité ou pour augmenter le spectacle, mais pour satisfaire les pilotes. Cette largeur accrue fit ainsi revenir les F1 à un look plus proche de la génération pré-2009. Or cette année-là, les monoplaces avaient drastiquement changé de look pour augmenter le nombre de dépassements. Un nouveau rétropédalage de la F1, qui aboutit à deux fois moins de dépassements cette saison en comparaison de 2016, et au nombre le plus réduit de l'ère DRS. Dans le même ordre d'idées, Pirelli se vit contraint de proposer des pneus à durée de vie prolongée afin de s'adapter au pilotage plus agressif des pilotes. Rappelons qu'en 2011, la FIA avait demandé l'exact opposé au manufacturier italien dans sa quête de spectacle. Et comme chaque année ou presque, le jugement des incidents de course connut une mise à jour dans les textes officiels qui mentionnait : « Aucune pénalité ne sera imposée à un pilote, à moins que sa responsabilité dans un incident soit évidente pour les commissaires. » Inutile de préciser que la durée de vie de cette mesure fut équivalente à celle des pneus Pirelli en 2011-2012.

Mais le plus gros bouleversement eut lieu en fin de saison 2016, lorsque Bernie Ecclestone, détenteur des droits commerciaux de la F1 et considéré comme le grand patron de la discipline d'un point de vue exécutif, finit par vendre son produit et quitter officiellement la scène début 2017. Une révolution pour beaucoup, tant on finit par penser que Ecclestone allait mourir à la tête de son empire plutôt que de passer la main. Présent dans les affaires de la discipline depuis les années 1970 et à sa tête depuis le début des années 1980, il joua un rôle majeur dans son expansion médiatique, en garantissant notamment une diffusion à échelle mondiale. Néanmoins, Ecclestone faillit à s'adapter à la nouvelle vague dominée par Internet et les réseaux sociaux, et la F1 stagna en conséquence. Un problème corrigé aussi sec par son nouveau propriétaire Liberty

Media, un groupe américain spécialisé dans les médias et la communication et donc bien au fait des impératifs du XXIe siècle en la matière. Trois hommes clés allaient diriger la discipline, parmi lesquels l'ancien dirigeant de Mercedes Ross Brawn, alors que Zak Brown fut un temps discuté pour occuper ce poste. Brown s'attendait à un produit moins sclérosé et plus proche des fans sous cette nouvelle direction. Il visa juste dans une certaine mesure.

En revanche, son équipe manqua complètement le coche pour ses objectifs 2017, qui étaient de retrouver la première moitié du plateau. Et pour l'expliquer, il fallait hélas de nouveau se tourner vers le pays du soleil levant. La FIA avait supprimé la législation qui limitait le nombre de modifications ou d'améliorations à apporter sur le groupe propulseur. Ainsi, en dépit des progrès constatés en 2016, Honda décida de revoir sa copie et de proposer une nouvelle unité de puissance, davantage calquée sur celle développée par Mercedes, la référence du moment. Ce faisant, elle s'éloignait du compromis forcé par McLaren avec son concept aérodynamique « taille zéro » qui avait abouti à un bloc trop à l'étroit incapable de donner sa pleine mesure. On pouvait penser qu'en abandonnant une philosophie vouée à l'échec, Honda allait enfin proposer un moteur digne de ce nom. Sauf qu'avec ce plongeon dans l'inconnu pour Honda, McLaren revint non pas aux glorieuses années 1988-1989 avec lesquelles Alonso a découvert la F1, mais au millésime maudit de 2015 avec un bloc capable de connaître un problème dès son premier tour d'installation en essais privés ! Au bout de deux jours, McLaren n'avait couvert que 69 tours contre 362 pour Mercedes. Et les performances ne suivaient pas non plus.

Il va sans dire que les compliments qu'Alonso adressa à Honda en 2016, où il salua une approche plus logique et créative, partirent aussi vite en fumée que les blocs-moteurs eux-mêmes. Questionné sur la situation de son équipe, Fernando lâcha : « Nous avons qu'un seul problème : le groupe propulseur. Aucune fiabilité, aucune puissance avec 30 kilomètres à l'heure de moins dans chaque ligne droite. Nous pouvons prendre presque tous les virages à fond ! » Si la dernière phrase n'était pas à prendre au sérieux, le fait qu'elle soit formulée tout court était déjà inquiétant. Même son de cloche chez McLaren où les langues commençaient à se délier. « Oui, nous gagnerions à nouveau », osa Éric Boullier quand on lui demanda si l'équipe serait dans la lutte pour la gagne avec un moteur Mercedes à la place du Honda. Il n'en fallait pas plus pour alimenter la machine à rumeurs et envisager une rupture anticipée entre les deux parties, un retour de Mercedes, voire un moteur maison par McLaren basé sur son expérience sur ses voitures de route.

C'est à ce moment que McLaren envisagea réellement une rupture anticipée avec Honda car la coupe était pleine du côté anglais. Et elle manqua également de déborder chez Alonso, qui insulta copieusement le moteur à la radio, et admit auprès de Boullier après le premier test qu'il pourrait « reconsidérer sa présence en course car je ne vais pas survivre une autre année de ce genre ». Encore une fois, même si ces propos ne furent pas suivis par les actes, leur existence était déjà alarmante en soi de la part d'un pilote si combatif. À noter que cette déclaration fut rendue publique un an après grâce à une série documentaire de quatre épisodes en collaboration avec Amazon Prime qui suivit l'intersaison 2017 chaotique de McLaren de l'intérieur. Une intrusion inédite dans les coulisses d'une équipe un an avant que Netflix lance sa propre série *Drive to Survive*. Ce fut bien le seul aspect où McLaren prit de l'avance cette année-là.

Un air de déjà-vu

Le Grand Prix d'Australie 2017 offrit un parfait résumé de la seconde association McLaren-Alonso. D'un côté, une machine bien loin des premières places, pêchant en performance comme en fiabilité. De l'autre, un pilote se dépensant en pure perte et réalisant des miracles sans jamais manquer de le mentionner devant la presse. En effet, la MCL32 se qualifia treizième et se plaça dixième durant une bonne partie de la course, puis lâcha prise en vue de l'arrivée à cause d'un fond plat endommagé. Sauf que cette McLaren n'était pas censée tenir cette position aussi longtemps, puisqu'Alonso accusait un déficit de 30 kilomètres à l'heure en ligne droite et devait également économiser de l'essence au rythme d'une seconde par tour. Il fallait donc toute la science du pilotage du double champion du monde pour se maintenir à cette place, un effort tel que Melbourne 2017 devint sa nouvelle « plus belle course de ma vie ». Mais il n'était pas dupe, l'étroitesse du circuit de l'Albert Park lui avait facilité la tâche, et il n'y avait selon lui aucune chance pour rééditer cette performance pour les prochaines courses. Pourtant, il y parvint à nouveau en Chine, où après être parti treizième, il se maintint dans le top 10 durant la première moitié de course avant que sa transmission ne le ramène à la raison. Il dut attendre la cinquième course pour voir l'arrivée et la huitième pour marquer des points. Il n'en marqua que dix-sept en tout dans l'année, seulement six de plus qu'en 2015.

Pour continuer dans les statistiques comparables à son annus horribilis, Alonso abandonna onze fois sur dix-neuf Grands Prix, soit presque 60 % du temps même si deux étaient le résultat d'un accrochage. C'était le plus grand nombre d'abandons pour un pilote McLaren depuis Kimi

Räikkönen en 2002. Les changements de moteur et les accumulations de pénalité en essais furent tout autant de la partie puisque McLaren en compta pas moins de treize, dont cinq pour Alonso et trois pour les deux pilotes en même temps. Son nouvel équipier Stoffel Vandoorne connut sa première sanction au bout de quatre courses seulement, soit après un cinquième du championnat ! Le seul point positif, c'est que le constructeur nippon n'était pas en haut du classement à ce sujet puisque Renault atteignit dix-neuf remplacements, mais avec trois équipes !

Pas étonnant dès lors que les petites phrases radiophoniques qui ont nourri la légende d'Alonso aient refait surface en cette saison. À Bahreïn, il usa d'une nouvelle hyperbole et annonça qu'il n'avait « jamais roulé avec aussi peu de puissance de sa vie ». En Russie, son système de récupération d'énergie céda dès le tour de formation. Lorsque son équipe lui demanda d'essayer trois fois de faire redémarrer le système, Alonso répliqua : « Je l'ai déjà fait, essayez vous-même ! » Chez lui en Espagne, son ironie atteignit un point de non-retour avec cette punchline prononcée sur un ton laconique en essais libres : « Le moteur paraît bien, bien plus lent qu'avant, génial ! » Ironiquement, son mécontentement le plus audible de l'année n'avait aucun rapport avec Honda mais avec un pilote, lorsque Jolyon Palmer le déborda à Monza en coupant une chicane, mais le pilote Renault ne laissa pas passer Alonso comme le règlement le stipule dans ce genre de situation. Fernando passa l'essentiel de son relais à pester contre ce fait, puis à considérer la pénalité de cinq secondes adressée à Palmer pour sa faute comme une « blague ». Le clou du spectacle vint lorsque Fernando demanda la position de Palmer plus tard dans la course. Quand on lui communiqua son abandon, Alonso s'exclama : « Karma ! » Précision : Alonso et Palmer se battaient seulement pour la douzième place, et Fernando finit par également renoncer sur souci de boîte de vitesses pendant qu'il occupait le quinzième rang.

Avec une telle situation et le contrat d'Alonso arrivant à terme en fin d'année, il était facile de spéculer sur son éventuelle retraite, voire de l'anticiper, ce jusque dans son cercle d'amis. Mark Webber émit cette hypothèse dès le premier Grand Prix tant Fernando était fatigué de se battre pour des miettes. « Fernando pourrait bien ne pas faire toute la saison, on ne sait jamais. Il est frustré, il ne veut même pas se battre pour finir sixième ou septième, les points ne l'intéressent pas, donc mentalement il est loin d'où il voudrait être. » Il n'eut qu'en partie raison. Alonso ne se retira pas en cours de saison mais il choisit malgré tout de faire l'impasse sur une course pour en disputer une dans une tout autre discipline.

Le rêve américain

Les 500 Miles d'Indianapolis sont l'une des courses les plus prisées du sport automobile. Avec les 24 heures du Mans et le Grand Prix de Monaco – ou le championnat du monde de F1 selon la sensibilité – elle faisait partie de la symbolique Triple Couronne. À ce jour, seul Graham Hill eut le privilège de la porter avec ses deux titres mondiaux de 1962 et 1968, cinq victoires à Monaco (de 1963 à 1965, 1968 et 1969), une à Indianapolis (1966) et une au Mans (1972). Notons que les deux dernières intervinrent en parallèle de sa carrière en F1, ce qui était monnaie courante à l'époque mais bien moins de nos jours. Entre un sport de plus en plus exigeant mentalement et physiquement et un business cadenassé pour limiter toute concurrence, les escapades de ce genre devinrent l'exception et non la règle. Aussi le calendrier se calqua sur ces événements avec une régularité qui n'avait rien d'un hasard. Encore aujourd'hui, le Grand Prix de Monaco se déroule le plus souvent la dernière semaine de mai, le même jour que les 500 Miles d'Indianapolis ! Ce qui rend la tentative américaine impossible pour tout pilote de F1 souhaitant rester fidèle à sa discipline. À moins que celle-ci commence à vous lasser.

Ainsi le 12 avril, entre les Grands Prix de Chine et de Bahreïn, McLaren bouleversa la sphère F1 en annonçant la participation d'Alonso aux 500 Miles d'Indianapolis avec l'équipe Andretti et motorisé par Honda. Ce qui par conséquent officialisait son forfait pour le Grand Prix de Monaco. Quand bien même l'Espagnol n'avait pas caché son désir de tenter sa chance dans l'une des trois courses mythiques depuis l'année passée, on envisageait un tel défi une fois son contrat achevé mais pas en parallèle, et encore moins au détriment de son championnat du monde. Les 24 heures du Mans sont traditionnellement organisées à la mi-juin et se sont placées le plus souvent entre deux Grands Prix, ce qui autorisait les pilotes disponibles à faire un détour par la Sarthe, tel Nico Hülkenberg vainqueur en 2015. Par conséquent, cette démarche éclectique généralement applaudie car rappelant une époque bénie par les puristes fut reçue plus tièdement par certains dans le paddock. Plusieurs de ses pairs admirent qu'ils n'auraient jamais envisagé de rater une course (dont Hülkenberg justement) et quelques patrons d'écurie embrayèrent en ce sens. Christian Horner de Red Bull fut le plus virulent et décrivit Alonso comme un « pilote dépressif » que Zak Brown essayait de motiver par tous les moyens, quitte à l'inscrire à « la course la plus dingue qu'[il ait] jamais vue ».

D'autres ne virent pas cette nouvelle sous cet angle. Comme le fit remarquer Jonathan Noble pour *Autosport*, sa participation donna un coup de publicité supplémentaire pour les 500 Miles qui devinrent une des tendances principales sur Twitter à la suite de l'annonce. Son expérience pouvait donner du crédit à cette course et faire comprendre que les ovales, malgré leur design des plus simplistes, ne sont absolument pas aisés à appréhender même pour des pilotes de grande qualité tel que Fernando. Noble vit aussi cette démarche comme une façon de devenir un pilote plus complet qu'il ne l'était déjà – tel Robert Kubica qui améliora son champ d'action grâce à ses expériences en rallye – et d'être plus au clair sur ce qu'il souhaite vraiment pour l'avenir. Comme quoi, toutes les plumes britanniques ne sont pas systématiquement antagonistes envers Alonso.

Restait maintenant à rendre l'expérience concluante même sans victoire au bout. Et pour cela, il lui fallait se préparer au mieux, car les ovales étaient aussi étrangers à Alonso que l'idée d'accepter une défaite avec le sourire. Heureusement, l'IndyCar lui ouvrit grand les portes, au point de demander au pilote Stefan Wilson de céder sa place à Alonso chez Andretti pour les 500 Miles. Il s'agissait d'offrir à cette star les meilleures chances de succès car Andretti *Autosport* n'était pas une petite entité. Avec l'ancien champion IndyCar Michael Andretti – fils de Mario – à sa tête, l'équipe était un des leaders de la discipline et avait plusieurs cordes à son arc pour accélérer son apprentissage. Déjà, parmi ses cinq équipiers pour cette course, deux avaient également tâté de la F1 avant de briller sur les ovales. L'un d'entre eux était le dernier vainqueur des 500 Miles en date, à savoir Alexander Rossi, pour sa première participation qui plus est, de quoi donner de l'espoir à Alonso. Le second était Takuma Sato, notamment pilote pour BAR et Super Aguri durant les années de gloire de Fernando et passé proche du Graal en 2012 avant de manquer son dépassement sur Dario Franchitti dans la dernière boucle. S'ajoutaient Ryan Hunter-Reay, lauréat en 2014, et Marco Andretti, fils et petit-fils de Michael et Mario qui frôla l'exploit en 2006 pour ses débuts. Un équipage fourni idéal pour former Alonso à l'un des aspects primordiaux des courses sur ovale : la gestion du trafic. Andretti planifia durant les séances d'essais des simulations de course où Alonso allait s'habituer à subir les turbulences de ses équipiers et adapter son pilotage en conséquence. Mais Hunter Reay prévint : une fois la course démarrée, Alonso allait devoir compter sur lui seul.

Outre de multiples visionnages d'anciennes courses et de caméras embarquées, Fernando commença sa préparation *via* une visite au Barber's Motorsports Park durant une course d'IndyCar pour humer l'air de la discipline, avant de commencer l'adaptation dans le simulateur de Honda sous la supervision de Gil de Ferran, vainqueur en 2003. Un simulateur qu'il visita autant que possible pour parfaire son apprentissage, y compris juste avant les essais officiels. Son premier test grandeur nature, proposé à chaque rookie avant la semaine d'essais officiels, prit place après le Grand Prix de Russie, de quoi vite oublier la déception de ne même pas avoir pris le départ à Sochi. Il lui fallait parcourir une quarantaine de tours à un rythme de plus en plus élevé, allant de 330 kilomètres à l'heure les premières boucles jusqu'à dépasser les 350 kilomètres à l'heure. Un galop d'essai qui lui suffit à acquérir un nouveau respect pour les ovales en constatant qu'ils pouvaient être bien plus étroits que la télévision le laissait penser. Ce qui le dissuada de tenter de passer le premier virage à fond d'emblée, et il se priva de faire toute remarquer sur le circuit dans son débriefing au vu de son inexpérience, d'autant qu'il ressortit nauséeux de son premier essai ! S'il s'agissait à l'origine d'un test privé, le circuit diffusa malgré tout le roulage d'Alonso en ligne et s'attira deux millions de vues. On apprit plus tard qu'une centaine de journalistes demandèrent leur accréditation pour Indianapolis une fois sa participation officialisée. Médiatiquement, c'était déjà un succès.

Après ça, il lui fallut attendre le lendemain du Grand Prix d'Espagne pour passer aux choses sérieuses avec les essais officiels. Il progressa au fil des séances au point de se qualifier pour la phase finale des qualifications, le « Fast Nine » et s'estima toujours en capacité de faire mieux ! Il se qualifia cinquième, juste derrière ses équipiers Rossi et Sato. Notons qu'il fallut changer son moteur Honda entre les essais et la course, de quoi conserver un point de repère avec la F1. Restait maintenant à briller en course. À gérer les départs lancés, les instants en paquets, les arrêts groupés… À l'entendre, il lui fallait remonter à la F3000 pour connaître un tel saut dans l'inconnu. Il avait beau avoir toute son expérience en F1 et sa préparation à l'Indy 500, il restait officiellement un rookie. Rossi courut sur l'ovale de Phoenix avant d'affronter Indianapolis en 2016. Jim Clark remporta l'édition 1965 au bout de sa troisième tentative. Beaucoup rêvaient d'une victoire pour le symbole et la belle histoire qu'il écrirait en conséquence, et certains spécialistes l'estimaient parfaitement capable comme Al Unser Jr (vainqueur en 1992 et 1994). Mais un top 5 – le pronostic de Mario Andretti – représenterait déjà une performance de choix et une expérience réussie pour l'Espagnol.

Au départ, Alonso ne tenta pas le diable et perdit quelques positions. Il avait deux cents tours et une dizaine de neutralisations pour en récupérer de toute façon. Il n'attendit pas aussi longtemps. Il remonta progressivement, dépassant aussi bien à l'intérieur qu'à l'extérieur jusqu'au trente-septième tour où il déborda son équipier Alexander

Rossi pour la tête de course. Fernando Alonso menait les 500 Miles d'Indianapolis à la régulière. Rossi récupéra son bien quelques boucles plus tard mais il pouvait ajouter cet accomplissement à sa liste. Alonso reprit la tête peu de temps avant une interruption de course, à la suite d'un accident spectaculaire de Scott Dixon, qui s'en sortit heureusement indemne. Alonso menait donc la meute pour la reprise. Lui qui maîtrisa bon nombre de départs lancés en F1 ne se laissa pas démonter et garda le cap. Il se maintint ensuite dans les premières places avec ses équipiers de chez Andretti jusqu'à une casse moteur pour Hunter-Reay. La neutralisation et le ravitaillement qui en découla le ramenèrent douzième, la pire place qu'il occupa durant la course. Il était ainsi plus en danger mais il garda la tête froide non sans l'un ou l'autre dépassement plus osé pour revenir septième. Puis la sentence tomba à vingt et un tours du but. De la fumée s'échappa de l'arrière de sa Dallara-Honda. Moteur cassé. L'issue de bon nombre de ses courses et séances depuis deux ans et demi en F1 l'avait suivi de l'autre côté de l'Atlantique, tel un retour de karma après ses envolées lyriques contre les blocs nippons. Alonso immobilisa sa voiture couleur papaye au premier virage. Pas de victoire pour l'Espagnol malgré vingt-sept tours menés. Pour renforcer l'ironie, la victoire revint à l'un de ses équipiers, l'ancien protégé de Honda en F1, Takuma Sato.

Néanmoins, comme en F1, cette défaite sportive s'accompagna d'une victoire d'estime, de la presse comme du public. Les commentateurs saluèrent sa performance dans la seconde suivant son abandon pendant que la tribune du premier virage lui réserva une ovation des plus méritées. Et la veille même de la course, durant une rencontre entre le public et les pilotes, Alonso fut applaudi non seulement par la foule mais par ses pairs. Fernando avait prouvé sa polyvalence, ses grandes facultés d'adaptation et a vite fait oublier qu'il était un rookie en matière de course sur ovale. Il n'était pas qu'un excellent pilote de F1, mais un grand pilote de sport automobile et ressorti grandi de cette expérience. Une fois encore, son abnégation et sa détermination constatées durant sa préparation – « Un engagement 24 heures sur 24 pendant un mois et demi », dira-t-il – forçaient le respect, le tout associé avec une humilité qu'on lui connaissait moins, conscient plus que quiconque qu'il partait pratiquement de zéro. « Il a probablement prononcé le mot "apprendre" et ses variations à peu près deux mille fois durant les deux semaines précédant la course », mesura le journaliste Edd Straw pour *Autosport*, qui lui attribua un 10/10 dans sa notation des trente-trois pilotes. L'IndyCar le récompensa par le trophée de « Débutant de l'année » pour la course, ce malgré la troisième place d'un autre rookie, Ed Jones. En résumé, « Alonso a tout gagné, sauf la course », titra l'*Indianapolis Star* le lendemain des 500 Miles.

« Fernando peut tout se permettre »

Malgré tout le positif retiré de cette expérience, elle incarnait hélas une tendance déjà sous-entendue par Christian Horner lors de l'annonce de cette participation à Indianapolis : McLaren se pliait aux désirs de son premier pilote quitte à sacrifier l'équipe elle-même. Une scène rapportée par le commentateur belge Gaëtan Vigneron le soir du Grand Prix de Monaco en témoigna. Lorsqu'il visionna en direct les 500 Miles depuis l'hospitalité McLaren, il fut interpellé par des membres de l'équipe. Ces derniers avaient reçu des selfies de la part de leurs patrons depuis Indianapolis, alors que McLaren n'était pas engagé à Indy en tant qu'équipe. Leur absence laissait entendre que la F1 ne faisait pas partie de leurs priorités ce week-end-là. « Ce jour-là, je me suis fait la réflexion que Fernando Alonso pouvait vraiment tout se permettre. On ne peut pas accorder des faveurs pareilles à ses pilotes », regretta Gaëtan Vigneron dans son autobiographie.

S'il serait exagéré de prétendre que Fernando dirigeait l'équipe, il était indéniable que, comme à sa belle époque chez Renault ou Ferrari, il bénéficiait d'un statut privilégié renforcé depuis le changement de direction chez McLaren, ce que certains éléments tendirent à accréditer. Fernando admit que sous la direction de Ron Dennis, il n'aurait probablement pas eu droit à ce tour de manège. Éric Boullier ne démentit pas l'hypothèse selon quoi McLaren lui offrit ce cadeau pour le caresser dans le sens du poil en vue d'une prolongation de contrat malgré les performances des monoplaces orange. Et Zak Brown quant à lui retint que cette aventure américaine fit du bien au moral de son premier pilote après deux saisons de galère dans le ventre mou du peloton et que cela allait rejaillir sur l'équipe.

Sauf que son apaisement ne dura pas longtemps : après le Grand Prix du Canada, il décrivit le déficit de puissance de son moteur Honda comme « dangereux ». Et bien entendu, celui-ci le lâcha avant la fin de course. Il prit au moins le temps de faire un bain de foule au milieu d'une tribune. Pas étonnant qu'à mi-parcours, il lâcha que seul l'Indy 500 pouvait être considéré comme positif à ses yeux dans sa saison. Cet agacement poussa même certains observateurs à suspecter un retrait volontaire de sa part à Spa-Francorchamps après qu'il ait déploré une énième perte de puissance. Des commentaires qui aggravèrent cette frustration chez un pilote qui rappela sa poussette d'une voiture en panne en Hongrie ou sa tentative de courir à Bahreïn avec une côte cassée pour contredire ces allégations.

Il est vrai qu'en dehors d'Indianapolis, les bons moments en 2017 étaient rares. L'un d'entre eux se trouvait à Bakou, où les incidents s'enchaînèrent au point où Alonso déclara à la radio qu'il était possible de remporter la course. Sachant qu'il s'était qualifié seizième à la régulière (avant d'être évidemment rétrogradé pour changement de moteur) et qu'il finit neuvième sur treize pilotes classés, il était difficile de savoir si Fernando était sérieux tant le Grand Prix d'Azerbaïdjan fut chaotique, ou s'il voulait se distinguer avec un nouveau trait d'ironie. C'étaient en tout cas ses premiers points de la saison. La Hongrie, une fois encore, offrit une accalmie avec son tracé moins pénalisant côté vitesse de pointe, avec les deux monoplaces en Q3 et dans les points, Alonso s'offrant le luxe d'être le meilleur du milieu de plateau derrière les trois équipes de pointe. Conscient de son image, il amusa la galerie et posa sur une chaise longue sous le podium, où une fresque représentant la fameuse scène d'Interlagos 2015 était dessinée ! Un moment de bonne humeur balayé dès la rentrée en Belgique avec une McLaren dépassée de toutes parts, si bien qu'Alonso finit par appeler cette course un « *test* » et demanda à son ingénieur de ne plus parler pour le reste du Grand Prix.

Il n'était donc pas assuré qu'Alonso reste présent en 2018. Lui-même donna le mois de septembre comme deadline pour sa décision et celle-ci était liée aux résultats de McLaren, qui devait être en position de gagner. Or en septembre, les changements de moteurs étaient toujours d'actualité. Entre-temps, diverses hypothèses circulèrent, d'autant qu'Alonso admit avoir reçu plusieurs offres, ni écarté la possibilité d'une saison complète en IndyCar à l'avenir. Le magazine allemand *Auto Motor und Sport* sortit Williams de son chapeau, Flavio Briatore alimenta lui-même la machine en postant sur les réseaux sociaux une rencontre entre lui et Toto Wolff et Niki Lauda, les deux dirigeants de l'équipe Mercedes, pendant que le manager officiel d'Alonso, Luis Garcia Abad, rencontra Cyril Abiteboul de Renault. Le Losange ferma la porte en reconnaissant qu'ils n'étaient pas en mesure d'offrir les performances qu'Alonso attendait depuis (trop) longtemps.

Fernando allait pourtant retrouver Renault en 2018. En partie. Car c'est en ce mois de septembre fatidique que McLaren annonça ce qui était attendu de longue date, à savoir sa rupture avec Honda. L'équipe cachait de moins en moins sa frustration, notamment au Canada lorsqu'une évolution attendue ne fut pas prête à temps. En réaction, Zak Brown exprima ses « sérieuses inquiétudes » sur la situation de l'équipe et ne cacha plus qu'il existait d'autres solutions pour McLaren. Honda quant à eux finirent par admettre que leur MGU-H – la partie moteur qui récupérait et convertissait l'énergie des gaz d'échappement en électricité – n'était en mesure de couvrir que deux Grands Prix à la suite, soit trois fois moins qu'escompté vis-à-vis des restrictions de la réglementation technique. Le constructeur expliqua également qu'il n'avait pas su anticiper les forces centrifuges plus conséquentes provoquées par la nouvelle génération de F1, d'où de trop importantes vibrations. À cela s'ajoutaient des bugs improbables comme à Spa-Francorchamps où Alonso tenta de prendre le virage de Pouhon à fond et ne reçut pas toute la puissance car le logiciel croyait la McLaren dans un autre virage !

Ce décalage trop important s'expliquait selon Éric Boullier par un clash des cultures, non pas d'un point de vue Orient/Occident, mais des exigences propres à la F1 moderne. « Nous sommes guidés par un calendrier, des objectifs concrets, des dates précises, des gains de temps, trouver la meilleure solution le plus vite possible. Quand un constructeur mène un projet, vous pouvez avoir quelques semaines de délais et ça ne change pas le produit ni leur façon de procéder. En course, si vous n'apportez pas d'amélioration pour la première course, vous êtes nulle part. C'est la mentalité de la course, on s'assure que des fournisseurs peuvent le faire en un moins, puis en trois semaines et enfin en quinze jours. »

Bien entendu, tout n'était pas à mettre au dédit du constructeur japonais car McLaren ne permit pas non plus à Honda de donner sa pleine mesure, techniquement comme humainement. Un des cadres nippons, Masashi Yamamoto dénonça notamment la rigidité de McLaren et sa difficulté à s'ouvrir à d'autres systèmes de fonctionnement. Or selon Gaëtan Vigneron, dès que l'accord entre Honda et Toro Rosso fut signé, l'équipe envoya une partie de son personnel au Japon afin de s'imprégner le plus possible de la culture japonaise *via* de nombreux séminaires et formations. Une attention qui flatta la firme japonaise car McLaren n'avait jamais pris cette peine en comparaison. Au contraire, l'équipe avait même contraint Honda à concevoir un moteur aux dimensions réduites pour s'adapter au concept taille zéro de sa monoplace, avec les résultats que l'on connaît. « Si nous comparions les deux équipes, on pourrait dire que McLaren est un restaurant de cuisine française très sophistiquée, sans concession, quand Toro Rosso propose un ragoût local maison où on peut changer les ingrédients », résuma Yamamoto dans une allégorie culinaire qui ne manquait pas de sel.

La question était donc moins de savoir si McLaren allait insister avec Honda mais s'ils parviendraient à s'allier avec un autre constructeur. Or chacune des trois autres marques engagées, Ferrari, Mercedes et Renault, possédaient déjà deux clients en plus de leur équipe d'usine et il s'agissait de ne pas disperser ses énergies. D'aucuns suggérèrent même qu'elles ne souhaitaient pas composer avec les humeurs d'un Alonso jamais discret en cas de rupture mécanique... De plus, les autorités en place insistèrent pour que Honda puisse obtenir un point de chute afin de conserver le maximum de constructeurs en F1, car son moteur hybride n'avait pas attiré d'autre marque de renom depuis son introduction en 2014. Ainsi un compromis fut finalement trouvé avec Renault. McLaren s'associa avec le constructeur français pour trois ans et en contrepartie, celui-ci lâcha Toro Rosso qui allait récupérer les moteurs Honda. Ce qui était un aveu d'échec car McLaren estimait par le passé qu'une équipe cliente d'un constructeur, comme elle était avec Mercedes, ne pouvait plus viser le titre mondial, d'où son alliance exclusive avec Honda. Mais trop de dégâts ont été causés pour sauver les apparences. Et même si Alonso jura ses grands dieux qu'il n'eut aucune influence sur le choix du moteur (« Je ne suis pas plus grand que l'équipe »), il n'était pas injuste de penser que ce revirement de McLaren était une autre façon d'amadouer son premier pilote et le persuader de rempiler. Certes Renault connut beaucoup de casses cette saison mais Red Bull remporta au moins quelques courses avec le constructeur sous le capot.

Alonso mit fin au suspens le 19 octobre juste avant le Grand Prix des États-Unis et signa un nouveau contrat avec McLaren pour les prochaines années. Dans sa déclaration officielle il loua sa connexion avec l'équipe où il trouva « une chaleur et une camaraderie qu'[il] n'avai[t] jamais connues ailleurs en F1 ». Ce qui dut faire siffler quelques oreilles chez Ferrari, quelque temps après avoir prétendu que McLaren était la meilleure équipe de sa carrière, aussi bien pour son niveau de connaissances que pour la place laissée pour l'apport du pilote.

Rares consolations

Nouvelle ironie, alors que la rupture fut consommée avec Honda, les performances s'améliorèrent de nouveau, quoique davantage justifiées par le bon développement de la MCL32 que du moteur Honda. Alonso se qualifia plus d'une fois en Q3, allant jusqu'à la sixième place au Brésil et marqua trois fois consécutivement lors des trois dernières courses. Un de ses faits marquants – la meilleure course de l'année à ses yeux – resta le Mexique où pourtant parti parmi les derniers (faut-il préciser la raison ?), il revint jusqu'au neuvième rang et mena la vie dure à Lewis Hamilton en fin de course. Le Britannique, retardé par un accrochage mais en route pour son quatrième titre mondial, croisa le fer avec son ancien équipier dans une bataille brève mais intense, préfigurant celle plus mémorable du Hungaroring quatre ans plus tard. Il avait une autre opportunité de s'amuser avec lui à Singapour où il produisit un départ canon similaire à celui de 2013 qui l'aurait placé juste derrière la Mercedes. Mais il devint une victime collatérale de l'accrochage entre les Ferrari et Max Verstappen lorsque la Red Bull de ce dernier le percuta au premier virage. Fernando continua un temps mais les dégâts étaient trop importants. Quand il se rendit compte de l'opportunité manquée après coup – il se serait trouvé deuxième sans l'accrochage – il frappa le mur de sa chambre et y laissa un sacré trou.

Cet acharnement et cette capacité intacte de tirer le meilleur parti de chaque opportunité ne passèrent pas inaperçus : les patrons d'écurie le classèrent sixième meilleur pilote de l'année selon un vote pour *Autosport*, tandis que les journalistes de la revue le hissèrent troisième derrière Hamilton et Verstappen. Une fois encore, Alonso se démarquait comme celui qui décrochait des positions non représentatives du vrai niveau de sa machine. Et bien entendu, Fernando ne manqua pas de le rappeler dès que nécessaire, estimant que sa valeur n'a jamais été aussi élevée que durant cette saison. Tout cela démontrait que la motivation habitait toujours l'esprit du petit taureau, mais aussi son impatience, lui souvent habité par l'impression que personne ne parvenait à atteindre son niveau d'exigence et d'implication.

Car même si son nouvel engagement avec McLaren s'étalait sur plusieurs années, il était facile de suggérer qu'une clause de performance existait et permettrait à Alonso de faire ses bagages pour une autre catégorie. Or l'annonce de sa reconduction s'accompagna de projets de courses annexes, non pas en IndyCar mais en Endurance. Alonso avait toujours la Triple Couronne en tête et voulait désormais s'engager aux 24 heures du Mans qui n'avaient pas quitté sa tête depuis le projet avorté de 2015. Et pour se préparer au mieux, il mentionna son projet de participer à l'équivalent américain de la course mancelle, les 24 heures de Daytona qui se déroulaient chaque année au mois de janvier. Sa participation fut officialisée fin octobre au sein de l'équipe United, propriété de Zak Brown, bien entendu. Clairement, la F1 ne lui suffisait plus. « Parfois il faut sortir du petit monde de la F1. Il est plus petit que le sport automobile, le sport automobile est plus grand que la F1. Mes plans en sport automobile sont bien plus grands que quiconque puisse penser. » Plus tard, il confia qu'il participa à des courses de karting telles que les 24 heures de Dubaï dans le plus grand secret juste pour alimenter sa motivation et se sentir à nouveau compétitif.

Il va sans dire que le nouveau look et les sensations neuves des F1 2017 n'avaient pas suffi à compenser les errements de son moteur Honda. Si cette nouvelle génération représentait un progrès en comparaison de la précédente (à l'entendre il avait le temps « de prendre un café » pour corriger une glissade avec ces monoplaces-ci !), Alonso soulignait qu'il était désormais impossible de retrouver le plaisir qu'il ressentit au début de sa carrière à cause des restrictions aérodynamiques trop nombreuses et du poids bien plus élevé des monoplaces d'une centaine de kilos. Et pour ce qui est du déroulement du championnat, Alonso se rangea du côté des spectateurs blasés de la domination de Mercedes en qualifiant le titre de Lewis Hamilton de « très facile, sans opposants ». Pour le coup, sa déclaration était plus facile en comparaison car Sebastian Vettel mena le championnat durant les douze premières courses de la saison et était un opposant légitime à Hamilton avant que Ferrari et son pilote ne perdent pied. Mais avec une quatrième couronne de suite pour Mercedes et acquise avant le terme du championnat, il était facile de ressentir une certaine lassitude à ce niveau-là également, après avoir soupé de l'hégémonie Red Bull précédemment.

Ainsi se finissait 2017, avec un Alonso toujours motivé, mais visiblement frustré. Ce n'était plus qu'une question de temps pour que les chemins de Fernando Alonso et de la F1 se séparent.

20

Ce n'est qu'un au revoir

2018 représentait la dernière chance de McLaren de convaincre Fernando Alonso de ne pas délaisser la F1 pour d'autres catégories. Si bien que l'équipe fit son possible pour conserver son pilote… en lui permettant d'aller voir ailleurs en même temps. Un paradoxe digne de la carrière du pilote. Certes, aucune absence ne fut accordée cette fois-ci, ce qui signifiait pas de retour aux 500 Miles dans l'immédiat. Cependant, il allait mener deux programmes de front car Alonso ne se contenta pas de rejoindre le programme Toyota pour les seules 24 heures du Mans, mais pour la saison d'Endurance, ou WEC[1], dans son entièreté ! Une folie dont Éric Boullier doutait le bien-fondé en novembre, considérant un programme complet en Endurance comme une distraction pour son engagement principal en F1. À croire que Zak Brown ne pouvait rien refuser à son champion du monde, même s'il fit en sorte de limiter au plus les journées de relations publiques d'Alonso avec Toyota. Heureusement pour Boullier, la saison d'Endurance allait s'étaler sur l'année 2019, pour finir sur les prochaines 24 heures du Mans. En comptant Daytona, Alonso n'avait donc que six courses à ajouter

1. World Endurance Championship.

sur son planning 2018. Il était censé esquiver la manche japonaise des 6 heures de Fuji car organisée le week-end du Grand Prix des États-Unis… avant que Fuji ne soit avancé d'une semaine sur demande de Toyota – propriétaire du circuit – pour permettre à Alonso d'y participer. En revanche, ce décalage mettait Fuji en concurrence avec la course prisée du « Petit Le Mans » à Road Atlanta à laquelle étaient censés participer plusieurs pilotes engagés dans le championnat WEC ! Mais cela sembla poser moins de problèmes à ses dirigeants.

Avec Daytona, sa saison commença plus tôt que pour d'autres. Le double tour d'horloge était programmé les 27 et 28 janvier sur un tracé comprenant une grande partie de l'ovale mythique de la Nascar et une petite section intérieure. Mais bien entendu, Alonso ne se jeta pas dans le bain sans préparation. Après tout il s'agissait de son introduction à l'Endurance, ce qui incluait non seulement la maîtrise d'un prototype, mais également la gestion du trafic avec des GT bien moins puissantes qu'il lui fallait déborder avec prudence, surtout de nuit. Heureusement, l'aspect nocturne était déjà encaissé grâce aux Grands Prix de Bahreïn et Singapour, et Daytona disposait de bien plus d'éclairage extérieur que Le Mans. Il se fit la main avec son nouveau jouet, une Ligier JSP217, sur le circuit de l'Aragon en novembre. Puis il participa aux essais préliminaires début janvier en compagnie de ses équipiers Phil Hanson et un jeune espoir nommé Lando Norris. Champion d'Europe de Formule 3, le Britannique allait débuter en F2 en 2018 et piloter le vendredi en essais libres à quelques reprises pour McLaren.

Là encore, la familiarisation d'Alonso se fit assez naturellement malgré des séances trop courtes à son goût puisqu'il ne put couvrir que soixante-quatre tours durant les trois jours dédiés à la préparation de la course.

Il comprit aussi assez vite qu'en Endurance, le pilote était tout autant conditionné au matériel qu'on lui propose qu'en F1. Alonso pilotait une Ligier de la catégorie LMP2, à savoir la deuxième division en matière de prototype, ce qui représentait un handicap en termes de vitesse de pointe, surtout sur un tracé atypique comme Daytona et ses pleines charges. Pour jouer la gagne, il fallait piloter une Cadillac ou une Acura, deux constructeurs qui s'approprièrent la première ligne. Petite consolation, avec sa treizième place, Alonso était à moins d'une seconde de la pole et fit mieux que l'autre prototype d'United qui comptait d'anciens pilotes de F1 comme Paul Di Resta et Bruno Senna. Sauf que dans une course de vingt-quatre heures, la qualification est bien plus marginalisée qu'en F1. Comme Fernando l'avoua lui-même : « C'était probablement la qualification la moins importante de ma vie jusqu'à maintenant. »

Hélas sa qualification resta le plus haut fait de son week-end car, dans la continuité de ses trois saisons passées, Alonso enchaîna les problèmes en course. Après un beau début de course qui vit l'équipage remonter jusqu'à la sixième place et brièvement mener à la faveur des arrêts aux stands, la Ligier perdit pied peu avant la mi-parcours à cause de soucis de freins, forçant l'Espagnol à tirer tout droit au premier virage. Une belle frayeur pour Fernando car la panne se déroula de nuit et il n'était pas certain de sa destination immédiate à ce moment ! Heureusement pour lui, l'anneau de vitesse servit d'échappatoire. L'équipe changea la pièce endommagée mais le problème revint plus tard dans la course. Il échoua au trente-huitième rang, quand la quatrième place de l'autre Ligier faisait comprendre où Alonso aurait pu, sinon dû, finir. Mais Fernando cherchait avant tout à s'acclimater à l'Endurance et il épargna son équipe de tout débordement verbal auquel s'attendait pourtant Richard Dean, le copropriétaire d'United avec Brown. Signe qu'il n'y avait pas que les bons aspects de sa réputation qui suivaient l'Espagnol dans ses pérégrinations, mais au même titre qu'à Indianapolis, son attitude resta exemplaire du début à la fin. Il offrit la même approche respectueuse et humble à United qu'à Andretti malgré le partage de voiture qui aurait pu déstabiliser un pilote souvent taxé d'individualisme.

Il était maintenant temps de garder ce cap avec Toyota, où les chances de victoires concrètes pouvaient titiller sa compétitivité. Fernando y retrouva de vieilles connaissances de la F1, à savoir Sébastien Buemi et Kazuki Nakajima. Notons que comme pour l'Indy 500, l'inclusion d'Alonso poussa vers la sortie un pilote britannique, ici Anthony Davidson, pourtant présent depuis 2013 chez le constructeur japonais mais relégué au rang de pilote de réserve. Pas de doute, entre cela et le déplacement des 6 heures de Fuji, la présence d'un grand nom comme Alonso justifiait bon nombre de sacrifices. Mais le retour de karma n'est jamais loin quand Fernando est dans les parages : ce dernier allait manquer les essais officiels d'avant-saison sur le Paul Ricard car ils se déroulaient en même temps que le Grand Prix de Bahreïn. Ironiquement, c'était à Sakhir qu'Alonso avait effectué son premier test avec la Toyota TS050 en novembre dernier.

Sa vraie entrée en matière se passa à Spa-Francorchamps où on comprit que la phase d'adaptation était déjà achevée, puisqu'il signa la pole position et la victoire... non sans aide. La pole lui revint sur tapis vert après l'exclusion de l'autre Toyota pour un vice de procédure, tandis que la victoire fut assurée après que Toyota eut gelé les positions pour sécuriser le doublé. Mais l'aide vint aussi de sa préparation car outre Daytona, Alonso reprit les ficelles d'Indianapolis et se passa en revue toute l'édition 2017 des

6 heures de Spa, ainsi que les caméras embarquées de ses équipiers pour comprendre au mieux les us et coutumes de la discipline. Et l'essentiel était acquis : Alonso avait maîtrisé l'Endurance et enfin triomphé à Spa-Francorchamps pour la première fois depuis 2000.

Deux couronnes sur trois

Il était enfin prêt pour Le Mans où Toyota possédait un curieux statut. D'un côté, dans la catégorie reine des prototypes, la marque était désormais le seul constructeur en lice depuis les retraits d'Audi et Porsche de la compétition et passait donc pour le favori logique. De l'autre, jusqu'à présent, la victoire s'était toujours refusée à Toyota avec un acharnement parfois cruel, comme en témoigna l'édition 2016 où l'équipage de Buemi et Nakajima s'immobilisa à quatre minutes du terme ! Et avec un Alonso qui n'attirait plus vraiment la réussite depuis quelques saisons, tout scénario catastrophe devenait acceptable dans ces circonstances. Il fallait que 2018 brise la malédiction pour que le signe indien – ou nippon ici – s'efface. Nakajima signa la pole pour son équipage #8 mais les qualifications étaient aussi relatives ici qu'à Daytona. On pouvait cela dit noter que le troisième meilleur temps enregistré durant ces qualifications fut réalisé par Alonso, démontrant qu'il n'était pas en retard par rapport à ses équipiers. Qualifications où encore une fois, Alonso ne négligea aucun détail pour approfondir sa palette en tant que pilote de course. Alors que la dernière session qualificative fut frappée par la pluie, empêchant toute amélioration, Fernando n'était pas resté inactif pour autant, et essaya tous les types de pneus selon l'évolution des conditions afin d'être prêt à toute éventualité.

Buemi fut choisi pour prendre le départ et conserva un temps la tête avant de la perdre à la faveur des arrêts aux stands. Alonso prit donc la position du chasseur au moment de débuter son premier relais et parvint à réduire l'écart sur la Toyota #7 de José Maria Lopez en lui reprenant parfois trois secondes au tour. Il ne le dépassa pas en piste pour autant, Lopez perdit son avantage à la suite d'une crevaison qui relégua son équipage à plus d'une minute mais l'ordre s'inversa à l'arrêt d'Alonso. Au bout de quatre heures, tous leurs adversaires étaient déjà relégués à un tour. Alonso finit par prendre la tête à la régulière durant la cinquième heure peu après une neutralisation et la conserva jusqu'à céder son volant à Nakajima. Lorsqu'il le récupéra durant la onzième heure après le relais de ce dernier et de Buemi, la #8 était relégué à deux minutes de la #7 à cause d'une pénalité pour vitesse excessive dans une « slow zone ». Il parvint à nouveau à gagner plusieurs secondes par tour sur le leader durant ce deuxième relais, le premier nocturne, et revint à seulement quarante secondes de la voiture sœur. Nakajima reprit la tête aux deux tiers de la distance et lui et ses équipiers creusèrent l'écart durant chacun de leurs relais. Lorsqu'Alonso eut droit à son troisième passage, une minute séparait les deux Toyota et un tête-à-queue de Lopez l'aida dans sa tâche. Il n'eut hélas pas l'honneur de boucler la distance puisque Nakajima le relaya pour les trois dernières heures. La menace de la voiture jumelle s'évapora pour de bon en vue de l'arrivée après que la #7 ne se soit pas arrêté à temps, la forçant à un tour complet au ralenti pour ne pas finir en panne sèche, le tout accompagné de deux pénalités. À ce stade de la course, sauf incident majeur, c'était bouclé. Les deux Toyota finirent dans cet ordre et réparèrent enfin une grande injustice du sport automobile : la marque japonaise était vainqueur des 24 heures du Mans, au bout de vingt tentatives.

Si les puristes regretteront bien entendu l'absence de concurrence externe, les mérites d'Alonso étaient évidents. À aucun moment son inexpérience fut remarquée et il se hissa au même niveau que ses comparses bien plus habitués à une telle épreuve, aussi bien en vitesse pure qu'en régularité. Son relais nocturne notamment impressionna les observateurs extérieurs comme son équipe avec un rythme impeccable et dénué d'erreur malgré la visibilité bien plus réduite qu'à Daytona. Au contraire, les erreurs vinrent des vétérans comme Buemi avec sa vitesse excessive en zone neutralisée et Kobayashi qui ravitailla hors de la fenêtre prévue. En l'espace d'un peu plus d'un an, il eut l'honneur de mener les 500 Miles d'Indianapolis, les 24 heures de Daytona et du Mans, même si brièvement dans le deuxième cas. Il lui restait la fin de saison à couvrir mais quoiqu'il arrive, il avait déjà réussi son pari, devenir un pilote plus complet et performant dans plusieurs catégories à la fois. Côté audiences, l'effet Alonso pesa également. *Autosport* nota que les passages sur son site avaient augmenté de plus de 100 % pour sa couverture du Mans par rapport à l'édition 2017, ce malgré l'opposition légitime de Porsche cette année-là.

La suite de la saison suivit le même schéma de domination, exception faite de Silverstone où les deux Toyota furent exclues à cause d'une irrégularité technique sur la partie avant du prototype. L'équipage #7 remporta les épreuves de Fuji et Shanghai avec celui d'Alonso en deuxième position dans les deux cas. Les fans d'Endurance et de sport automobile en général constatèrent que Mercedes et la F1 n'avaient pas le monopole de la domination. Sauf que cette fois-ci, Alonso se retrouvait de l'autre côté de la barrière, et s'en défendit contre toute logique. Fernando prétendit que ses poursuivants – Rebellion et SMP – roulaient sur le même rythme au Japon et étaient même plus rapides que les Toyota en Chine ! Une déclaration intitulée « *blague de l'année* » sur Twitter par André Lotterer, pilote Rebellion et triple vainqueur des 24 heures du Mans avec Audi. Et pour cause : Toyota remporta les 6 heures de Fuji avec quatre tours d'avance sur ses plus proches « adversaires », ce qui rendait sa déclaration aussi crédible que ses commentaires du Grand Prix d'Allemagne 2010. Pourtant, ceux-ci n'étaient pas totalement dénués de fond : l'Endurance essayait régulièrement d'équilibrer les performances entre constructeurs et équipes privées pour conserver un semblant de compétition et Toyota avait accepté une nouvelle concession avant Fuji en sa défaveur. Mais en piste, l'avantage nippon était toujours aussi évident, si bien que l'on pouvait taxer Alonso d'hypocrisie, lui qui avait dénoncé plusieurs titres « faciles » de Sebastian Vettel et Lewis Hamilton en F1.

Disque usé

Alonso ne s'attira pas une bonne presse avec ces commentaires, à croire que même dans une saison triomphale et un contexte plus détendu, il oubliait encore de tourner sept fois sa langue dans sa bouche avant de parler. Mais ce retour négatif ne provenait pas seulement de cette sortie maladroite en Endurance. En F1, la frustration demeurait car McLaren échoua une fois de plus à lui proposer un matériel adéquat. Et Fernando eut beau offrir le même spectacle en piste qu'à l'accoutumée, il ne faisait pas oublier cette fâcheuse tendance à manquer de tact ou de pertinence dans certaines déclarations… ou faire preuve d'un optimisme très vite annihilé par la réalité des faits, au point qu'il devenait difficile de donner un total crédit aux mots énoncés par l'Espagnol.

Dès les essais hivernaux, Alonso prédisit que « de bons moments [allaient] arriver » lors de son premier contact avec la MCL33, colorée en orange papaye cette fois-ci. Ce qui suivit fut une accumulation de problèmes techniques, certes moins sérieux qu'auparavant et plus isolés, mais prouvant que Honda n'était pas le seul élément perturbateur de l'association. Pour finir, McLaren couvrit presque 600 tours dont une simulation de course complète mais toujours loin des premiers, et Alonso renonça six fois sur ennui mécanique en course. Un nombre important selon les standards des F1 actuelles, et bien supérieur à celui de Renault en tant qu'équipe. Alonso vint ensuite à prévenir que Melbourne serait le plus mauvais moment de l'année et que McLaren progresserait au fil de la saison. Ce fut tout le contraire. Sa belle cinquième place pour l'ouverture en Australie fut marquée d'un audible : « Maintenant nous pouvons nous battre ! » à la radio, suivi de quatre autres top 10 consécutifs. Après l'Espagne, Alonso se plaçait septième au championnat, le meilleur après les trois top teams. Ce n'était qu'un feu de paille avec certains résultats facilités par les circonstances. Après cela vinrent trois abandons mécaniques successifs, seulement quatre autres arrivées dans les points pour le reste de 2018, et aucune pour les six dernières épreuves. Alonso finit onzième du championnat avec cinquante points et McLaren sixième avec soixante-deux unités, bien loin de Renault, placé quatrième avec cent vingt-deux points.

En vérité, McLaren manqua de rythme toute la saison, rien que sur l'exercice du tour rapide. Alonso ne se qualifia en Q3 que deux fois de toute l'année, soit moins qu'en 2016 et 2017 ! Ajoutons à cela six qualifications achevées dès la Q1. Avec de tels résultats, il aurait été facile de persuader un nouveau spectateur que McLaren avait conservé le moteur Honda... Mais une telle stagnation ne pouvait être placée sur le dos du bloc japonais cette saison, d'autant que la MCL33 pêcha en vitesse de pointe en comparaison de Red Bull et Renault à moteur égal. La monoplace afficha des lacunes que l'équipe ne détecta que trop tard en soufflerie, les empêchant de mener un développement cohérent à temps. Il était donc inévitable que des éléments internes en firent les frais. Le directeur technique Tim Goss – membre de McLaren depuis 1990 ! – prit la porte après le troisième Grand Prix et le directeur général Éric Boullier démissionna à mi-saison malgré les dénégations d'usage précédant l'annonce officielle. Ses prérogatives furent partagées entre Gil de Ferran, auparavant directeur sportif chez Honda mais également l'ancien coach d'Alonso aux 500 Miles d'Indianapolis 2017, et Andrea Stella qui fut longtemps son ingénieur de piste depuis l'époque Ferrari. De quoi ajouter de l'eau au moulin sur la supposée mainmise du pilote espagnol sur McLaren – Brown reconnut l'avoir consulté sur cette réorganisation – et insister sur le climat peu positif qui règne dans l'équipe. Une belle illustration de cette déconfiture prit la forme de rumeurs alarmantes dénonçant un traitement injuste de ses mécaniciens, ne recevant qu'une simple barre chocolatée en guise de bonus pour leurs heures supplémentaires ! Le bruit se tut de lui-même après coup, mais qu'une telle histoire circule suffit à porter davantage atteinte à la réputation de l'équipe.

Comme si la forme de McLaren ne suffisait pas, Alonso s'exposa à plus de contacts en fond de grille, sinon à des résistances à la limite de l'acceptable qui contribuèrent à sa mauvaise humeur. Parfois, celle-ci était parfaitement justifiée comme à Austin où il blâma l'optimisme de Lance Stroll au premier tour, ou en Angleterre lorsque Kevin Magnussen ferma la porte avec trop d'autorité. Parfois, il frôla lui aussi avec les limites lorsque ce même Magnussen le dépassa avant un tour rapide à Monza, et répondit en le doublant au premier virage non sans le tasser, ruinant ainsi sciemment son tour. Et parfois, il renfila son costume de prince de la mauvaise foi : en France, il cracha un perfide : « J'espère qu'il a des dégâts ! » à l'attention de Sebastian Vettel, alors que Fernando partit tout seul en tête à queue face à une Ferrari qui lui avait laissé assez de place. Une fois de plus, Fernando ne se rendait pas service, même s'il ne fallait pas prendre toutes les piques radiophoniques des pilotes au pied de la lettre tant l'adrénaline pouvait être exacerbée. Vettel lui-même défendit Lewis Hamilton sur ce sujet à Bahreïn après que ce dernier ait insulté Max Verstappen à la suite d'un contact.

Cela étant, le commentaire suivant d'Alonso plus tard dans la course restait représentatif de sa lassitude : « Je n'ai plus de freins, plus de pneus, on est hors des points, on essaie de faire je ne sais quoi, mais je m'en moque un peu ! » En Hongrie, durant une séance de qualifications copieusement arrosée, son diagnostic devint presque cartoonesque : « Je pense qu'on devrait rentrer aux stands, le dernier secteur est impossible, même avec un missile, on finirait onzième ! » Sans oublier l'une ou l'autre exigence d'un silence radio littéral pour le reste du Grand Prix. Cette exposition fâcha à nouveau Alonso qui disait ne pas comprendre pourquoi la FOM s'acharnait à mettre l'accent sur ses éclats de voix, considérant qu'il ne disait rien de différent par rapport aux autres pilotes. Un avis qui n'était pas partagé par tous. Gunther Steiner, le directeur général de Haas, déplora sa tendance à utiliser la radio pour influer sur les décisions des commissaires pour certains incidents.

Dernier point qui participa à nuancer les commentaires positifs sur le pilote : son rapport avec son équipier Stoffel Vandoorne. Non pas que les deux pilotes aient été en conflit, que du contraire, et Fernando n'eut que des compliments à adresser au rookie belge, y compris durant ses moments les plus difficiles où il défendit Stoffel plus d'une fois. Mais Alonso prit aussi un malin plaisir à appuyer sa domination sur l'ancien champion GP2 durant ces deux saisons, tout en rappelant les distinctions de ce dernier comme pour donner plus de crédit à sa performance. « Je n'ai jamais commencé [une saison] avec un tel écart avec mon équipier, un équipier qui a tout gagné dans toutes les catégories où il a participé, donc j'ai une très bonne référence », dira-t-il en 2017 par exemple. L'année suivante, Alonso fut le seul pilote du plateau à avoir devancé son équipier à chaque séance de qualification et il n'omit pas de souligner cette performance. Ces commentaires passèrent pour beaucoup pour une arrogance mal placée, mais surtout, Alonso avait la priorité pour toute nouvelle évolution technique, si bien que Vandoorne roula régulièrement avec un matériel inférieur à celui de son équipier tout en n'étant pas autorisé contractuellement à le mentionner. Ce qui rend les commentaires d'Alonso un tantinet malhonnêtes avec le recul, mais à ce moment, sa fibre politique n'était un secret pour personne dans le paddock. À l'inverse, à l'image d'un Trulli ou d'un Fisichella, Vandoorne faisait partie des pilotes catalogués « trop gentils », qui n'avaient pas cœur à s'aventurer sur ce genre de terrain, et il avait déjà assez à faire avec son propre apprentissage. Mais entre un Alonso envahissant, une monoplace imparfaite et un management plus convaincu par la prochaine star Lando Norris que par le Belge – engagé par Ron Dennis – Vandoorne fut, plus encore qu'Alonso, au mauvais endroit au mauvais moment, et subit les éléments de plein fouet malgré un réel talent hélas étouffé. S'il quitta la F1 sans éclats fin 2018, il ne tira aucune rancœur face à cette situation par rapport à Alonso et n'eut pas le moindre commentaire aigre à son sujet, contrairement à un Felipe Massa par exemple qui dénonça « une situation de lutte » permanente en présence d'Alonso. C'est ainsi qu'en 2025, en parallèle de son programme en Formule E – dont il devint champion durant la saison 2021-2022 –, Vandoorne évolua pour la troisième année de suite en tant que pilote de développement pour Aston Martin aux côtés de Lance Stroll et donc, Fernando Alonso.

Derniers exploits

Mais comme toujours avec Alonso, derrière chaque parole maladroite ou attitude tendancieuse se cache une performance de choix qui, faute d'une validation totale, impose au moins le respect, sinon l'admiration de beaucoup. Car même avec la tête ailleurs et un double programme, l'Espagnol sut proposer quelques instants dignes du champion du monde qu'il est. L'un de ses exploits les plus remarquables prit place lors d'un Grand Prix d'Azerbaïdjan presque aussi agité que l'édition précédente. Touché au premier tour par une Williams dans la pleine charge menant au troisième virage, Alonso se retrouva avec deux crevaisons à l'avant et l'arrière droit. Beaucoup auraient considéré la cause perdue, mais pas lui. Ainsi commença un parcours du combattant pour boucler les six kilomètres du tracé de Bakou sans finir dans un mur tout en conservant une vitesse suffisamment réduite pour ne pas accentuer les dommages. Patiemment et intelligemment, Alonso mena son animal blessé jusque dans la ligne droite de départ, parvint à prendre la voie des stands et à négocier la petite chicane à son entrée, non sans s'appuyer légèrement sur le mur intérieur pour finir son virage. Chaque poussée de gaz et chaque mouvement du volant furent pensés de façon à arriver à bon port. Il put se placer à son emplacement afin que les mécaniciens remplacent son aileron avant et ses pneumatiques. Comme d'autres incidents prirent cours durant la boucle inaugurale, la voiture de sécurité avait neutralisé la course, ce qui allait permettre à Alonso de recoller le peloton et annuler le handicap de ce rodéo improvisé. Encore fallait-il pouvoir remonter avec les dommages occasionnés au fond plat, inévitables en cas de crevaison. Ce qu'il fit, et quand bien même les abandons devant lui facilitèrent la tâche – notamment un accrochage des deux Red Bull et une crevaison tardive de Valtteri Bottas – il conclut sa chevauchée fantastique au septième rang, avec autant de voitures derrière lui que devant, à savoir six. Le genre de performance qui paraît plus fictive et sortie de l'imagination d'un scénariste qu'authentique et produite par le sport automobile et un de ses meilleurs représentants. Bien entendu, cet effort d'Alonso reçut le label « meilleure course de ma vie » par le principal intéressé.

Il accomplit d'autres performances plus discrètes mais valables, telle sa cinquième place inaugurale en Australie où il tint la Red Bull de Max Verstappen en respect jusqu'au bout, une remontée des stands jusqu'à la huitième place en Autriche, ou une septième place synonyme de « meilleur du second peloton » à Singapour. Cela et sa domination complète sur son équipier en qualifications qui, même avec une différence de matériel, restait impressionnante en soi. Alonso attribua cette performance en partie à son expérience en Endurance qui lui donna plus de références pour exploiter les pneumatiques et l'énergie à bon escient. Mais ce n'était pas suffisant. Alonso eut beau devenir la référence moderne du pilote capable de sublimer une machine peu performante, il ne pouvait reproduire de telles performances de façon régulière. L'influence du pilote par rapport à la monoplace en F1 restait limitée et ce fait participa à son désamour envers la discipline.

Car plus que la stagnation de McLaren, c'est celle de la F1 qui le toucha davantage, un mal qui, on l'a vu, le rongeait depuis quelques années déjà. La qualité des courses n'était toujours pas celle attendue par le plus grand nombre et les mêmes équipes remportaient les courses depuis de trop nombreuses années. La dernière exception au triumvirat Mercedes-Red Bull-Ferrari remontait au Grand Prix d'Australie 2013 avec Lotus et Kimi Räikkönen, soit avant l'ère hybride. La prochaine grosse révolution technique était annoncée pour 2021 mais Alonso ne voyait aucune lumière au bout du tunnel à ce sujet. Après tout, il avait assisté à d'autres bouleversements censés incarner une formule miracle mais qui se confrontèrent bien vite à la réalité des faits : la F1 par essence n'est pas conçue pour un spectacle immédiat. Les progrès techniques, humains, et financiers rendirent les premières places plus exclusives encore que par le passé et l'absence d'essais en cours de saison minimisait les évolutions majeures d'équipes au classement. Il n'y avait plus de fiabilité aléatoire qui relançait les courses monotones comme Monaco et il y avait moins de variations de performance selon le circuit tant les différences de concepts chez les monoplaces se situaient plus dans le détail avec des règlements toujours autant sclérosés. D'où ce diagnostic : « En 2004 ou en 2009 je n'ai pas remporté la moindre course mais il était difficile de prédire ce qui allait se passer. Maintenant, vous pouvez deviner les quinze premières positions avec peut-être une ou deux erreurs. Après le premier test à Barcelone, vous savez où vous serez jusqu'en novembre à Abu Dhabi et c'est dur. » Encore que 2004 n'était pas le meilleur exemple à citer : avec douze victoires de Michael Schumacher durant les treize premières courses, il était à l'inverse facile de prédire l'issue des Grands Prix cette année-là !

Mais fatalement, en étant devenu un acteur du second peloton par la force des choses, il se transforma aussi en spectateur de la lutte pour la victoire, une lutte qui ne le passionnait pas ou plus, pendant que sa position ingrate l'exposa à la difficulté de dépasser et à certaines processions. Et pire encore, ce désamour fut renforcé par ses expériences dans d'autres catégories. Alonso admit qu'il était tant focalisé sur la F1 qu'il ne leur prêta pas une grande attention. Désormais, il voyait la différence… non sans une pointe de mauvaise foi là encore : « Quand vous avez un bon jour vous êtes premier et quand vous en avez un mauvais ou faites une erreur vous êtes quatrième. Ici [en F1] vous êtes P7 quel que soit votre jour. » Si le passage sur la F1 était vrai avec un écart conséquent entre les trois top teams et le reste, la mainmise de Toyota en Endurance était des plus évidentes malgré leurs erreurs. Mais que Fernando soit dans le vrai ou le faux n'était pas primordial. Son ressenti l'était, et son esprit s'en était imprégné.

Il n'était donc pas surprenant, mais pas moins triste, lorsque Fernando Alonso annonça son retrait de la F1 le 14 août 2018, et évoqua son désamour envers la discipline comme la raison principale de son départ, plus que les performances de son équipe. Une décision qui lui avait déjà traversé l'esprit l'année passée peu après l'Indy 500 avant de se raviser, considérant que ce n'était pas le bon moment. Cette fois-ci, il alla au bout de son idée, qu'il avait arrêtée quelques mois plus tôt. « Après dix-sept merveilleuses années passées dans ce formidable sport, il est temps pour moi de changer d'air et d'avancer. J'ai apprécié chaque minute de ces saisons incroyables et je ne remercierais jamais assez les personnes qui ont rendu tout cela spécial. Il reste quelques Grands Prix cette saison et j'y prendrai part avec un engagement et une passion plus grands que jamais. »

Bien entendu, avec un pilote aussi clivant qu'Alonso, les impressions laissées n'étaient pas toutes positives. Le champion du monde 1979 Jody Scheckter se rangea du côté des détracteurs, estimant Fernando « surestimé » en raison de sa fâcheuse tendance à semer la zizanie dans les équipes, et que celle-ci lui coûta davantage les titres mondiaux que les errements des teams eux-mêmes, si bien qu'il ne pouvait être placé au même niveau qu'un Michael Schumacher connu pour son esprit fédérateur. Felipe Massa lui ménagea la chèvre et le chou, estimait Alonso aussi bon qu'un Schumacher mais considéra lui aussi qu'il aurait pu enrichir son palmarès sans avoir laissé « l'équipe coupée en deux » (comprendre Ferrari) à son départ. Chez les supporters de l'Espagnol, Nigel Roebuck, une des plumes les plus estimées de la presse F1 britannique, compara Alonso à Gilles Villeneuve, l'un des héros non titrés de son sport, pour sa capacité à briller et se donner à fond quelles que soient la machine et sa position, et nuança son aspect politique qui est commun à beaucoup de grands pilotes, incluant les plus populaires comme Ayrton Senna.

Mais de manière générale, au-delà des nombreux hommages plus convenus mais sincères du paddock envers un pilote de son calibre, un sentiment de gâchis prédominait à son sujet. Même si bon nombre de pilotes auraient rêvé de deux titres mondiaux et d'une trentaine de victoires, son talent méritait plus encore. Pour certains, son départ sonnait comme une défaite pour la F1 qui perdait un de ses meilleurs pilotes, un personnage haut en couleur qui pouvait attirer l'attention du plus grand nombre et pas seulement les fans purs et durs, comme le prouva l'impact de ses présences à Indianapolis et au Mans. « C'est une honte que la F1 ne puisse offrir une voiture compétitive à un as comme Fernando, dira le directeur technique de Williams Paddy Lowe, qui travailla avec Alonso chez McLaren en 2007. Comme il n'a pas accès à l'une des six voitures qui peuvent gagner une course dans le contexte actuel, alors il doit partir. C'est un signe, s'il y en avait besoin, que la F1 a un problème. » Même si l'histoire regorge de situations où un pilote de grand talent végétait dans une voiture indigne de ses capacités – Jean Alesi chez Ferrari de 1991 à 1995 en est une belle illustration – et que 2018 permit aux autres pointures du moment comme Lewis Hamilton, Sebastian Vettel et Max Verstappen de viser la victoire, l'injustice paraissait plus importante que jamais, car dirigée envers un pilote programmé pour devenir non seulement un multiple champion, mais surtout la référence de son sport. Et pas celui qui aurait pu l'être.

Notons cela dit que dans sa déclaration de retrait, Alonso remercia Liberty Media pour les efforts produits afin de le persuader de rester, sans détailler davantage. Le groupe propriétaire de la F1 était bien conscient du potentiel commercial que représente le champion du monde, lui qui fut parmi les plus audibles pour dénoncer les changements négatifs de la discipline. Et surtout Alonso fit bien comprendre qu'il pouvait toujours revenir un jour ou l'autre et que ce départ est davantage un « à la prochaine » qu'un « adieu à jamais ». Sous-entendu : si la F1 reprenait du poil de la bête et si McLaren recommençait enfin à lutter pour la victoire, alors peut-être… L'équipe le prit d'ailleurs au mot et l'invita à tester la prochaine McLaren durant les prochains essais afin de partager son expertise.

Fin en queue de poisson

Alonso avait promis qu'il se donnerait à fond pour ses dernières courses et il tint parole, même si son attitude continuait de frustrer ses pairs, ce dès le Grand Prix suivant à Monza. Son incident avec Magnussen à Monza n'impressionna guère le danois qui se déclara « pressé de le voir partir » après avoir vu Fernando lui rire au nez après la séance. Pierre Gasly de son côté, poussé hors piste par Alonso en course, l'estima « encore plus agressif » depuis l'annonce de son départ. Une agressivité dirigée à son sens puisque Gasly pilotait pour Toro Rosso-Honda. Il sentit que Fernando avait une rancune tenace envers la marque japonaise pour les trois années d'enfer qu'il vécut avec ce moteur dans le dos… Le karma répondit avec une nouvelle déconfiture à Suzuka pour McLaren qui vit ses deux monoplaces en dix-huitième et dix-neuvième positions en qualifications, malgré « l'un des plus beaux tours de [l]a vie » d'Alonso, bien entendu. Les pénalités s'enchaînèrent également : cinq secondes en plus au Japon après avoir doublé Lance Stroll en coupant la chicane (ce dernier l'avait cela dit tassé hors piste) et même sanction au Brésil pour avoir ignoré les drapeaux bleus.

Était-ce donc si étonnant qu'au moment de lui rendre un dernier hommage à Abu Dhabi pour la clôture du championnat, les multiples facettes d'Alonso se confrontèrent à différents niveaux ? Cette dualité fut même illustrée *via* son casque spécial exposant deux décorations de chaque côté, l'une datant de ses débuts et l'autre reprenant celle déjà présente en 2018. Le Grand Prix, dénué d'enjeux pour les titres mondiaux déjà attribués, devint plus une célébration de sa carrière qu'autre chose, avec une fête programmée par la F1 elle-même le samedi soir en son honneur. Ses détracteurs auraient pu penser qu'un pilote avec un certain goût pour l'égocentrisme savourerait une telle attention, mais Alonso avoua qu'il aurait préféré être invisible jusqu'au lundi suivant ! L'exposition permanente des pilotes de F1 peut faire oublier que pas mal partagent une certaine timidité et Fernando en faisait partie. Il participa néanmoins de bon cœur à une image aussi belle que symbolique lorsque lui, Sebastian Vettel et Lewis Hamilton effectuèrent des donuts (presque) synchronisés devant les stands après le tour d'honneur. Hélas son résultat, une énième fois, fut tout sauf représentatif de son talent puisqu'il finit onzième à la porte des points. Mais il participa également à ce résultat décevant puisque, comme un ultime pied de nez à son sport, il coupa trois fois le circuit durant ses derniers tours afin de rattraper Kevin Magnussen et sa dixième place, aboutissant à une pénalité de quinze secondes. Pas mal pour un qui ne voulait pas se faire remarquer ! Mais que serait Fernando Alonso sans un ultime paradoxe ?

Restait à savoir où Alonso allait s'exprimer. L'Endurance faisait déjà partie de ses plans avec un championnat en cours et il n'y avait aucun doute qu'il allait retenter les 500 Miles d'Indianapolis. En revanche, une saison complète d'IndyCar, hypothèse mentionnée plus d'une fois dans la presse, ne fut jamais considérée par Fernando. Il ne se voyait pas plus tester la NASCAR tout en reconnaissant l'attrait de la discipline. Il se contenta de quelques tours sur le circuit de Bahreïn après la fin de saison, lorsqu'il échangea sa McLaren avec le multiple champion Jimmie Johnson, une idée qu'il mûrissait depuis le début de saison. Enfin, il exclut plus concrètement de s'essayer au rallye. « Il faut être honnête avec moi-même et savoir où sont mes limites. Je sais où elles sont et je n'ai pas le talent pour ça. » Une déclaration qui prit un coup de vieux quelques mois plus tard.

21

Par monts et par vaux

La première compétition post-F1 se déroula bien en Endurance mais pas dans le cadre du WEC. Emballé par son expérience à Daytona début 2018, il décida de retenter les 24 heures en 2019 et pas comme simple amuse-bouche pour Le Mans. Cette fois-ci, avec l'expérience de 2018 emmagasinée, Alonso voulait gagner. Avec l'absence d'United *Autosport*s cette année-là, Fernando rejoignit le Wayne Taylor Racing (WTR), ancien vainqueur de l'épreuve en 2005 et 2017. Il fut accompagné de son équipier de Toyota Kamui Kobayashi et des membres établis de WTR Renger Van der Zarde et Jordan Taylor. Au volant d'une Cadillac DPi-VR[1] l'équipage se qualifia sixième mais sut remonter puis mener et pas seulement au gré des arrêts aux stands. Une fois encore Alonso imposa un rythme impressionnant durant la nuit mais, plus inattendu, il bénéficia de quelque chose qui lui était plus inconnu ces derniers temps : un bon timing. En effet son dépassement pour la tête de course fut suivi dix minutes plus tard par un drapeau rouge à cause des conditions climatiques trop dangereuses, entre flaques d'eau stagnantes et visibilité

1. DPI : « Daytona Prototype International », la catégorie reine de l'IMSA, l'équivalent du LMP1 en WEC.

trop restreinte. Une décision qu'Alonso réclama à la radio avant même de prendre la tête, n'étant même plus capable de rester à fond en ligne droite tant l'adhérence était limitée. Il restait alors un peu moins de deux heures de course mais celle-ci ne put jamais repartir. Et Alonso ajouta une nouvelle ligne à son palmarès.

D'un circuit américain mythique à un autre, Fernando retrouva Toyota et le WEC pour les 1000 Miles de Sebring, autre haut lieu de l'Endurance et premier circuit à avoir accueilli le Grand Prix des États-Unis en F1 en 1959. Un circuit aussi réputé dans le mauvais sens du terme pour son asphalte très vétuste. Pour reprendre les termes d'Alonso, « les organisateurs sont fiers des nids-de-poule ! ». Malgré cette inconvenance, il resta sur le même élan avec une nouvelle victoire conclue sous une grosse averse et une neutralisation, même si c'est son équipier Kazuki Nakajima qui couvrit les derniers kilomètres. La « super-saison » boucla la boucle en revenant à Spa, puis au Mans pour conclure le championnat. Fernando s'imposa en Belgique qui proposa ses propres difficultés après Sebring : non pas la drache bien connue en ces lieux, mais de la neige ! Alonso vit même de la glace se former sur le pare-brise et l'essuie-glace !

Il ne lui restait plus qu'à finir en beauté avec un titre de champion du monde d'Endurance et une deuxième victoire aux 24 heures du Mans. Une victoire qui fut plus circonstancielle qu'en 2018 car la voiture sœur n° 7, en tête durant la majorité de l'épreuve, perdit tout à une heure du but à la suite d'une crevaison. Alonso reconnut qu'il s'agissait d'une victoire chanceuse mais que cela représentait aussi un juste retour des choses par rapport à la malchance qui l'avait poursuivi en F1 et possiblement privé d'un titre mondial, sinon deux. C'était là la fin idéale de l'aventure d'Alonso en Endurance. Si lui et Toyota avaient entamé des négociations pour une prolongation dès fin 2018, Alonso annonça que ses chances de poursuite étaient à hauteur de 50 % début 2019. Fin avril, avant les 6 heures de Spa et les 24 heures du Mans, il fut confirmé qu'il ne renouvellerait pas son bail avec Toyota en Endurance. Il avait déjà dépassé toutes ses espérances et rempli tous ses objectifs dans la discipline. Par contre, d'autres collaborations avec le constructeur japonais étaient envisageables. Car à cet instant, un autre défi titillait l'Espagnol et il souhaitait s'y préparer au mieux, quitte à mettre provisoirement l'endurance de côté.

Le cauchemar américain

Entre-temps, Alonso prit le temps de se concentrer sur les 500 Miles d'Indianapolis. Cependant, le contexte n'était pas le même qu'en 2017. Au lieu de compter sur Andretti *Autosport*, un des top teams de la discipline, McLaren se lança dans le grand bain pour offrir cette seconde chance à Alonso. Un projet monté de toutes pièces où McLaren partit de zéro pour affronter une discipline qui leur était inconnue depuis les années 1970. Ce n'était pas l'idéal et Alonso n'eut pas besoin de s'installer dans la voiture pour comprendre qu'il allait affronter bien plus de difficultés qu'envisagé. Car McLaren fit preuve d'un amateurisme presque comique qui dépassait tous les écarts commis par Honda durant leurs trois années de galère. Dès le premier test prévu au Texas en avril, McLaren constata que le volant commandé auprès de Cosworth n'était pas arrivé à temps. Fernando se retrouva ainsi avec un volant différent de celui utilisé en simulateur, ce qui perturba ses repères. Comme il le dit lui-même : « quand je monte dans une voiture je dois demander à chaque fois où est le démarreur, la radio, le limiteur de vitesse. J'essaie de ne pas avoir à y penser pour me concentrer uniquement sur le pilotage. » La préparation resta donc incomplète avant de s'envoler vers l'Indiana, de l'aveu même de Fernando, « il faut essayer pas mal de trucs ». Ce n'était que le début des ennuis.

Le premier jour, un problème électrique stoppa Alonso, ce qui nécessita un changement d'alternateur et de faisceau. Le second, ce fut plus sérieux encore car Alonso subit les turbulences d'une monoplace devant lui et ce qu'il avait réussi à éviter avec brio en 2017 se produisit ici : un accident, dont il assuma l'entière responsabilité. Il s'en sortit heureusement sans mal, même s'il fit brièvement peur à son équipe qui ne l'entendait pas répondre, sa radio s'étant brisée dans le choc. Mais voici une préparation encore plus mal entamée, « déjà qu'on marchait un peu à l'envers ». Il fallut passer sur le châssis de réserve pour minimiser la perte de temps… en théorie. Dans la pratique, l'adaptation du châssis de réserve prit vingt-quatre heures au lieu de huit. Résultat, Alonso ne put couvrir le moindre tour le lendemain car une fois la monoplace enfin prête, la pluie interrompit la séance ! À ces contretemps envisageables s'ajouta un problème plus spécifique et superficiel mais qui prit des proportions ridicules : la couleur. En 2017, McLaren était revenu à son orange papaye des origines pour Indianapolis et tint à rester à cette teinte particulière depuis. Ce qui fit désordre lorsque Carlin, le constructeur du châssis, leur envoya la monoplace avec la mauvaise couleur dès les essais au Texas. Or Carlin s'était engagé pour deux monoplaces lors de son alliance avec McLaren mais finit par en aligner trois à l'Indy 500, ce qui allongea les délais. L'équipe mit finalement plus d'un mois à obtenir un châssis papaye, le châssis de réserve en l'occurrence.

La séance de qualifications mit en lumière une nouvelle illustration de la préparation incomplète de McLaren car Alonso rencontra une crevaison que l'équipe ne put détecter faute d'être équipée des capteurs pneumatiques adéquats, et dut se fournir chez ses adversaires pour être en conformité. Alonso se trouvait hors des trente premiers, ce qui l'exposait à une potentielle non-qualification. McLaren tenta un dernier renouveau côté mise au point pour la séance de repêchage, mais dans la précipitation commit une énième erreur en prenant les mesures en pouces – la mesure américaine – et non en centimètres, contrairement à ce qui était fait jusqu'à maintenant. Cet oubli fit racler la McLaren au sol dès 150 kilomètres à l'heure, aboutissant à une surchauffe. Il y avait deux bons centimètres d'écart. Les mécaniciens parvinrent à corriger cela mais Alonso devait donc se lancer à fond sur un réglage non éprouvé auparavant. Zak Brown et Gil de Ferran, conscient du potentiel danger, rassurèrent leur pilote en disant qu'il n'était pas obligé d'essayer. Mais Fernando n'avait pas fait tout ce chemin pour baisser les bras au dernier moment. Il donna tout pour sauver sa qualification mais une dernière erreur de son équipe le condamna : sa boîte de vitesses était configurée pour une vitesse de 227,5 miles à l'heure (environ 365 kilomètres à l'heure) alors que la McLaren atteignit 229 miles à l'heure (370 kilomètres à l'heure). Le rookie Kyle Kaiser réalisa un dernier tour plus rapide et éjecta Alonso des trente-trois premiers. Kaiser roulait pour Juncos Racing, une des plus petites équipes de la discipline qui disputait les 500 Miles avec une monoplace blanche après avoir perdu ses deux sponsors principaux et subi un crash durant les essais. Pourtant, elle venait de battre McLaren, un des grands noms du sport automobile avec une monoplace papaye couverte de sponsor jusqu'au dernier mètre de carrosserie.

Non-qualification. Fernando Alonso n'allait pas participer aux 500 Miles d'Indianapolis 2019. À croire qu'en monoplace, le double champion du monde était condamné au même schéma : donner son meilleur dans un contexte des plus défavorables pour finir en partie ridiculisé par association, mais également applaudi pour ses efforts. Bien entendu, McLaren se répandit en excuses auprès de lui. « Je voudrais [te] remercier et m'excuser de ne pas t'avoir donné une voiture assez rapide, tu l'as pilotée comme le champion que tu es. Je suis désolé, tu es un pilote incroyable, furent les mots de Gil de Ferran à l'attention d'Alonso. J'aurais dû être plus proche d'Indy mais je ne pouvais pas compromettre la F1 », lâcha Zak Brown. Après qu'on ait reproché à McLaren d'avoir négligé la F1 pour Indianapolis en faveur d'Alonso en 2017, ici il négligea Indianapolis au détriment de Fernando.

« Quand t'es dans le désert... »

L'Endurance est une destination prisée des anciens pilotes de F1. L'IndyCar a également vu plusieurs ressortissants de la discipline venir s'exiler de l'autre côté de l'Atlantique. En revanche, le grand saut vers le rallye-raid est déjà plus rare et spécifique, même s'il existe des précédents. Le plus fameux reste le grand Jacky Ickx, vice-champion de F1 en 1969 et 1970 et six fois vainqueur aux 24 heures du Mans. Le Belge a connu une seconde jeunesse dans les déserts africains et reste le seul pilote de F1 à avoir remporté l'épreuve en 1983, avec l'acteur Claude Brasseur en copilote. D'autres vainqueurs de Grands Prix s'y sont essayés comme Patrick Tambay (troisième en 1988), Jacques Laffite ou Jean-Pierre Jabouille.

Ainsi, malgré ses réticences et craintes exprimées courant 2018, ce n'était donc pas si improbable qu'Alonso, en quête de challenges et souhaitant parfaire son arsenal du parfait pilote de course, finisse par manifester un intérêt pour la course reine du rally-raid. D'autant que quelques illustres participants faisaient partie de son cercle d'amis, tels que Carlos Sainz et Nasser Al-Attiyah. Or ce dernier roulait pour Toyota, avec qui Alonso était désormais lié. La connexion entre les différentes parties se fit donc naturellement, et fin mars 2019 vint l'annonce qu'il testerait le Toyota Hilux en Afrique du Sud. Assisté de Giniel de Villiers, vainqueur de l'édition 2009, il s'exerça sur un terrain abordable, principalement composé de gravier et de légères dunes et apprécia la conduite d'un véhicule pourtant aux antipodes de ses F1 habituelles. Glyn Hall, directeur de la branche sud-africaine de Toyota Gazoo, fut tout aussi enchanté par le professionnalisme du double champion du monde. « Nous pouvions le voir s'adapter et s'améliorer à chaque fois qu'il revenait derrière le volant. Il était évident que Fernando était venu préparé et prêt à absorber tout ce qu'on lui présenta. »

C'était la première étape d'un programme d'essai fixé par Toyota, avec le Dakar 2020 en point d'orgue. Fernando se rendit au mois d'août en Namibie pendant quatre jours pour parfaire son apprentissage sur un terrain plus piégeux et escarpé, avec notamment une dune de 380 mètres. Il y put développer de nouvelles techniques de pilotage spécifiques à la discipline et apprendre à lire un carnet de route, le « roadbook » indispensable à toute navigation dans le désert pour rester dans la bonne direction. Pour cela il fut assisté d'une légende du Dakar, Marc Coma. Espagnol comme lui, il remporta cinq fois l'épreuve dans la catégorie moto entre 2006 et 2015, avant de se retirer et de prendre la direction de l'épreuve. On pouvait donc difficilement trouver plus adapté et expérimenté comme copilote pour accompagner un débutant comme Alonso. « Je me sens débutant dans tout ce que je fais. Quand on fait les vérifications dans le parc fermé, dès qu'il faut bouger la voiture, faire la photo du départ par exemple… Tout ça je ne sais pas faire. Ce sont les moments les plus stressants pour moi. Mais dès que je mets mon casque et qu'on se lance, fini l'angoisse et le stress du débutant. »

Alonso participa ensuite à une course de rally-raid en Afrique du Sud, le Lichtenburg 400, mais à titre d'invité, donc non comptabilisé dans le classement officiel. Il connut son premier tonneau durant la première étape, puis un pare-brise cassé dans la deuxième après avoir heurté un oiseau, le contraignant à rouler pendant 200 kilomètres avec une main sur le volant et l'autre pour tenir le pare-brise ! Il finit néanmoins la course, en seizième place. Mais le premier vrai test se passa au Rallye du Maroc début octobre, une épreuve qui servait généralement de préambule au Dakar. Il allait donc être confronté à ses futurs adversaires et s'en sortit avec les honneurs puisqu'il figura un temps dans le top 10 avant de briser sa suspension dans un trou. Il écopa d'une pénalité de 70 heures mais parvint là encore à conclure son périple, en vingt-sixième place. Il lui restait encore beaucoup à apprendre dans la lecture du terrain et des obstacles, l'obligeant parfois à aller contre son instinct qui l'incitait à prendre des voies opposées aux autres pilotes. Mais il ne rechigna pas à la tâche et apprécia ce défi à sa juste valeur, désireux de s'améliorer encore et encore, comme il le faisait en F1 et ailleurs. Son patron Glyn Hall était lui toujours conquis et le qualifia de « pilote le plus courageux que l'on peut imaginer » pour avoir osé une telle expérience.

À la fin de ce rallye, Alonso n'avait pas encore décidé s'il allait participer ou non au Dakar mais avec la compétitivité qu'on lui connaît, le contraire aurait été étonnant. Et à la fin du mois, la nouvelle attendue par ses fans et beaucoup d'observateurs curieux devint officielle : Fernando Alonso serait au Dakar 2020 avec Toyota Gazoo : « Le défi le plus dur que j'ai jamais entrepris dans ma carrière. » Et cette fois-ci, il n'y avait aucune hyperbole ou exagération théâtrale dans ses propos, lui qui s'estimait inapte à performer en rallye fin 2018.

Après plus d'une décennie en Amérique du Sud, le Dakar déserta le continent pour s'implanter, justement, en Arabie saoudite. Le pays désireux de s'ouvrir au monde *via* sa stratégie de *soft power* commençait à laisser sa marque dans différents sports et n'allait pas tarder à obtenir son Grand Prix de F1. Mais Alonso n'en était pas encore à ces considérations lorsqu'il commença sa tâche en début d'année 2020. Son objectif ici était avant tout de finir, ce qui n'était pas donné à tout le monde. « Ce qui m'inquiète le plus, ma plus grande crainte, c'est de devoir abandonner sans m'être battu. 60 % des concurrents ne finissent pas. Après tous ces essais, toute cette préparation, je ne veux même pas imaginer ne pas terminer », dit-il dans son documentaire. Mais il avait déjà les faveurs des observateurs avisés. Le directeur général du Dakar David Castera lui pronostiqua une victoire d'étape d'ici sa deuxième semaine de course.

Alonso devait désormais franchir douze étapes et 8 000 kilomètres, sans compter les liaisons entre le camp et le lieu de début de l'étape. L'une d'entre elles s'étala carrément sur 350 kilomètres ! Il fallait donc être solide physiquement avec tout le temps passé dans la voiture, ce qu'Alonso s'employa à être. Selon son médecin personnel, « Fernando a des qualités musculaires absolument hors-norme qui sortent du cadre normal. Si je devais faire une comparaison, je dirais qu'il a un cou et un dos de boxeur mais quasiment les jambes d'un cycliste. » Ainsi son corps réagit mieux que ce qu'il craignait à l'origine.

En dépit de deux ou trois égarements, dont un sérieux, Alonso finit la première manche en onzième place. Mais le pire intervint dès le deuxième jour. Un concurrent devant eux roulait moins vite et dégageait de la poussière. Avec la route située entre les canyons, celle-ci restait donc au sol, dégradant d'autant plus la visibilité. La Toyota percuta un obstacle non identifié et perdit une roue. Un temps persuadé que son Dakar était déjà achevé, Alonso finit par réparer le véhicule avec Coma et put achever l'étape. Il perdit deux heures dans l'aventure et n'était plus que quarante-sixième. Encore une fois, la détermination et l'abnégation d'Alonso reprirent le dessus et il progressa rapidement. Trente-deuxième après trois jours, il revint déjà dans le top 20 au bout de la quatrième étape. La septième étape fut marquée par une crevaison mais elle ne l'empêcha pas de finir sixième de l'étape et quinzième au général. La huitième étape vit son meilleur effort puisqu'il parvint à finir deuxième et gagna encore deux places au classement. Selon Coma, cette performance représenta un déclic pour Fernando qui trouva enfin son rythme après coup. Une sérénité qui l'amena hélas à une erreur de jugement en haut d'un sommet durant la dixième étape, qu'il pensait moins cassant. Sa Toyota fit un double tonneau sous les yeux des photographes qui ne manquèrent pas une miette du spectacle. Mais la vitesse réduite et l'angle idéal du tonneau permirent de limiter les dégâts, et Alonso repartit comme si de rien était, sans le pare-brise ! Il continua sur une très bonne cadence pour la fin du rallye et vint au bout de son parcours comme il l'avait souhaité. Il finit treizième, le meilleur débutant de cette année, pendant que son ami Carlos Sainz remporta le Dakar pour la troisième fois, à 57 ans.

Après une telle aventure, Fernando avait bien mérité de se reposer chez lui à Lugano. « J'avais besoin de me retrouver chez moi après une saison 2019 frénétique. Et je suis resté bien plus longtemps que ce qu'on imaginait. » Il pouvait remercier un certain virus pour cela.

« Connard de virus »

Ce qui était vu à l'origine comme une épidémie à échelle modérée ou du moins contrôlable devint très vite une pandémie d'ampleur mondiale à la suite de l'émergence d'un nouveau virus, la Covid-19. Face à cette propagation frénétique et intense, la plupart des pays décidèrent de confiner leurs populations afin de limiter au plus les contacts entre habitants. Et cela, Fernando ne l'avait certainement pas planifié. Ici, sa confiance absolue ne pouvait s'appliquer, ce qu'il admit lui-même dans le documentaire Fernando. « Tu te sens comme un gamin de six ans abandonné dans un supermarché et désemparé. Tu es impuissant face au monde et à cette nouvelle situation, tu ne sais pas comment réagir, tu as besoin que tes parents te rassurent. Tu as beau te connaître, déborder de confiance en toi et savoir gérer la solitude, subitement tu as besoin des parents, de ta sœur ou des autres parce que d'un coup tu es vulnérable. Comme tout le monde, j'ai aussi des coups de mou, surtout avec la pandémie. » Avec toute manifestation sportive annulée ou suspendue, le boulimique de sport automobile qu'était Fernando Alonso redevint un être humain comme un autre, isolé et inquiet face à la situation inédite qui lui était imposée.

Heureusement en 2020, les moyens de communication se sont multipliés et perfectionnés. Il parla tous les jours à ses parents et sa sœur, restée en Espagne, lesquels ne connurent aucun souci médical, pas plus que Fernando lui-même, là où plusieurs pilotes en 2020 et 2021 durent déclarer forfait après un test positif.

Mais toute situation négative au premier abord peut être retournée à son avantage avec le bon état d'esprit. Fernando sut tirer le meilleur parti des années difficiles chez McLaren et progressa en tant que pilote, tout comme il glana des enseignements plus personnels de cette période tendue où il se retrouva plus isolé que durant toute sa carrière. « Tu apprends à vivre en solitaire et à te connaître parfaitement, à savoir ce dont tu as besoin à certains moments, que ce soit quotidiennement ou dans la vie. Dans la vie on n'a pas besoin des mêmes choses à 35 ans qu'à 18 ou 19 ans. La solitude n'est pas toujours facile à vivre. Souvent tu te languis de tes proches, de ta famille comme de tes amis. Grâce à cette solitude et à tout ce temps passé avec moi-même, j'ai appris à me connaître mieux que je ne l'aurais jamais pensé ou même voulu. J'ai dû faire tellement de choses seul et apprendre à me connaître à un point tel que je cerne parfaitement mes besoins. Je me surprends rarement désormais. »

Quand bien même le retour à la compétition ne pouvait être planifié à court terme dans ce contexte particulier, Alonso ne perdait pas le nord. Un certain sujet revint sur le tapis, celui qui avait envahi toutes les discussions en 2019 où qu'il se trouvait. La F1. Fernando le savait au fond de lui, de même que quelques pilotes lors de leurs hommages fin 2018 : ce n'était qu'un au revoir. Il avait pu expérimenter ici et là et devenir le pilote plus complet qu'il souhaitait être. Il avait évacué sa frustration des dernières années pour revenir aux fondamentaux de sa passion et bien entendu, il n'avait rien perdu de ses compétences. Sa décision était déjà prise avant que la crise sanitaire n'interrompe tout processus. Il s'agissait maintenant de savoir avec qui ce fameux retour allait arriver. Et pour ça, il n'hésita pas à consulter ses parents. Selon sa sœur, son père est la personne en laquelle il fait le plus confiance pour ce genre de choix. Il était cohérent qu'en impliquant sa famille dans le processus, son choix final se reporte sur une équipe qui lui était familière : Renault. Alonso allait remplacer Daniel Ricciardo qui ironiquement fit le chemin inverse en passant de Renault à McLaren, et l'annonça avec un an d'avance, comme Fernando en 2006. Pour le directeur exécutif de l'équipe Martin Budkowski, l'alliance des deux entités était aussi naturelle car elles étaient passées par une dynamique analogue. « Il y avait une convergence d'ambitions et d'intérêts. L'écurie avait arrêté la F1 puis était revenue, mais a dû lutter pour se refaire une place avec l'ambition de gagner à nouveau. »

Ce retour reçut un accueil typique quand il est question de Fernando Alonso : contrasté. Le retour d'un immense pilote et d'une figure populaire sinon connue du milieu restait une bonne nouvelle et l'alliance des deux parties sentait bon la nostalgie. Mais l'interrogation numéro un était de savoir jusqu'à quand Alonso allait rester de bonne humeur avant d'ajouter de l'huile sur le feu… Fernando était en diète de victoire depuis 2013 et de podium depuis 2014, ce qui nourrit une impatience de plus en plus aigre, et il rejoignait une équipe qui, au moment de sa signature, n'avait toujours pas réalisé le moindre top 3 après quatre saisons sous son nom propre. La même équipe qui avait publiquement avoué en 2017 n'être pas prête à accueillir Alonso car bien consciente de ne pas pouvoir satisfaire ses ambitions du moment !

Mais Renault comme Alonso rappelèrent un élément important : son absence de deux ans lui permit de se changer les idées. S'éloigner de la F1 l'empêcha de s'exposer aux éléments les plus toxiques ou frustrants de la discipline et revenir dans un environnement familier renforçait cette idée de « remise à zéro ». Alonso admit lui-même qu'il aborda ce retour avec un état d'esprit un peu moins fermé, moins ultra-compétitif et plus reconnaissant de l'instant présent, du plaisir de piloter au plus haut niveau du sport automobile qui l'avait partiellement quitté chez McLaren. Et la saison 2021 tombait à point nommé pour cela : il s'agissait de la dernière année avant une nouvelle génération de F1, la dernière promesse de renouvellement des forces en présence par les instances dirigeantes. Renault comme d'autres équipes allait concentrer beaucoup d'énergie sur 2022, faisant de 2021 une saison de transition. Ce que le constructeur ne cacha pas à Alonso, et lui-même ne s'en formalisa guère. Pour une fois depuis de nombreuses années, Alonso allait démarrer une saison avec des objectifs allégés et en accord avec les possibilités de l'équipe. Il y avait donc moins de risque de confrontation.

Une fois les mesures de confinement allégées, Fernando put rendre visite à l'usine Renault d'Enstone. Il y trouva beaucoup de sièges vides. Celle-ci ne pouvait tourner à plein régime avec ce contexte particulier. Mais pour toute personne qualifiée susceptible de le renseigner, il avait des questions. « Je demande à l'ingénieur quand on pourra travailler sur la voiture. S'il me répond le 1er janvier je vais voir un autre département qui a un nouveau chef d'équipe et je lui pose la même question au cas où ça changerait. » Pour le coup, personne ne pouvait douter de sa motivation, complètement renouvelée. « Il est revenu vingt ans en arrière en termes de rêve, d'énergie, de motivation, de préparation physique. Son corps a rajeuni de vingt ans ! »

s'exclama sa sœur Lorena. Il est vrai que contrairement à un Michael Schumacher qui n'avait fait que quelques courses de moto pour tuer le temps durant ses trois années de hiatus, Alonso était resté bien actif. Lui qui en 2001 considérait qu'une retraite à 35 ans était justifiée en raison de l'usure physique se voyait revenir au plus haut niveau à l'aube de ses 40 ans.

Mais avant de retoucher à la F1, un nouveau détour à Indianapolis était programmé. La Triple Couronne n'avait toujours pas quitté son esprit.

Jamais deux sans trois

Avec la pandémie qui figea le monde en cette année 2020, bon nombre d'événements automobiles furent annulés sinon reportés, et pour la grande majorité se déroulèrent à huis clos. Indianapolis ne fit pas exception. En lieu et place de fin mai comme il était de tradition, les 500 Miles prirent place le 23 août. En raison des restrictions sanitaires côté déplacements, Fernando dut se préparer à distance, avec un simulateur à domicile. Heureusement pour lui, il n'y avait que trente-trois participants cette année-là, soit le nombre maximal sur la grille. Sauf incident majeur, il allait bel et bien figurer au départ cette fois-ci. Une pression majeure en moins.

Il retrouva McLaren qui apprit de ses erreurs passées. Quelques mois après le désastre d'Indianapolis, l'entité s'associa avec Schmidt Peterson Motorsports, une équipe présente depuis le début des années 2000 en compétition américaine. C'est notamment avec Schmidt Peterson que le français Simon Pagenaud – vainqueur de l'édition 2019 – remporta ses premières courses en IndyCar. Schmidt reprit le nom de McLaren à partir de 2020 pour une saison complète avec les jeunes espoirs Pato O'Ward et Oliver Askew. Ils allaient donc accompagner Fernando dans sa troisième tentative et apporter un retour important qui lui manquait en 2019, même si plus limité que celui du groupe expérimenté de 2017. Pas de couleur papaye cette fois-ci pour Alonso au contraire de ses équipiers, son châssis Dallara au moteur Chevrolet prit la livrée bleu nuit et blanche du sponsor Ruoff, une entreprise de crédit hypothécaire. Notons que cette saison l'IndyCar s'équipa à son tour d'un dispositif de protection du cockpit avec l'Aéroscreen, le projet en concurrence avec le Halo quelques années plus tôt pour la F1.

Hélas pour lui, tout en évitant l'humiliation de 2019, il ne retrouva pas davantage les premiers rangs de 2017. Retardé par un accident le jeudi – moins sévèrement que l'année passée heureusement – et avec un moteur Chevrolet qui marquait le coup par rapport au Honda, Alonso ne se qualifia que vingt-sixième, derrière O'Ward (quinzième) et Askew (vingt et unième). Pour illustrer la déconfiture du moteur américain, sur les douze premiers pilotes de la grille, un seul était propulsé par Chevrolet. Pire encore, Penske, une des équipes les plus illustres du sport automobile américain, vit ses pilotes placés au vingt-deuxième (Will Power), vingt-cinquième (Simon Pagenaud) et vingt-huitième (Helio Castroneves) rangs. Pourtant tous les trois étaient d'anciens vainqueurs des 500 Miles. À l'inverse, les quatre premiers faisaient tous partie de l'équipe Andretti et disposaient du moteur Honda. À croire que le retour de karma pour Alonso est inépuisable. Fernando fut donc condamné à passer sa course dans le paquet. Une course qui prit presque des allures de test pour lui avec l'absence de public, au volant d'une monoplace dans laquelle il ne se sentait pas en confiance. Il guettait un éventuel accident à chaque tour et évoqua après coup des « sensations horribles ». Pour ne rien arranger, un souci d'embrayage força l'équipe à changer son volant et pousser sa monoplace après chaque arrêt à partir de la mi-course. Ce qui fit passer Alonso par des émotions analogues à celles ressenties durant ses années chez McLaren. « Je regardais les mécaniciens et j'espérais même un "on arrête tout". Mais en même temps, tu veux en découdre, voir le drapeau à damier, passer la ligne d'arrivée et finir les 500 Miles une fois dans ta vie ! »

Il finit finalement vingt et unième, à un tour du vainqueur Takuma Sato, qui remporta sa deuxième édition après 2017. Quand on parle de karma… Si Alonso qualifia ainsi sa monoplace : « La pire que j'aie conduite en deux semaines », il sut faire son autocritique et admit qu'il n'était pas non plus à son meilleur. « On a tous le sentiment d'avoir fait notre possible mais on aurait tellement voulu donner un peu plus, j'aurais aimé donner plus à l'équipe et elle aurait aimé me donner une monoplace plus adaptée. » Consolation pour McLaren, Pato O'Ward finit sixième et fut élu meilleur rookie de l'édition.

Avec son contrat Renault le privant de toute participation à l'Indy 500, Alonso allait refermer ce chapitre américain pour le moment. Un chapitre qu'il pourrait bien ne pas rouvrir au bout du compte, admettant quelques années après avoir remis au second plan l'objectif de la Triple Couronne, derrière notamment le défi Dakar. Mais il n'est pas encore trop tard : Takuma Sato avait déjà 43 ans pour sa victoire en 2020, soit son âge en début de saison 2025. Et ce n'est même pas le record, car celui-ci est détenu par Bobby et Al Unser qui avaient chacun 47 ans en 1981 et 1987. On ne sait jamais.

Retour vers le futur

Alonso reprit contact avec une F1 le 13 octobre 2020 sur le circuit de Barcelone, lors d'une journée promotionnelle pour les sponsors. Un *filming day* comme on dit dans le jargon, où un pilote avait le droit de couvrir 100 kilomètres, soit l'équivalent de dix-huit tours ici. Une façon comme une autre de se remettre dans le bain et de contourner la limitation d'essais privés. C'est à cet instant qu'il se rendit mieux compte du temps écoulé depuis sa première collaboration « Pendant mes premières années quand je rencontrais tout le monde, tous les ingénieurs et mécaniciens étaient plus âgés que moi. Aujourd'hui certains ont 22 ou 23 ans, donc il y a quinze ans, quand ils étaient enfants, ils suivaient les grands succès de Renault à la télé ! » Plus parlant encore, certains de ces jeunes éléments étaient les enfants d'anciens membres de l'équipe !

Il retrouva ensuite le paddock – certes sous perfusion des restrictions sanitaires – lorsqu'il assista au Grand Prix d'Émilie-Romagne à Imola, un des quelques circuits qui servit de substituts aux Grands Prix annulés par la pandémie. Bien entendu, il ne joua pas au touriste et s'imprégna déjà des méthodes de travail, jusqu'à participer aux débriefings avec les pilotes titulaires. Après, comme il ne pouvait être présent à chaque course, Renault lui fournit un ordinateur (un « mini-paddock à distance », dit-il) avec toutes les données nécessaires, afin qu'il suive ces Grands Prix « de l'intérieur », avec caméras embarquées, télémétries, radios des pilotes… Mais même à distance, on lui permit de participer. Dans le documentaire *Fernando*, on le voit envoyer un message à son futur ingénieur de course durant les essais du Grand Prix de Turquie pour que celui-ci transmette ses suggestions aux pilotes titulaires du moment ! Du télétravail en somme, une dynamique adoptée par des millions d'individus lambda à ce moment. C'était d'autant plus pertinent que ni Esteban Ocon ni Daniel Ricciardo n'avaient pu rouler en F1 sur le tracé d'Istanbul, autre circuit « de secours » de cette bizarre saison 2020, contrairement à Fernando.

Après un autre galop d'essais sur une Renault de 2018 à Bahreïn – autre façon de contourner l'interdiction d'essais privés – il put assister au meilleur résultat de l'année pour le Losange avec la seconde place d'Esteban Ocon à Sakhir. Puis il remonta le temps à Abu Dhabi en retrouvant la Renault R25 de son premier titre mondial. Avec combinaison d'époque mais pneus slicks actuels en oppositions aux rainurés de 2005. Une démo qui réunit d'anciens collaborateurs de Renault épris de nostalgie, de même que quelques pilotes qui retrouvèrent une des monoplaces de leur enfance. La musique du V10 coupa même Lewis Hamilton dans son élan durant une interview, soudainement plein d'étoiles dans les yeux, lui qui débuta en 2007 avec les V8.

Mais que serait Alonso sans un switch d'émotions positives à une polémique futile en quelques jours à peine ? Le dernier Grand Prix de la saison 2020 à Abu Dhabi fut immédiatement suivi par une journée d'essais réservée aux pilotes débutants en F1. Il s'agissait d'offrir une première session d'adaptation pour les nouveaux venus de 2021 avant les traditionnelles séances hivernales communes, ou de proposer une première expérience à d'autres futurs talents de la discipline, moyennant finances pour les équipes les moins confortables à ce sujet bien entendu. C'était en tout cas l'idée de départ, qui devint obsolète lorsque Renault demanda et obtint la participation d'Alonso à ce « rookie test », lui qui à cet instant était le troisième pilote le plus expérimenté de son sport en termes de Grands Prix disputés ! Renault considérait cette exception justifiable eu égard à ses deux ans d'absence… alors qu'ils avaient la possibilité de l'aligner sur quelques Grands Prix en 2020 en tant que troisième pilote pour les essais libres. Sauf que Renault estimait au moment de sa signature qu'Alonso n'avait guère besoin de ce roulage précis pour se remettre dans le bain. Une fois de plus, une discipline se pliait en deux pour accommoder une figure importante et avant même de piloter en course, Alonso s'attirait des commentaires sarcastiques. Cela étant, il ne s'agissait que d'un seul jour de test et d'autres équipes alignèrent des pilotes expérimentés une fois la brèche ouverte par la FIA.

Ce coup de force laissa une trace plus légère sur les réseaux sociaux : encore aujourd'hui, il arrive que certains fans qualifient avec humour Alonso de « rookie », depuis devenu le pilote le plus expérimenté de l'histoire.

22

Retour aux sources

Si la pandémie apprit à Alonso à adapter son calendrier aux circonstances, 2021 lui causa plus de reports qu'il n'en aurait souhaité. Car comme si la Covid-19 ne suffisait pas, Alonso connut un écart dont il se serait bien passé. Le 11 février, l'information fit le tour des médias concernés : Fernando Alonso eut un accident de vélo en Suisse près de chez lui à Lugano, après avoir été renversé par une voiture. Bilan : fracture de la mâchoire supérieure gauche, ce qui impliqua la pose de deux plaques en titane et une convalescence d'une à deux semaines. Un moindre mal car d'autres blessures auraient pu le rendre indisponible pour les premières courses du championnat et davantage compromettre sa remise à niveau. Dans un premier temps, sa récupération fut plus rapide qu'envisagée par son entourage, sa gestion du corps, plus adaptée à son âge et sa condition actuelle n'y était pas étrangère. « Quant aux aspects conditionnels, force, résistance, puissance, je dois dire qu'il s'avère que Fernando, même s'il a perdu un peu au niveau du physique, a entièrement compensé grâce à l'expérience, non seulement techniquement, mais en termes de gestion du corps. J'en arrive à dire qu'il est en meilleure forme physique maintenant que quand il était jeune », diagnostiqua Fabrizio Borra, son physiothérapeute depuis ses débuts en F1. Mais avec le recul, Fernando reconnut que la blessure eut plus d'impact sur sa préparation en termes de temps passé dans le simulateur et à l'usine, il avait été freiné aussi par les restrictions de déplacement liées à la pandémie. En revanche, il ne perdit pas goût au vélo puisqu'il se remit en selle quarante jours après l'accident… après avoir promis à Flavio Briatore d'arrêter la petite reine.

Pourtant, le premier Grand Prix de la saison à Bahreïn ne mit pas la puce à l'oreille aux observateurs quant à un éventuel retard. En dépit d'essais libres compliqués, Alonso accéda à la phase finale des qualifications et se plaça au neuvième rang. Cependant, il ne parvint pas à couvrir la distance complète puisqu'il dut renoncer à cause d'un frein arrière droit surchauffé. Sauf qu'il ne s'agissait pas d'une défaillance technique classique : un emballage de sandwich en aluminium s'était coincé dans l'écope. De tous les paramètres enregistrés et analysés par Fernando, il fallait bien qu'il soit victime d'une situation si improbable ! Heureusement pour lui, il s'agira de son avant-dernier abandon de la saison, puisqu'il ne se retira qu'une fois de plus en fin d'année à cause d'un aileron arrière défaillant. Il n'avait pas connu une telle fiabilité depuis 2014 et sa dernière année chez Ferrari.

Néanmoins, le plus critique envers ses débuts fut Alonso lui-même. Après sa course, Fernando argua qu'il devait améliorer son rythme, gagner confiance en sa voiture, progresser dans ses départs et se reprocha même son placement durant son deuxième arrêt aux stands. Une autocritique *a priori* surprenante de sa part après des années d'auto-congratulation mais Alonso, en bon perfectionniste, savait où étaient ses limites. Et la suite des événements lui donna raison. Fernando enchaîna quatre week-ends successifs où Esteban Ocon le devança à la régulière en qualifications comme en course. Sans être mauvais proprement dit – malgré un tête-à-queue surprenant sur le mouillé à Imola –, Alonso n'était pas dans sa meilleure forme et ses performances témoignaient de la difficulté de se remettre à niveau en F1 après deux saisons d'absence quel que soit le pilote. Michael Schumacher en offrit une illustration plus frappante encore de 2010 à 2012 après trois années de hiatus où il ne monta qu'une fois sur le podium. Fernando avait prédit avant l'ouverture que sa réadaptation prendrait deux courses, il allongea rapidement cette période à cinq ou six Grands Prix. Si l'accident de vélo joua son rôle, il admit après coup qu'il avait potentiellement sous-estimé l'ampleur de la tâche. Ce fut une rare occasion où Fernando témoigna publiquement d'une certaine humilité en F1.

Le plus gros du problème pour Alonso se concentra autour du facteur pneumatique. Pirelli modifie constamment ses produits afin de les adapter au mieux aux changements de réglementation technique de la F1, notamment un poids de plus en plus important et des charges aérodynamiques toujours aussi exigeantes. Ceci rend les pneus plus sensibles, quitte à perturber des pilotes qui appliquent un style de pilotage très spécifique. Et on l'a vu, Alonso possède une approche bien à lui au moment d'aborder un virage. « Je suis un pilote qui utilise le volant un peu différemment des autres à l'entrée d'un virage, de façon assez extrême. C'est ainsi que je ressens comment la voiture se comporte, quel est son niveau d'adhérence. Or si vous m'enlevez ça, je suis perdu, je ne sais plus ce que ma voiture fait et à quel point elle adhère ou non », dira-t-il au podcast officiel *Beyond the Grid* en fin d'année. Selon lui, la constitution des pneumatiques 2021 l'empêcha dans un premier temps de pleinement sentir le train avant de son Alpine et de la pousser à la limite, d'où ce retard.

Heureusement pour ses fans et pour lui-même, il se rappela progressivement au bon souvenir de tous. À partir du sixième Grand Prix en Azerbaïdjan, il enchaîna six arrivées consécutives dans les points, un score qui peut être monté à neuf si on retire un Grand Prix de Belgique qui n'a jamais vraiment eu lieu, à cause d'une pluie battante réduisant la visibilité à sa plus simple expression. En tout, il finit à quinze reprises dans le top 10, une première depuis 2014 là aussi. Mais surtout, Alonso fit le spectacle en piste et proposa de nouveaux instants marquants démontrant qu'il n'avait rien perdu de ses qualités et qu'au contraire, il avait même perfectionné son art. Après quelques bons dépassements au troisième rendez-vous au Portugal, il passa la vitesse supérieure en Azerbaïdjan. Huitième de grille et sixième sur la ligne, il se démarqua lors de deux relances de course où il gratta à chaque fois trois positions en un tour dans un style alliant agressivité et calcul, donnant le sentiment qu'il planifiait le placement de sa monoplace deux à trois virages en avance. Le genre de scène qui participa à hisser Alonso au rang des meilleurs pilotes en termes de « *racecraft* », cette gestion de la monoplace en situation de paquet déjà exposée par ses excellents départs.

Il en fit une nouvelle démonstration à Silverstone lors du premier Sprint de la discipline, une mini-course qui détermina la grille de départ de dimanche, en lieu et place d'une qualification pourtant nullement remise en question, ni par les pilotes et équipes, ni par les fans. C'était la nouvelle tentative des autorités de relancer l'intérêt de son produit de façon artificielle. Si ce Sprint fut la procession que l'on redoutait avec des pilotes ne souhaitant pas compromettre leur matériel et leur place pour le lendemain, Alonso en offrit le meilleur moment en gagnant six places dans le premier tour ! Le lendemain, il finit sixième en proposant une lecture de course qui prit de vitesse sa propre équipe : placé devant Lance Stroll et Pierre Gasly, il se méfia surtout du dernier cité et baissa sa cadence de façon à créer un « *train DRS* », à savoir un groupe de voitures qui ne peuvent bénéficier de la vitesse accrue du dispositif puisqu'elles suivent un pilote aspiré de la même façon. Ainsi Gasly ne put jamais dépasser Stroll, lui-même pas assez rapide pour doubler Alonso. « Il pilote à pleine vitesse et il possède pratiquement la même analyse de course que nous sur le muret des stands sans avoir toutes les données dont nous disposons », se félicita le directeur exécutif Martin Budkowski. Son expérience faisait merveille dans les circonstances les plus difficiles ou inédites et il offrit une nouvelle preuve à Sochi pour le Grand Prix de Russie. Sixième en piste avant l'arrivée de la pluie, Fernando capta de l'adhérence en pneus secs là où la majorité des pilotes luttaient pour en trouver. Cela lui permit de dépasser des monoplaces intrinsèquement supérieures à son Alpine, notamment la Red Bull de Sergio Perez pour la troisième place. Hélas, lui et son équipe prévoyaient une pluie légère. En conséquence, il s'arrêta trop tard pour changer de pneus et retomba en sixième position.

La cerise sur le gâteau intervint au Qatar pour le premier Grand Prix en ces lieux, un an avant la Coupe du monde de football. Qualifié cinquième, il partit troisième après application de pénalités pour deux pilotes devant lui. Il conserva sa place au départ et surprit Pierre Gasly à l'extérieur du deuxième virage pour boucler son premier tour second. Max Verstappen le fit descendre sur la plus petite marche du podium peu après. Il ne lui restait plus qu'à conserver ce top 3 qui lui échappait depuis sept ans. Parti sur un seul arrêt, il parvint à bien ménager ses pneumatiques très malmenés sur ce tracé qui occasionna quatre crevaisons dont trois en fin de course. Il le fit tout en conservant un rythme soutenu car l'autre Red Bull de Sergio Perez était à ses trousses dans les derniers tours avec des gommes bien moins entamées, mais le Mexicain échoua pour trois secondes. Voté Pilote du Grand Prix par les fans, Alonso savoura ce podium comme il se doit en compagnie des deux prétendants au titre mondial, Lewis Hamilton et Max Verstappen. Le dernier top 3 de Fernando remontait au Grand Prix de Hongrie 2014, une époque où Hamilton ne comptait qu'un titre mondial et Verstappen finissait sa saison de F3… Il s'attribua ainsi le record de Grands Prix disputés entre deux podiums avec cent quarante-six courses.

Mais quand on pense à la saison 2021 d'Alonso, outre son retour, un Grand Prix reste en mémoire pour de très bonnes raisons. Car après Imola 2005, le professeur Alonso réécrivit le manuel de la défense idéale en piste sur le circuit du Hungaroring.

Le mur d'Oviedo

Neuvième en qualification derrière son équipier, Alonso eut une parole étrangement prophétique après la séance : « Il nous faut être prudent, je pense que quelque chose pourrait se produire devant nous demain. » Il ne croyait pas si bien dire. Non seulement la pluie s'invita, mais au premier virage, Valtteri Bottas proposa un bowling improvisé, invitant Lando Norris et les deux pilotes Red Bull à sa partie avec un sacré mépris du consentement. Lance Stroll l'imita dans sa démarche suicidaire avec Charles Leclerc et Daniel Ricciardo en victimes. Dans ce ballet désorganisé, la place de Fernando – à l'extérieur – se révéla un désavantage puisqu'il dut freiner plus qu'à l'accoutumée pour éviter d'être un dommage collatéral. Puis à la sortie du virage, l'Aston Martin endommagée de Stroll le bloqua un instant. C'était suffisant pour que plusieurs pilotes le débordent. Lorsque le drapeau rouge fut brandi pour permettre un nettoyage plus efficace de la piste, Alonso n'était que septième alors que son équipier Ocon – placé à l'intérieur – était deuxième. L'issue de la course s'était en partie jouée ici.

Le Grand Prix avait déjà démarré de façon rocambolesque, son deuxième départ en remit une couche dans l'absurde. À la relance, la piste était pratiquement sèche et tous les pilotes avaient conservé leurs gommes intermédiaires. Ainsi tous choisirent de chausser les slicks à la fin de leur tour de formation… sauf Lewis Hamilton. On retrouva donc un départ avec la Mercedes seule sur la grille répondant au signal des feux. Une image insolite digne d'un jeu vidéo ou d'un montage. Ce choix causa la perte du champion en titre qui s'arrêta un tour après, mais un tour trop tard puisqu'il repartit dernier, payant son rythme plus lent en gommes inadaptées. Voici l'Alpine d'Ocon en tête devant l'Aston Martin de Sebastian Vettel et la Williams du rookie Nicholas Latifi !

La course prit une tournure plus traditionnelle après cela, Alonso passa son premier relais sixième et, grâce à un arrêt plus tardif que les autres, se retrouva brièvement en tête et mena ses deux premiers tours depuis son come-back. Une fois toutes les stratégies appliquées, il dut défendre sa quatrième place contre un Lewis Hamilton sur une stratégie décalée, à savoir avec des pneus plus neufs. Son rythme de trois à quatre secondes plus rapide que le reste du plateau laissait présager une remontée jusqu'à la première place, que détenait toujours Esteban Ocon.

Alonso pouvait ainsi lui venir en aide mais encore fallait-il tenir assez longtemps. Une lutte d'une durée équivalente à celle de Mexico 2017 était envisageable au mieux, mais Alonso déjoua tout pronostic ce jour-là. Pendant dix tours, Fernando rendit sa monoplace la plus large possible sans jamais effectuer de blocage malpropre. Chaque trajectoire était calculée de façon à couper l'élan de Hamilton sans se mettre en danger au virage suivant. À chaque fois que Lewis se porta à sa hauteur, l'Alpine sut contrecarrer son attaque, sous des vivats de la foule de plus en plus audibles, en admiration devant le travail de l'Espagnol. Fernando finit par craquer en bloquant une roue au premier freinage, mais le temps perdu derrière l'Alpine empêcha Hamilton de faire mieux que troisième, à moins de trois secondes de la victoire. Devant, Esteban Ocon remporta sa première victoire et la première d'Alpine/Renault depuis son retour en 2016.

Cette victoire fut hélas rapidement rejetée dans l'ombre, non seulement du précédent succès français de Pierre Gasly en Italie l'année passée, mais surtout de la course de son équipier. Encore aujourd'hui, ce Grand Prix de Hongrie reste plus reconnu pour la performance d'Alonso que pour la victoire d'Esteban. Pire encore, certains n'hésiteront pas par la suite à rabaisser ses mérites et considérer Fernando comme le seul responsable de ce succès. Ce qui est profondément injuste et malhonnête. Oui, le carambolage du départ et l'erreur de Mercedes lui ont ouvert une voie royale. Et oui, la résistance d'Alonso face à Hamilton a clairement empêché à celui-ci de concurrencer Esteban pour la gagne. Reste que le Français a gardé Sebastian Vettel dans son aileron pendant presque toute la course et su neutraliser les rares occasions de l'Allemand. Lui aussi, à sa manière, a proposé une course défensive magistrale, qui aurait été plus applaudie si son nom était Fernando Alonso.

Mais au-delà de ces polémiques, ce jour-ci, Alonso avait retrouvé l'aura de ses plus belles années. Élu Pilote du Grand Prix par les fans (28 % des suffrages), Alonso avait créé un nouveau moment de magie en piste. C'était l'ultime confirmation que l'Espagnol n'avait rien perdu de ses qualités d'antan et qu'il était toujours le champion du monde digne de ses titres mondiaux et de ceux manqués de peu. Le tout en proposant une course d'équipe : il était moins question de sauver sa quatrième place que de garder Hamilton le plus longtemps possible à distance d'Ocon. Le pilote souvent taxé d'individualisme s'était racheté une conduite, et le regard de fierté devant les célébrations d'Esteban n'était clairement pas feint. L'étreinte entre les deux équipiers n'en fut que plus belle. Tout en le remerciant de sa contribution, Esteban ne manqua pas de démentir la réputation d'Alonso en interview d'après-course, lui qui fut mis en garde chaque jour depuis l'annonce de son retour quant au danger qu'il pouvait représenter psychologiquement. De son côté Hamilton loua la défense d'Alonso, le considérant comme « l'un des plus durs, mais juste » et qu'il n'aurait pas agi différemment à sa place.

Le commentaire d'Alonso sur sa course fut un savant mélange de modestie et de forfanterie comme lui seul savait le faire. D'un côté, il pensait ne pas pouvoir tenir Lewis plus de deux tours. De l'autre il estima que son rival a tiré des enseignements de sa défense pour doubler Sainz après coup ! « Je pensais sincèrement ne pouvoir le garder derrière moi qu'un tour ou deux. Mais dans les derniers virages, il semblait avoir du mal à me suivre. C'était suffisant pour créer un écart en ligne droite et défendre. Je pense qu'il a appris quelques trajectoires dans les trois derniers virages durant les dix tours passés derrière moi, il a été en mesure de passer Carlos après un seul tour en utilisant ces trajectoires. » Si Alpine ne le missionna pas officiellement de défendre en faveur d'Ocon, Alonso n'ignorait rien de la situation, puisqu'il en prit conscience en jetant un coup d'œil aux écrans TV autour du tracé. Encore une démonstration de sa capacité hors normes de concentration.

Se racheter une conduite ?

2021 offrit ainsi une des images les plus positives d'Alonso, où les meilleurs aspects du pilote explosèrent aux yeux de tous et où les moins reluisants se firent plus discrets. Il reconnut que sa pause lui permit de revenir avec un meilleur état d'esprit, de davantage relativiser l'absence de victoires et savourer la chance qui lui était donnée de piloter au plus haut niveau. « Je me sens privilégié d'être revenu. Ce n'est pas que je ne le ressentais pas les années précédentes, mais après mes deux années d'absence, je me sentais plus conscient de la chance de conduire ces monoplaces, confia-t-il au podcast *Beyond the Grid.* On n'est que vingt pilotes dans le monde, il y a plein de pilotes talentueux qui n'ont même pas l'opportunité de piloter une F1 dans leur carrière. Moi j'ai eu le luxe de pouvoir choisir le moment d'arrêter, faire une pause, et de revenir. J'ai eu cette opportunité donc je suis revenu en étant conscient de ça. Je me sentais reconnaissant envers le sport, l'équipe, tout le monde, et j'ai apprécié chaque seconde. »

Ce plaisir de conduire, Fernando le ressentit et le partagea d'un bout à l'autre de la saison, de sa course de reprise à Bahreïn où il retrouva la boule au ventre précédant le départ d'un Grand Prix, au Qatar où il remercia l'équipe pour sa monoplace et clama pouvoir y rester toute la nuit. Il dispensa d'ailleurs Alpine de toute critique durant ses premières courses de réadaptation, ne cherchant jamais à blâmer quelqu'un d'autre hormis lui-même. Il fit aussi profiter ses adversaires de son nouvel enthousiasme, comme en Autriche où sa bataille avec un jeune George Russell anima les derniers tours du Grand Prix, avec Fernando dans le rôle du chasseur et George en défenseur. Si le pilote Williams finit par céder, ce fut après une lutte dure mais juste des plus appréciables. Alonso le félicita aussi bien dans le tour d'honneur qu'à sa descente de voiture pour ses efforts et avoua même s'être senti un peu triste pour Russell, qui méritait bien ce point après lequel il courait encore.

Bien entendu, son extrême compétitivité resta bien présente, sans quoi il n'aurait pas accompli de si bons résultats, et il continua de l'appliquer dans toutes ses activités hors piste. Mais au moins Fernando ne se laissa pas dominer par celle-ci dans son attitude et même lorsqu'il haussa le ton dans les médias, il apparut davantage de bonnc foi et souligna des problèmes concrets. Il évoqua à Baku le cas des pilotes accidentés provoquant un drapeau rouge qui devraient voir leur meilleur chrono retiré en conséquence selon lui, un vrai problème sur les circuits urbains plus exposés à une potentielle interruption de séance. Il dénonça aussi la gestion des limites de piste en cas de dépassement à Austin – où Kimi Räikkönen put conserver sa position à son détriment quand lui et d'autres pilotes furent contraints de la rendre dans un cas similaire – ainsi que la gestion du trafic en qualifications et les blocages qui pouvaient en résulter. Gêné par Sebastian Vettel en Autriche, il appela la FIA à davantage intervenir sur une situation trop récurrente depuis un certain nombre d'années, à savoir des pilotes au ralenti dans les derniers virages de leur tour de chauffe qui ruinent le tour de rivaux dans un tour lancé. Alonso était conscient que les équipes devaient gérer de plus en plus de paramètres en qualifications – entre autres la gestion de la batterie et la tenue des pneumatiques – et exposaient malgré elles les pilotes à ces blocages potentiellement dangereux, d'où son appel à une intervention plus concrète des autorités dont la sécurité était censée être leur cheval de bataille. Les problèmes de *track limits* et de trafic en qualifications sont hélas toujours autant d'actualité en 2025.

Cela étant, il sut retourner la situation à son avantage sur un autre point de règlement mal encadré. Toujours en Autriche, il se sentit floué au départ lorsque des pilotes partirent au large au premier virage, profitant des larges dégagements asphaltés pour garder de l'adhérence et conserver la place acquise avant le virage. Face à l'absence de sanctions de la FIA, pourtant peu avare en la matière dans d'autres circonstances, Alonso déclara qu'il allait lui-même tirer profit de cette situation. Il choisit le circuit de Sochi pour défendre sa cause et ce n'était pas un hasard. Le premier freinage proposait un enchaînement droite-gauche avec une immense échappatoire que les pilotes (ab)usaient en toute impunité chaque année. Ainsi, lorsque toutes les monoplaces abordèrent ce virage, Alonso ne chercha même pas à le négocier, vira bien au large, et suivit la voie réservée au retour en piste en cas d'erreur, balisée par la direction de course. Fernando avait même agi de la sorte durant son tour de reconnaissance afin de parfaire sa trajectoire ! Et comme il fit en sorte de ne pas gagner de place, sa manœuvre était parfaitement légale. Absurde oui, mais exposer cet aspect était justement son objectif.

Sa légendaire mauvaise foi apparut cela dit lorsqu'il remarqua que son exercice de style faisait toujours parler contrairement aux débordements d'autres pilotes au premier virage, prouvant selon lui qu'il existait deux poids deux mesures au moment de juger certaines actions de course, sous-entendu à son détriment. La constante inconstance des commissaires de course était un problème récurrent du sport depuis bien des années et 2021 ne fit certainement pas exception à la règle, mais il poussa sa logique jusqu'à considérer que les pilotes britanniques passaient parfois à travers les mailles du filet non seulement face aux critiques dans la presse mais également à la direction de course. Exemple parmi d'autres : Lando Norris échappa à une sanction bien qu'il ait traversé la ligne blanche d'entrée des stands à Sochi. Un argumentaire déjà fallacieux qui vola en éclat lors de la finale d'Abu Dhabi, théâtre d'une des décisions les plus contestées de l'histoire de la F1 qui aboutit à la perte du titre mondial pour un pilote britannique. Ici, Alonso se fit plus discret sur la qualité de la direction de course !

2021 apparut en tout cas comme une cure de jouvence pour Alonso à différents niveaux. Il fallait maintenant garder ce cap pour 2022, cette saison dont Alonso attendait beaucoup avec une nouvelle génération de monoplaces qui pouvait amener Alpine au niveau supérieur. « Espérons que ça soit la nouvelle tendance pour 2022 », lâcha-t-il à la radio après son podium du Qatar. Ce ne fut pas tout à fait le cas.

23

Chassez le naturel...

2022 marqua l'arrivée d'une nouvelle génération de F1, celle censée résoudre pour de bon l'une des problématiques majeures du sport : la difficulté des monoplaces à se suivre et à se dépasser. Les F1 de 2017 à 2021 pouvaient perdre plus d'un tiers de leur appui en s'approchant trop près d'une autre. Ces nouvelles F1 devaient réduire cette perte de 20 % et utilisèrent dans ce but l'effet de sol, ce phénomène popularisé par l'équipe Lotus à la fin des années 1970 avant d'être banni fin 1982 pour raisons de sécurité tant les vitesses avaient augmenté grâce aux niveaux d'adhérence exponentiels atteints. Les ailerons et le fond plat furent modifiés en conséquence, de même que les pneus Pirelli désormais d'une dimension de 18 pouces. Le changement était nécessaire car les turbulences des F1 étaient exacerbées par la dernière génération de voitures. Néanmoins tout observateur avisé savait qu'il ne fallait pas attendre de miracle : toute perte aérodynamique réglementaire sera récupérée par les ingénieurs dans un laps de temps plus ou moins court, aboutissant à un certain *statu quo* et à la programmation d'une nouvelle révolution technique d'ici cinq à six ans pour régler à nouveau le problème. La boucle sans fin déjà constatée en 2009 notamment.

Mais c'était aussi une façon non avouée de bousculer la hiérarchie bien établie en espérant que de nouvelles équipes tirent leur épingle du jeu au détriment d'autres. Et Alonso avait signé avec Renault/Alpine avec cette saison 2022 en tête et l'attente de jouer les premiers rôles sinon de s'en rapprocher. Débarrassé en janvier des plaques de titane héritées de son accident de vélo de l'année passée, Alonso attaqua la saison gonflé à bloc, conscient qu'à 40 ans passés, il devait s'entraîner différemment pour rester au même niveau. « Vous devez vous entraîner plus, vous étirer davantage, adopter une autre routine alimentaire et bien d'autres choses pour garder la même force et forme physique. Je sais que je vais devoir le faire plus que les autres pilotes car je suis plus vieux qu'eux », avoua-t-il à différents médias en fin d'année dernière. Il voyait donc son âge comme un avantage. Aussi, après avoir connu différentes générations de monoplaces en F1, en plus de ses expériences annexes, son adaptation pour 2022 devait être plus naturelle que pour d'autres pilotes. Il avait d'ailleurs déjà expérimenté les pneus 18 pouces en Endurance. Le seul problème qu'il reconnut était d'affronter des saisons de plus en plus longues, avec vingt-deux courses au programme en 2021 comme en 2022. Garder une motivation constante d'un bout à l'autre du championnat était un défi certain mentalement parlant.

Restait maintenant à Alpine de répondre au mieux au défi proposé par les nouvelles monoplaces. Si ses pilotes répondirent au mieux aux attentes placées en eux, l'Alpine A521 de 2021 fit preuve d'irrégularité selon les circuits et l'équipe peina parfois à comprendre certaines de ses performances. L'équipe finit cinquième du championnat bien loin de Ferrari et McLaren avec qui Renault faisait jeu égal, sinon mieux en 2020. L'Alpine A522 devait donc au minimum combler cet écart et jouer régulièrement les podiums. Verdict ?

Gaspillage de points

La nouvelle réglementation provoqua comme attendu plusieurs variations dans le classement général. Mercedes chuta de son piédestal et subit de plein fouet les désavantages de cette génération de monoplaces, notamment ce qu'on appela communément le « marsouinage ». L'effet de sol eut pour effet de faire constamment rebondir les F1 tel un marsouin nageant dans l'eau – d'où le nom – et Mercedes ne parvint jamais à pleinement compenser ce handicap contrairement à d'autres. La marque à l'étoile ne remporta qu'une course par le biais de son protégé George Russell au Brésil. Lewis Hamilton connut lui une saison sans monter au sommet du podium, une première dans sa carrière. À l'inverse, des équipes du fond de grille comme Haas et Alfa Romeo progressèrent spectaculairement, du moins durant la première moitié de saison. Et surtout Ferrari redevint pour la première fois depuis 2018 un prétendant au titre, avec Charles Leclerc un temps le meilleur concurrent de Max Verstappen. Avant la chute habituelle de la Scuderia.

Alpine de son côté conserva peu à prou la même dynamique qu'en 2022, du moins côté performances. Avec cent soixante-treize points marqués contre cent cinquante-cinq en 2021, il était difficile de parler de progression, même si l'équipe monta d'un rang au championnat constructeur et pouvait légitimement considérer sa monoplace comme la quatrième meilleure du plateau sur différentes courses.

Cependant, sa fiabilité laissa davantage à désirer et aboutit à un nombre trop élevé d'occasions manquées et de points gaspillés. Alonso abandonna cinq fois sur soucis d'ordre mécanique, auxquels s'ajoutèrent l'une ou l'autre perte de puissance non éliminatoires, et quelques pannes durant les séances de qualifications, au format classique comme en Sprint. L'une d'entre elles, de nature hydraulique, arriva au pire moment en Australie car Fernando était en capacité de jouer la pole, sinon les premières lignes, avant que ce problème ne l'envoie dans le mur de pneus. Dans le cas de la course Sprint, Alonso ne prit même pas le départ de celle programmée en Autriche, le condamnant à un come-back le lendemain. Comme si cela ne suffisait pas, des erreurs humaines le pénalisèrent également, comme en Espagne où il se retrouva éliminé dès la première partie des qualifications à la suite d'un couac de communication, ou en Autriche (encore) quand il fut contraint de stopper deux fois aux stands à cause d'une roue mal fixée. Un soupçon de malchance et de mauvais timing compléta la recette : une voiture de sécurité virtuelle torpilla sa stratégie décalée pour remonter en Australie, la Haas de Mick Schumacher (le fils de Michael) le percuta au premier tour à Imola, causant des dégâts irrémédiables, et Lewis Hamilton fit de même en Belgique, avec moins de conséquences ici.

Cela faisait beaucoup de points perdus, au point de se faire devancer par son équipier Esteban Ocon au classement final, avec quatre-vingt-douze points pour le Français contre quatre-vingt-un pour l'Espagnol. Pour rappel, seul Jenson Button en 2015 était parvenu à faire mieux en termes d'unités. La course la plus représentative de ce gâchis reste son Grand Prix du Canada. Qualifié deuxième après un superbe tour sur piste humide (sa meilleure position depuis 2012), Alonso fut vite freiné par une perte de puissance de son moteur Renault puis par une voiture de sécurité virtuelle qui l'empêcha de mener sa stratégie à bien, le reléguant en septième place derrière son équipier. Frustré par une nouvelle occasion manquée, Alonso jeta son manuel de défense par la fenêtre dans le dernier tour et choisit de bêtement zigzaguer pour bloquer l'Alfa Romeo de Valtteri Bottas. Il reçut en retour une pénalité fort justifiée qui le rétrograda en neuvième position.

« Je suis du côté obscur »

Face à tant de déchets, il fallait s'attendre à entendre Alonso déplorer la scoumoune et donner un total de points perdus plus ou moins juste. Ce fut en effet son commentaire le plus régulier en cette saison 2022. En Autriche il estima la perte à cinquante points au micro de Canal +, puis passa à une fourchette de soixante à soixante-dix points lors du point médias pour la presse écrite et numérique. Les petites phrases radiophoniques répondirent présent comme toujours, la plus corsée intervint en Belgique lorsque Hamilton lui ferma la porte au premier tour. « Ce gars ne sait piloter qu'en partant premier ! » fut sa réaction. Encore une fois, comme pour d'autres missiles verbaux de son cru, ce n'était pas à prendre au pied de la lettre avec le combo adrénaline-frustration en action. Preuve s'il en est, il revint à de plus sages dispositions en interview et reconnut que ces propos ne reflétaient pas sa pensée. Mais à force d'être un des plus constamment incisifs dans l'exercice à chaud comme à froid, il était plus facile de faire l'amalgame. S'il ne voulait pas que les fans allument un incendie sur les réseaux sociaux, peut-être fallait-il éviter de leur fournir l'essence !

À ce sujet, Alonso eut aussi le temps de déplorer les décisions des commissaires de course dont la cohérence échappait trop souvent au commun des mortels. Déjà sanctionné de cinq secondes après une touchette évitable avec Pierre Gasly à Miami – erreur reconnue ici – il coupa une chicane et gagna une seconde dans l'escapade. Bien que Fernando ait ralenti par la suite pour annuler l'avantage, les commissaires répondirent avec une autre pénalité de cinq secondes qui, au cumul, l'éjecta du top 10. Pire encore, lorsque lui et son équipe vinrent à la rencontre de la direction de course pour défendre leur cas, celle-ci prêta à peine attention aux preuves apportées par Alpine, ce qui aboutit à Alonso dénonçant littéralement « l'incompétence » des commissaires et le manque de connaissances du directeur de course ! À croire que le ménage suivant la fin houleuse d'Abu Dhabi 2021 n'eut aucun effet.

Cela étant, Fernando n'est clairement pas absous de toute critique, y compris sur cet incident, bien conscient, avec sa première pénalité, qu'un recul dans le classement lui pendait au nez. Certains théorisèrent sur le caractère délibéré de cette erreur qui lui avait un temps permis de se mettre à l'abri d'une attaque DRS de ses adversaires. On le soupçonna d'ailleurs d'une autre fourberie à Baku lorsqu'il tira tout droit dans l'échappatoire du virage 15 en qualifications. Un virage très accidentogène il est vrai, mais Alexander Albon, qui fut gêné par Alonso, crut dans un premier temps qu'il avait cherché à provoquer un drapeau jaune volontaire pour couper l'élan de ses adversaires. Bien sûr Alonso nia toute copie de Michael Schumacher à Monaco 2006 et ramena sur la table le débat du drapeau rouge et des chronos à supprimer chez le fauteur de troubles. Et si dans les deux cas il s'agit plus d'une interprétation que d'une situation sans équivoque, que l'on envisage Alonso réaliser ce genre de manœuvres en disait long sur la réputation qu'il pouvait traîner. Même sa course de Monaco fit soulever quelques sourcils car il roula en septième position sur un rythme modéré l'éloignant grandement du top 6 et bloquant le reste des prétendants aux points. Il évoqua sa gestion des pneumatiques dont il doutait de la bonne tenue, mais avec Hamilton dans son dos et un : « C'est Monaco, et j'adore empêcher les autres de me doubler ! » d'après course, c'était à croire qu'Alonso aimait parfois endosser un costume de troll et forcer le trait.

C'est ce qui rendait Alonso si imprévisible : de son propre aveu, il était nécessaire de jouer un rôle ou un personnage en F1, bon comme mauvais. « Parfois il s'agit de pousser l'équipe dans une certaine direction, parfois de l'aider face à un problème d'ordre politique. À certains moments, il s'agit juste de motiver les fans, à d'autres vous essayez de stresser vos adversaires. C'est une chose normale que vous faites chaque week-end. Je ne sais pas qui je suis ici ou comment ils me voient en dehors mais franchement je m'en fous », confia-t-il à 2015 à *Autosport*, lorsque le magazine chercha à décrypter le personnage Alonso. Dans son dernier entretien pour le podcast officiel *Beyond the Grid,* il précisa sa pensée en estimant que le caractère très politique de la F1 le forçait à s'adapter, quitte à renier ses valeurs profondes. « J'ai un sens de la justice et de l'équité que vous devez déconnecter en F1, où parfois il n'y a pas d'équité ou de justice. Vous devez vivre avec les aspects uniques de ce sport : beaucoup de politique, beaucoup d'intérêts, des décisions qui ne vont pas dans le sens du sport… Vous devez l'accepter si vous voulez prendre part à ce cirque, et si vous ne le faites pas, vous allez dans une autre catégorie. » Il était donc tout naturel qu'il joue le jeu pour Netflix et sa série *Drive to Survive*, laquelle aimait monter en épingle certaines situations et individualités pour nourrir une narration préétablie. Ce qui aboutit à ce passage savoureux : « En F1, il faut qu'il y ait des bons personnages et des mauvais, des héros et antihéros. Donc je suis du côté obscur », lâcha-t-il avec malice.

Dans l'ensemble, nous avions retrouvé l'Alonso plus nerveux et frustré des années précédant son départ, avec raison mais sans une totale absolution malgré tout. Néanmoins une séparation avec Alpine n'était pas si évidente au moment où la *silly season*, la période active des transferts, s'annonçait. Alonso disait vouloir rester avec les Bleus et on voyait mal Alpine se séparer de celui qui amenait une certaine visibilité et de bonnes performances à l'équipe. Aussi, il n'était qu'à sa deuxième saison, quand il lui fallut quatre ans pour divorcer avec McLaren malgré tout le contexte que l'on sait. C'est pourquoi l'annonce qui suivit le Grand Prix de Hongrie prit tout le monde de court. Et surtout Alpine.

En vert et contre tous

Le 1er août 2022, quelques jours après l'annonce de la retraite de Sebastian Vettel, Aston Martin officialisa son remplaçant en la personne de Fernando Alonso. Après son premier passage chez McLaren, l'Espagnol offrit un nouveau transfert sorti de nulle part. Fernando mit en avant l'énergie et l'engagement d'Aston Martin avec ses recrutements de personnes de valeur et la construction d'une nouvelle usine à Silverstone. « Personne en F1 ne démontre une telle vision, cette soif de victoire absolue. Je veux faire partie d'une organisation qui s'engage à apprendre, à se développer et à réussir », dit-il quelques jours après avoir mentionné son envie de prolonger avec Alpine. Que s'était-il passé durant ce laps de temps réduit ?

En vérité, Alpine a voulu jouer sur les deux tableaux, car elle disposait du jeune espoir australien Oscar Piastri dans sa filière. Champion de F2 en 2021 et protégé de Mark Webber, l'équipe espérait bien le placer en tant que titulaire le plus tôt possible avant qu'une autre équipe ne s'en charge à sa place. Or Alpine avait déjà prolongé son engagement avec Esteban Ocon jusqu'en 2024. Si un pilote devait céder sa place pour Piastri, ce serait Alonso, non pas pour ses performances toujours excellentes, mais pour son âge : Alpine craignait qu'à 41 ans, Fernando finisse par passer son paroxysme et progressivement chuter, tel Vettel en 2022 qui confirma avec sa retraite ne plus avoir entièrement la tête à la F1. C'est pourquoi l'ex-Renault rechigna à lui offrir un contrat à long terme durant les mois précédant la fenêtre laissée ouverte par le départ de Vettel. Sauf que douter des capacités de Fernando Alonso et laisser entendre qu'on ne lui fait plus assez confiance est l'une des meilleures façons de profondément vexer le double champion du monde. Lui se sentait à son meilleur niveau – ce qu'il mentionna publiquement bien entendu, se comparant notamment à sa forme spéciale de 2012 – et il se voyait continuer de nombreuses années encore. Il n'était donc pas si étonnant qu'Alonso signe chez Aston Martin sans prévenir au préalable le directeur général d'Alpine Otmar Szafnauer, qui apprit la nouvelle en même temps que le reste du monde !

Alpine perdit donc son champion mais pensait pouvoir retomber sur ses pattes en officialisant Oscar Piastri aux côtés d'Esteban Ocon. Sauf que celui-ci démentit l'information sur les réseaux sociaux, avant d'officialiser peu après son association avec McLaren ! En vérité, Alpine n'avait jamais exercé l'option que l'équipe possédait sur le pilote en fin d'année 2021, le laissant libre de tout engagement pour 2023. Otmar Szafnauer se vit porter le chapeau de cette erreur par sa hiérarchie en dépit de son innocence : il fut engagé plusieurs mois après l'option non activée de Piastri… On comprit plus tard que Szafnauer n'avait qu'une autorité limitée au sein de sa propre équipe, d'où son ignorance de l'accord Alonso-Aston Martin. De son propre aveu, Fernando en référa auprès de Luca de Meo et Laurent Rossi, respectivement directeur du groupe Renault et président d'Alpine – donc les supérieurs de Szafnauer – et supposa qu'ils avaient « oublié » de l'informer. Une telle ingérence pouvait justifier à elle seule le départ d'Alonso, et la suite des événements lui donna raison. Alpine s'embourba tant dans les problèmes décisionnels qu'elle en vint à rappeler le renégat Flavio Briatore en 2024 en tant que conseiller exécutif. Notons que Briatore restait proche de Fernando Alonso mais aussi de Mark Webber, agent d'Oscar Piastri. Il n'en fallait pas plus pour qu'une théorie du complot circule et laisse penser que l'Espagnol ait eu son rôle à jouer dans ce raté contractuel pour se venger d'Alpine. Un peu tiré par les cheveux mais ce ne serait pas la première fois qu'une hypothèse fallacieuse impliquant Renault, Fernando Alonso et Flavio Briatore se révèle exacte après tout !

Szafnauer maintint sa confiance dans l'engagement d'Alonso envers Alpine jusqu'à la fin de saison malgré son départ. Or comme souvent avec Fernando, si engagement total il y eut en piste, sa langue se délia plus d'une fois dès que l'équipe ou les circonstances lui en donnaient l'occasion. Et la fiabilité perfectible de son A522 qui pouvait lui rappeler les heures sombres de McLaren fut le prétexte idéal. Avec quatre abandons sur les sept dernières courses, il ne manqua pas de rappeler presque à chaque retrait que la monoplace d'Esteban Ocon était bien plus épargnée que la sienne. Au Mexique, il précisa même que ce n'était pas la même situation que chez McLaren car à ce moment, les deux voitures renonçaient. D'une équipe vue comme sa famille à un team qui le désavantagerait sciemment en deux ans, pas de doute, Alonso savait passer par toutes les émotions en peu de temps. Il ne se priva pas non plus de mentionner publiquement sa hâte de rouler pour Aston Martin en fin de saison.

Son sentiment envers son équipier évolua également au gré de ses humeurs. En 2021, leur alchimie faisait plaisir à voir avec des compliments mutuels réguliers, entre Ocon disant s'être inspiré d'Alonso pour progresser en tant que pilote – notamment pour ses départs – et Alonso s'avouant surpris par le haut niveau d'Esteban, ce qui le motiva d'autant plus à rattraper son retard du début de saison. Outre le bonheur partagé en Hongrie, les deux eurent un autre moment de course d'équipe au Brésil, où Alonso dépassa Ocon pour ensuite lui offrir son aspiration afin de le protéger du retour de Pierre Gasly, hélas sans succès. La manœuvre ayant échoué, Fernando lui rendit la position au dernier tour sans chichi. Ironiquement, c'est sur le même circuit d'Interlagos qu'Alonso se lâcha sur Ocon douze mois plus tard. Après avoir déjà déploré sa défense rugueuse au départ du Grand Prix de Hongrie, il finit par accrocher son équipier dès la fin du premier tour de la course Sprint, en se décalant trop tard durant une manœuvre de dépassement, une erreur rare pour un pilote si précis dans le combat de près. Aileron avant cassé pour l'un et ponton pour l'autre, et deux Alpine en fond de classement à la fin de cet échauffement non avoué pour la vraie course. Ce qui aboutit à une nouvelle poussée d'urticaire de l'Espagnol qui rendit Ocon pour responsable, tout en rappelant ses errements passés avec Sergio Perez chez

Force India et Max Verstappen ici même quatre ans plus tôt. À croire qu'il ne savait plus quitter une équipe sans allumer quelques incendies ici et là.

Trajectoires calculées

L'apaisement et le plaisir de l'instant présent de 2021 paraissaient déjà bien loin, presque comme un mirage ou un rêve éveillé. Mais si Mister Alonso pouvait agacer à chaque prise de parole, Docteur Fernando continuait d'inspirer dès qu'il posait quatre roues sur le bitume. Déjà, il révéla en début d'année 2023 qu'il s'était cassé l'un ou l'autre os dans son accident de Melbourne, et qu'il pilota avec des douleurs aux mains durant toute la première moitié de saison, sans jamais rien laisser paraître. Ce qui rend ses résultats d'autant plus louables. Alonso se plaça plus d'une fois comme le meilleur pilote après les trois top teams en finissant cinquième en Grande-Bretagne et en Belgique, sixième en France et aux Pays-Bas. Il proposa des remontées de qualité en Espagne – de dernier à neuvième –, en Autriche – de dix-neuvième à dixième malgré le couac pneumatique au stand –, aux Pays-Bas – où il partait treizième – et surtout au Brésil. Alors que ses admirateurs soupiraient face à la mauvaise foi de leur pilote préféré le soir de la course Sprint, ceux-ci se rappelèrent pourquoi ils aimaient tant Fernando vingt-quatre heures plus tard, lorsqu'il effectua un come-back de la dix-septième place à la cinquième devant les Red Bull, pourtant dominatrices en cette fin de saison. Les fans de Fernando passaient aussi par toutes les émotions avec lui.

Le retour le plus improbable se déroula aux États-Unis, où Alonso proposa à son corps défendant une refonte plus en douceur de Baku 2018. Peu après une relance de course, Alonso tenta de doubler son futur équipier Lance Stroll dans la ligne droite. Hélas pour lui, pour ce qui est de bien placer sa monoplace dans une bataille roue dans roue, le Canadien était son exact opposé, et son décalage trop tardif sur la gauche manqua de propulser Alonso en l'air. Il ne décolla heureusement que des roues avant et toucha latéralement le rail de gauche. L'accrochage secoua l'Espagnol qu'on entendit reprendre son souffle à la radio, ce qui n'était pas fréquent. Naturellement, après un changement d'aileron avant, il remonta comme si de rien était jusqu'à la septième place ! La position lui fut un temps retirée sur plainte de l'équipe Haas car après l'accident, il roula pendant une partie de la course avec un rétroviseur endommagé. Les autorités ne badinaient plus avec les éléments susceptibles de percuter un autre pilote, c'est pourquoi ils pénalisèrent Alonso de trente secondes… sans jamais n'avoir rappelé l'Alpine aux stands durant la course. Mais la septième place finit par lui revenir car Haas avait déposé sa plainte hors délais réglementaires ! En parlant de plainte, Alonso se priva de fustiger Stroll pour son mouvement dangereux malgré le passif de Lance en la matière – c'était lui qui l'avait percuté sur ce même circuit en 2018 – et prétendit que son propre décalage pour le dépassement était aussi trop tardif. Après tout, il s'agissait du fils de son futur patron.

Enfin, il offrit malgré lui une des belles images de l'année grâce à un splendide photo finish face à Sebastian Vettel. Reparti avec des pneus intermédiaires sur les derniers tours d'une course tronquée par la pluie, Alonso remonta sur son ancien rival et tenta de le doubler sur la dernière ligne droite pour la sixième place. Onze millièmes séparèrent les deux duellistes de 2012, à l'avantage de Sebastian là aussi. Si Fernando pesta (évidemment) contre le choix stratégique de son équipe, au moins n'avait-il pas frôlé un véhicule d'intervention sur la piste contrairement à Pierre Gasly en début de course. Huit ans après le drame qui interrompit Jules Bianchi à jamais, les autorités avaient une façon toute personnelle d'apprendre de leurs erreurs.

Cela concernait la partie visible de l'iceberg mais ces performances d'Alonso furent plus d'une fois calculées et préparées avec le sens du détail et le perfectionnisme qu'on lui connaît, notamment avec son péché mignon : le départ. À Miami, il gagna trois places en prenant l'extérieur du premier virage, ce qui n'allait pas de soi avec cette piste neuve et très sale hors trajectoire. Alonso choisit malgré tout de s'aventurer sur ce terrain après avoir observé que la piste n'était pas si sale que prévue durant… la parade des pilotes d'avant-course ! Et si tel n'était pas le cas sur un autre circuit, pas de problème. En Autriche, il alla jusqu'à nettoyer lui-même son futur emplacement sur la grille de départ durant les essais du samedi matin en Autriche, en prévision d'un meilleur envol durant la course Sprint ! Hélas il renonça avant de mettre son plan à exécution. Il se rattrapa en France avec une nouvelle trajectoire décalée et planifiée depuis ses tours de mise en grille. En effet il avait pris soin de bien chauffer ses pneus, et donc déposer de la gomme, sur cette section précise de la piste qu'il emprunta dans les deux premiers virages.

Dans tout ce melting-pot d'émotions et de sensations, Fernando était bien ce que l'ancien directeur général Cyril Abiteboul avait décrit : un requin affamé qui attaque à la première vue du sang. Il ne pouvait pas se contenter de nager gaiement très longtemps. Les promesses d'adoucissement du personnage en 2021 s'effacèrent très vite face aux errements de management de Renault et au caractère d'un pilote à la rancune tenace. « La dynamique de la dynamite », titra Fabien Gaillard pour Motorsport.com au moment de résumer sa saison. Il n'y avait donc pas de grand optimisme pour 2023 à la suite de cette escalade. Les choix d'équipes discutables d'Alonso devenaient un cliché à ce stade de sa carrière et Aston Martin se battait dans le ventre mou du classement. Et pourtant, si la saison suivante n'influa en rien sur sa réputation humaine, elle (re)mit davantage en lumière ce pourquoi Fernando Alonso était si apprécié en premier lieu.

24

Un pilote toujours vert

Vingt ans après s'être habillé de vert au cours d'un test pour Jaguar – Red Bull Racing aujourd'hui – Alonso revêtit à nouveau cette teinte pour son premier contact avec Aston Martin le lendemain du dernier Grand Prix 2022. Ou presque. Encore sous contrat avec Alpine et donc prohibé de faire la promotion de marques concurrentes, Fernando fut contraint de rouler avec une combinaison vierge, un casque de crash-test et une monoplace dépourvue de sponsors. Une situation à laquelle il n'était pas étranger puisqu'il fit face à la même problématique en 2007 avec McLaren, étant là aussi contractuellement bloqué par Renault. Au moins il ne s'agissait pas d'un rookie test. Fernando était même plus que jamais l'opposé d'un débutant. En 2022, il avait franchi la barre des 350 Grands Prix, le record absolu en la matière. Un témoignage des carrières de plus en plus longues dans la F1 actuelle, un phénomène favorisé par les calendriers toujours plus fournis. À titre de comparaison, lors de ses débuts en 2001, le record était établi à 256 départs par Riccardo Patrese depuis 1993 et seuls quatre pilotes avaient effectué plus de 200 départs. Fin 2024, ils étaient vingt-quatre, dont cinq encore présents en 2025. Avec cette saison 2023, Alonso allait entamer sa vingtième saison, un autre record de longévité.

Et bien sûr, Fernando réfutait tout projet de retraite. Tant qu'il se sentait compétitif et pas rattrapé par Dame Nature, il ne se voyait pas faire autre chose que la F1, sinon du sport automobile. Néanmoins, on parle d'un pilote compétitif à l'extrême et l'idée derrière le projet Aston Martin était bien entendu de retrouver à terme les premiers rangs, avec un possible départ dans le cas contraire. Ce qui pouvait très bien être le cas au moment de clôturer 2022. Ayant précédemment investi dans Williams, Lawrence Stroll reprit Force India courant 2018 alors que l'équipe était au bord du dépôt de bilan après avoir offert un rapport qualité-prix inégalé en tant qu'outsider. Renommée Racing Point, elle eut droit à son succès surprise à Sakhir 2020 grâce à Sergio Perez et devint Aston Martin en 2021 après que Stroll ait également pris des parts dans la marque automobile anglaise[1]. Hélas l'équipe régressa les deux saisons suivantes et échoua à tirer le meilleur parti de la nouvelle réglementation technique de 2022, finissant piètre septième du championnat avec seulement cinquante-cinq points, contre cent soixante-treize chez Alpine.

Partant de là, il était facile de tabler sur un nouveau raté d'Alonso dans son choix de carrière et de parier sur le moment précis où il allait craquer et pratiquer la stratégie de la terre brûlée. Mais même s'il admit que ce choix représentait bien un « pari » à ses yeux, Alonso n'avait pas non plus rejoint cette équipe au hasard. Derrière ces performances se cachait un gros investissement à long terme de Lawrence Stroll qui se donnait les moyens de ses ambitions. Il lança en 2021 la construction d'une

1. Il s'agit cela dit d'une association par nom uniquement, le constructeur n'a aucune implication concrète dans l'équipe.

nouvelle usine et soufflerie, fit passer l'effectif de 400 à 700 employés depuis 2018, recruta plusieurs ingénieurs réputés du milieu, parmi lesquels Dan Fallows en tant que directeur technique. Il était jusqu'alors le chef aérodynamicien de Red Bull et considéré comme le second d'Adrian Newey, le plus grand directeur technique de sa génération. Aussi, Alonso connaissait Stroll et le considérait comme un ami avant même que l'équipe reprenne le nom d'Aston Martin. Il sentait donc qu'il pouvait lui faire confiance, et n'eut de cesse de louer la détermination et l'engagement du président. Bien entendu, la voix de son mentor Flavio Briatore participa à ce choix, lui qui croyait aussi en ce projet. Et si le résultat final de 2022 restait décevant, Aston Martin réussit à améliorer sa monoplace après un début de saison catastrophique où elle côtoyait le fond de grille. Il y avait encore de la marge de manœuvre car comme le supposait Alonso auprès de *Auto Moto und Sport* en décembre dernier, « il n'y a plus grand-chose à inventer. Les top teams sont déjà assez proches de la limite et les autres vont les rejoindre ».

Or les essais hivernaux, quoique toujours aussi brefs et jamais pleinement représentatifs, démontrèrent que l'AMR23 était bien mieux née que les précédents modèles. Non seulement elle se hissait devant toutes les équipes de milieu de tableau, mais elle taquinait même le trio intouchable Red Bull/Ferrari/Mercedes, ce dont Alpine s'était révélé incapable jusqu'alors. Alonso et son équipe restaient sur leurs gardes et se privaient de tout triomphalisme, bien conscient qu'il y avait encore fort à faire. Aussi polyvalent soit Fernando, l'adaptation à une nouvelle voiture et à une nouvelle philosophie de travail ne pouvait se faire en un hiver. De plus, son équipier Lance Stroll connut sa propre chute de vélo qui le priva de tout essai, ce qui pouvait ralentir l'intégration d'Alonso. Selon lui, la présence de Stroll, rodé à son team, aurait permis d'obtenir plus d'éléments de comparaison là où Fernando devait deviner ce qui était nouveau pour lui uniquement, ou pour les deux pilotes. Au moins lui était revenu à son meilleur niveau physiquement. Il eut enfin droit à une préparation complète après deux hivers où il subit une convalescence consécutive à son accident de vélo de 2021.

Ainsi, au moment où le premier Grand Prix 2023 s'annonçait, la question sur toutes les lèvres de ses fans – et d'autres – était la suivante : est-ce que 2023 allait devenir la saison où un changement d'équipe de Fernando Alonso s'avérerait enfin judicieux ? Ou est-ce que Aston Martin allait suivre la trajectoire de Jaguar, autre écurie à la robe verte, au nom britannique évocateur et au tiroir-caisse bien rempli, mais qui se couvrit de ridicule durant son passage en F1 de 2000 à 2004 ?

Un phare dans la nuit

Le Grand Prix de Bahreïn s'amorça dans la continuité de la deuxième moitié de saison 2022, à savoir une domination sans partage de Red Bull et de Max Verstappen. Mercedes était toujours en difficulté, Ferrari se situait entre les deux, et Alpine était partagé entre l'espoir – remontée de Pierre Gasly de dernier à neuvième – et la honte – trois pénalités pour Esteban Ocon. Rien n'avait changé *a priori*. À l'exception d'Aston Martin. Alonso joua les premiers rôles en essais libres puis se qualifia cinquième, avec des espoirs concrets de podium. Lance Stroll parvint même à se placer huitième malgré son manque de roulage et un poignet toujours endolori, signe que cette AMR23 avait du potentiel. Et les pilotes se chargèrent de transformer l'essai en course. Si Stroll manqua de peu d'éjecter son équipier dès le quatrième virage, aucun dégât ne suivit. On put rapidement oublier cette gaffe et admirer le travail d'Alonso en piste. L'espagnol fit le spectacle presque à lui seul en taillant sa route face aux Mercedes de George Russell et Lewis Hamilton, puis la Ferrari de Carlos Sainz. Et pas que par la grâce du sacro-saint DRS, comme en témoigna son splendide dépassement sur Lewis Hamilton dans le virage 10. Feignant de tenter l'extérieur au virage précédent, Alonso préparait en fait le terrain pour le tournant suivant et surprit la Mercedes en plongeant à l'intérieur, sans bloquer la moindre roue ni s'appuyer sur son adversaire. Son talent suprême dans l'adoption de la trajectoire idéale dans le combat de près continuait d'étonner quand bien même ce n'était plus une découverte. Troisième à l'arrivée, il retrouvait enfin le podium qui lui échappait depuis le Qatar en 2021, ce alors qu'il s'estimait ne pas être totalement habitué à sa nouvelle voiture, notamment avec sa direction assistée. Il méritait bien d'être élu pilote du Grand Prix par les fans.

Et il ne s'agissait pas d'une performance isolée. Sur toute l'année, Alonso monta huit fois sur le podium, signa quatre premières lignes et glana des points dans les quatorze premières courses de la saison. Preuve de l'excellente fiabilité de son Aston Martin : non seulement il fut le deuxième pilote au plus grand nombre de tours et kilomètres parcourus mais seules des circonstances extérieures causèrent ses deux abandons de l'année. Ils intervinrent les deux seuls week-ends où Alonso échoua à se qualifier en Q3, aux États-Unis et au Mexique. Et comme toujours, ses erreurs furent des plus limitées : un fond plat endommagé en qualifications en Espagne, une sortie de piste en course Sprint en Belgique, ainsi qu'un tête-à-queue en essais au Mexique. Un bond spectaculaire, malgré une baisse de régime notable à mi-parcours, qui le hissa quatrième du championnat pilote et fit de lui l'une des attractions d'une saison particulièrement terne et assommante.

Il faut dire que Max Verstappen domina de façon plus outrancière encore qu'en 2022, établissant de nouveaux records en la matière. Le Néerlandais remporta dix-neuf des vingt-deux Grands Prix du calendrier, un record absolu aussi bien pour le nombre en lui-même que le ratio par rapport au nombre de courses, à savoir 86 %[1]. Il en fit de même pour les tours menés, 1 003 sur 1 325 possibles, soit presque 76 %[2]. Il enchaîna même dix victoires consécutives, un autre record qui datait lui de 2013 et de Sebastian Vettel, entre autres exploits plus confidentiels. La nouvelle génération de monoplaces n'y pouvait rien, contrairement à ce qu'espéraient beaucoup de fans… et Alonso lui-même, alors que ce bouleversement annoncé était un des aspects qui avait motivé son retour dans la discipline. S'il est devenu un peu moins ardu de se suivre et se dépasser, la course à la victoire restait en cercle très fermé avec un écart important entre les équipes de pointe et celles du milieu de tableau. C'est pourquoi voir Alonso bousculer l'ordre établi, même légèrement, permettait d'oublier un moment l'aspect fort prévisible du championnat. Hélas pour Alonso et les fans de F1, toutes ses performances de valeur tombèrent au même instant où Red Bull et surtout Max Verstappen étaient au sommet de leur art, ce qui l'empêcha de viser la victoire à la régulière.

Le seul Grand Prix où celle-ci pouvait légitimement s'envisager était Monaco, le fameux tracé où la voiture devient moins prédominante et où le pilote fait un peu plus la différence. Alonso pensait dans un premier temps

1. Le précédent record était de 75 %, par Alberto Ascari en 1952.

2. Le précédent record était de 71,47 %, par Jim Clark en 1963.

que l'Aston Martin allait se démarquer grâce à son aisance dans les virages lents, au point d'avoir exigé de son équipe de ne pas modifier la voiture avant Monaco, conscient que sa meilleure chance se jouait ici. Problème, cette aisance devint moins évidente au fil des courses. Alonso repoussa alors les limites de sa préparation. De son propre aveu, celle-ci fut « la plus grande et la plus précise que j'ai jamais faite durant un week-end de course ». Chaque bosse du circuit et chaque donnée des courses passées de l'équipe en ce lieu furent étudiées, ainsi que d'anciens Grands Prix. La même exigence que pour Indianapolis, Le Mans et Dakar, comme s'il redécouvrait Monaco pour la première fois. Ce qui résulta en un tour fantastique en dépit d'une voiture qui n'était pas à son meilleur. Seul un troisième secteur d'anthologie de Max Verstappen, pourtant deux dixièmes en retard après les deux premiers, priva Alonso de la pole. En course, Fernando allait se satisfaire d'une deuxième place avant que la pluie ne vienne chambouler l'épreuve. Fernando avait l'opportunité de chausser les pneus intermédiaires avant Verstappen mais il choisit de garder les secs, la piste n'étant pas trempée sur tout le circuit peu avant son arrêt. Sauf qu'un tour plus tard, la pluie toucha l'entièreté du tracé, le contraignant à repasser aux stands. Il conserva sa deuxième place mais il n'approcha plus la tête d'aussi près du reste de la saison.

En effet, après six podiums dans les huit premières courses qui faisaient de Fernando le meilleur pilote non Red Bull au championnat, Aston Martin se fit déborder par Ferrari comme Mercedes. Pire encore, l'ex Force India subit même le retour en force de McLaren qui connut une évolution technique diamétralement opposée aux verts, jusqu'à remplacer Alonso comme lueur d'espoir contre Red Bull dans le dernier tiers de saison. Car Aston Martin lui rejoua une partition bien trop récurrente de son temps chez Ferrari : un développement basé sur des données erronées qui fit chuter la monoplace en performance au lieu de l'améliorer. C'était au point que deux Grands Prix (États-Unis et Mexique) prirent des airs de séances d'essais grandeur nature pour Alonso, où l'équipe compara d'anciennes et nouvelles pièces tout au long des deux meetings. D'autres facteurs furent avancés pour expliquer cette méforme, notamment un contrôle accru de la FIA sur la flexibilité des ailerons, un problème récurrent pour les autorités depuis bien longtemps, car il leur est impossible de pleinement légiférer sur un élément en mouvement, et les ingénieurs s'en donnaient à cœur joie pour exploiter cette zone grise. Or selon Motorsport.com qui mena l'enquête durant l'été, ce serait après une nouvelle intervention de la FIA sur le sujet que la AMR23 perdit de sa superbe. Ajoutons à cela une vitesse de pointe plus limitée, ce qui pénalisa Aston Martin plus profondément selon la configuration du circuit.

Dans ce contexte, les deux derniers podiums de Fernando n'en étaient que plus précieux encore. Au treizième Grand Prix aux Pays-Bas, il charma à nouveau le public lorsqu'une averse frappa le circuit de Zandvoort dès le premier tour. Comme à Sochi deux ans avant, il excella dans ces conditions mixtes, jusqu'à dépasser deux voitures à l'intérieur d'un virage relevé, soit absolument pas la trajectoire habituelle. Mais créer sa propre trajectoire était devenu une de ses spécialités, après avoir une nouvelle fois expérimenté ce chemin précis durant une séance d'essais pour s'assurer de la viabilité d'une future manœuvre en course. Le « dépassement du mois » selon les termes de… Fernando, évidemment. Il se stabilisa troisième une fois l'averse passée, puis regagna la deuxième place lors d'une nouvelle ondée, cette fois plus importante qui vit l'autre Red Bull de Sergio Perez partir à la faute. Ce podium lui offrit un nouveau record de longévité avec le plus grand écart entre le premier et le dernier podium : 20 ans, 2 mois et 12 jours.

Alonso rajouta quelques lignes à son livre de la trajectoire et défense parfaite au Grand Prix du Brésil. À nouveau troisième pendant presque toute la course, il dut composer avec le retour de Sergio Perez. Face à une Red Bull il ne devait pas y avoir match. Pourtant Fernando retarda l'échéance jusqu'à l'avant-dernier tour, quand Perez le déborda dans le premier virage. Beaucoup pensaient la cause entendue, Alonso inclus. Mais dans le dernier tour, en cherchant à se protéger à son tour au premier tournant, Perez ne prit pas la trajectoire idéale, et se mit en danger pour la ligne droite suivante. C'était tendre le bras dans la gueule du requin et Alonso le saisit dans la seconde. Il se plaça dans son aspiration et il repassa Sergio de justesse au prochain freinage. Il fallait maintenant garder l'avantage dans l'ultime pleine charge, un défi de taille avec le DRS mais comme souvent, Fernando prépara le terrain dès l'enchaînement précédent. Dans le dernier freinage du circuit, il coupa l'élan de Perez au freinage afin de retarder au plus son aspiration. La Red Bull finit aux côtés de l'Aston Martin mais Alonso coupa la ligne avec cinquante-trois millièmes d'écart ! Ce podium était définitivement davantage l'œuvre du pilote que de sa machine. Malgré l'affront subi par une monoplace inférieure, Perez ne manqua pas de féliciter Alonso, bien conscient de la qualité de sa prestation et appréciant que l'Espagnol, pourtant friand de la guerre psychologique, soit resté dans les cordes roue dans roue.

Podium sur tapis vert

Ce n'est pas pour autant que ses autres podiums furent moins compliqués à obtenir. Car que serait la F1 sans quelques polémiques et l'ingérence de la direction de course ? Alonso faillit en être victime à l'une ou l'autre reprise, et de façon de plus en plus risible. Dès la deuxième course à Jeddah – où il mena brièvement pour la seule fois de l'année –, sa troisième place fut un temps retirée sur un motif idéal pour faire fuir le profane : un mécanicien avait touché sa voiture durant une pénalité ! Sanctionné pour s'être placé un tantinet hors des marques sur sa position de départ, Alonso reçut une pénalité de cinq secondes. Dans le cas où celle-ci tombait avant un changement de pneumatiques, le pilote s'immobilisait aux stands et les mécaniciens ne devaient aucunement intervenir sur la monoplace dans le temps imparti, mais ceux-ci étaient prêts à agir dans l'instant pour effectuer le changement de gommes une fois les secondes de punition écoulées. Sauf que dans cette préparation, le « lève-vite », l'instrument utilisé pour soulever l'arrière de la voiture durant le changement pneumatique, était en contact avec la voiture. Bien que la voiture ne soit pas relevée, la FIA interpréta ce simple contact comme une intervention de l'équipe ! Alonso reçut donc dix secondes de pénalité après coup, ce qui le rétrograda quatrième. Il récupéra son podium après que Aston Martin ait démontré auprès de la direction de course qu'une telle situation fut observée au minimum à sept reprises par le passé sans aucune sanction, forçant les autorités à annuler leur décision initiale. Alonso prenait là une petite vengeance sur Miami 2022 pendant que les fans riaient jaune devant cette nouvelle contradiction. Il était presque écrit que son centième podium en carrière serait obtenu dans un contexte aussi étrange.

Lors de la course suivante en Australie, son podium fut mis en danger d'une autre façon. En fin de course, Kevin Magnussen toucha le mur et laissa certains débris dont un de ses pneumatiques. Ce contexte aurait justifié au plus une voiture de sécurité, mais la direction de course était désormais allergique aux fins de course conclues sous ce régime comme l'a démontré Abu Dhabi 2021. Déterminée à relancer une course à tout prix, elle choisit de l'interrompre alors que la situation ne le justifiait guère du point de vue de la sécurité. Un nouveau départ arrêté fut donné pour les deux tours restants, et il en résulta différents contacts et accrochages, aboutissant à un nouveau drapeau rouge ! Ironiquement, le dernier tour se déroula sous régime de safety car, soit la situation que la FIA souhaitait éviter à l'origine. Dans le tumulte, Carlos Sainz avait percuté Alonso au premier virage, qui se retrouva en dernière place. Heureusement pour lui, le drapeau rouge était intervenu avant que le tour ne soit complété. Dans ce cas, le classement retenu avant une nouvelle relance était celui de la dernière boucle achevée, c'est-à-dire celle avant tous les accrochages. Une situation déjà observée à Silverstone en 2022 après un carambolage au départ, un exemple cité par radio par Alonso lui-même à peine dix secondes après son accrochage avec Sainz ! Sa mémoire et sa présence d'esprit valaient mieux que celle des commissaires de course !

En revanche en cette année 2023, ce fut rarement Alonso lui-même qui porta le flanc à la critique ou la polémique. Globalement satisfait de sa saison, il eut donc moins d'occasions de prononcer des paroles susceptibles d'agacer, sinon soupirer, y compris à chaud à la radio. Son grief habituel sur la réalisation télévisuelle qui diffuserait ses messages radio hors contexte était par conséquent plus justifié ici. Lorsqu'on lui demanda des précisions sur un message supposément piquant de sa part au Japon (décidément), où un arrêt anticipé l'aurait selon lui « jeté aux lions » dans le trafic, il n'y avait en vérité rien de bien méchant. Le reste relevait de la guerre psychologique traditionnelle entre pilotes et écuries, comme avec McLaren, rival d'Aston Martin pour la quatrième place constructeur, qu'il voyait « trop confiants » au Qatar. Ce qui ne perturba pas Lando Norris qui avait déjà bien cerné le personnage. « Fernando reste Fernando, il va toujours dire des choses. Il se fait toujours bien voir, ou fait en sorte que les autres soient mal vus. Il est très doué pour ça. » En parlant de mal considérer les autres, il ne put s'empêcher de glisser l'une ou l'autre pique à Alpine durant certaines interviews, en regrettant principalement que ceux-ci ne lui aient pas fait assez confiance. On le sait sensible sur ce point et il devait probablement regretter que de toutes les équipes, ce soit l'ex-Renault qui en vienne à douter de son double champion du monde.

Néanmoins une certaine thématique laissait dubitatif beaucoup de monde : son jugement sur Lance Stroll. Le pilote canadien, présent en F1 depuis 2017, ne faisait pas partie des préférés du public. Au contraire il s'attirait une certaine hostilité, voire mépris en raison de son étiquette de « pilote payant ». Il a en effet couru toute sa carrière pour une équipe qui bénéficiait des fonds de son père Lawrence, entre Williams les deux premières années, puis Racing Point et Aston Martin depuis 2019. Le commentaire le plus répandu était qu'il devait majoritairement, voire exclusivement sa place à sa figure paternelle. Ce qui était d'un côté profondément injuste car un pilote ne reste jamais aussi longtemps en F1 par la simple grâce des billets verts. Il sut produire plusieurs performances de valeur entre son podium de Baku 2017 – deuxième plus jeune pilote de l'histoire à y monter – une pole magistrale sous l'averse d'Istanbul en 2020, et son retour courageux de Bahreïn en cette année 2023, où il surmonta la douleur et son absence d'essais privés pour finir sixième sans être largué par Alonso. Mais d'un autre côté, il ne parvint jamais à rééditer ces performances sur le long terme, alternant trop souvent le très bon et le quelconque sans réelle marge de progression au fil des ans, et se distinguant par une gestion du trafic et du roue dans roue en miroir inversé d'Alonso, ce qui occasionna beaucoup de contacts évitables. Dixième du championnat avec soixante-quatorze points contre deux cent six pour Alonso, on pouvait questionner à ce stade de sa carrière la pertinence de sa position au sein d'un projet censé amener Aston Martin au titre mondial.

Fernando, lui, avait totalement confiance en son équipier, une vieille connaissance car issue de la filière Ferrari. D'où des encouragements particulièrement laudatifs… peut-être même trop. « Avec Lance, l'équipe a un pilote qui est super jeune, super talentueux et qui a la possibilité d'être Champion du monde. Le voir y parvenir et avoir joué un rôle dans cette réussite, que ce soit derrière le volant ou non, sera quelque chose de spécial pour moi, dira-t-il sur le site officiel de l'équipe avant le début de saison. Je sais qu'il va mener l'équipe pour les dix ou quinze prochaines années » ajouta-t-il après le Grand Prix d'Azerbaïdjan. À peu de chose près, on pourrait croire que Fernando avait rejoint Aston Martin juste pour former Lance à devenir champion ! Des propos qui ne pouvaient être pris au sérieux que par Lawrence Stroll tant on sentait l'opération de communication à des kilomètres. On l'a vu avec Felipe Massa ou Stoffel Vandoorne, Alonso fut fréquemment élogieux de ses voisins de garage, même les plus distancés. Il pouvait être légitimement sincère mais c'était parfois énoncé de façon à donner plus de valeur à ses propres performances quand celles-ci étaient bien supérieures. Et si ce genre de communication n'était pas exclusif à Alonso tant les équipes tentent au mieux de peser chaque mot officiel de leurs pilotes, sa bienveillance envers Stroll était trop poussée pour être totalement honnête. C'était au point de se demander s'il s'agissait toujours du même pilote, comme en Espagne où Alonso refusa d'attaquer Stroll en fin de course et l'indiqua même à son team ! Où était le Fernando de Shanghai 2010 qui dépassait son équipier dans la voie des stands avant un arrêt groupé ?

Cela étant dit, si on pouvait passer outre le niveau de lecture qui impliquait une mansuétude probablement faite pour satisfaire le grand manitou et père de son équipier, il était rafraîchissant de retrouver un Alonso en collaboration sereine et apaisée, aussi bien avec son équipe que son voisin de garage. Pour le team, il se priva de tirer à boulets rouges (ou verts) pour sa chute de performance durant la deuxième moitié de saison, faisant preuve de la même solidarité constatée durant ses premières années chez Ferrari et saluant l'état d'esprit régnant chez Aston Martin, constamment motivé et déterminé à progresser. Après tout, les podiums du début d'année avaient dépassé toutes leurs espérances, là où les places d'honneur plus modestes en comparaison représentaient un objectif plus réaliste, lui permettant de relativiser. Et il sut reconnaître ses propres moments de méforme, notamment durant sa qualification au Mexique, l'un des deux seuls Grands Prix où il se qualifia en dehors du top 10.

Avec Stroll, il prit plus d'une fois le rôle de mentor, notamment à Baku où il transmit par radio des informations sur la répartition de freinage en direction de Lance pour améliorer sa conduite. Une attention *a priori* surprenante pour un tel « mangeur d'équipiers », mais outre le fait que Stroll ne représentait pas une menace légitime pour lui, Alonso ne manqua pas de préciser qu'il avait déjà agi de la sorte avec d'autres équipiers, mais que la réalisation télévisuelle s'était privée de diffuser de tels messages en faveur d'autres plus… corsés. « Pour quelque raison que ce soit, la F1 est désormais gentille avec moi ! » ironisa un pilote trop conscient d'être bien connu pour un autre ton dans ses conversations radio.

2023 s'achevait donc avec un Fernando Alonso positif, qui n'avait jamais eu autant confiance en un projet que celui d'Aston Martin. Refrain connu. C'est donc tout naturellement que l'Espagnol allait revenir à une situation qu'il avait trop bien expérimentée : une saison décevante qui ne répondit guère à ses attentes et aux espoirs passés. À croire que la carrière de l'Espagnol était bloquée dans une boucle infinie tel Bill Murray dans le film Un jour sans fin.

25

Verts mais pas encore mûrs ?

Pour beaucoup, 2024 devait se situer dans la continuité de 2023. Entre deux introductions de nouvelles générations de monoplaces ou moteur, les changements sont globalement plus minimes, exception faite de ceux touchant une pièce essentielle. Celle-ci se voit généralement modifiée ou bannie après avoir offert un avantage trop important à une équipe, exploité une zone grise du règlement ou représenté un danger niveau sécurité. En 2021 par exemple, la FIA imposa un nouveau découpage du fond plat pour réduire l'appui aérodynamique et épargner les pneumatiques. Or Aston Martin fut l'équipe la plus touchée par ce changement cette année-là. Rien de tout cela en 2024, chacun allait pouvoir tirer les enseignements de leurs réussites et échecs de l'année passée. Et Aston Martin avait bien ciblé les principales faiblesses de sa dernière monoplace : une vitesse de pointe insuffisante et une trop grande sensibilité aux réglages. Même si ce problème était assez répandu au sein des équipes avec cette génération de monoplaces, l'AMR23 parut en souffrir davantage.

L'équipe paraissait mieux armée car elle s'était enfin installée dans sa nouvelle usine de Silverstone – juste en face du circuit – dont l'inauguration eut lieu au début du mois de juillet. Après des années à tirer le diable par la queue, l'ex-Jordan et Force India se devaient de disposer d'installations à la hauteur de ses ambitions et de ses finances, c'était chose faite. De plus Lawrence Stroll s'attira les faveurs d'Arctos Partners, une société d'investissement privée impliquée dans de nombreuses disciplines sportives, laquelle prit quelques parts dans l'équipe. Le seul handicap restait la soufflerie, encore en construction et qui n'allait pas être opérationnelle avant la saison 2025. Encore une histoire familière pour Alonso : Ferrari était passé par la même opération une décennie plus tôt. Au moins la Scuderia avait sa propre soufflerie et devait juste la remettre à jour quand Aston Martin partait de zéro. Jusqu'à présent, le team comptait sur celle de Mercedes, d'où ces travaux afin de tout centraliser. Reste que l'AMR24 dépendit une fois encore d'un tunnel qui n'était pas à l'entière disposition de l'équipe.

Autre handicap, les tests de présaison de plus en plus restreints : trois jours seulement avec une seule voiture en piste, soit une journée de demi de roulage par pilote. Une situation très spécifique à la F1 que dénonça Alonso : « Pouvez-vous imaginer Rafael Nadal passant douze semaines sans frapper une balle et se rendant directement à Roland-Garros avec un jour et demi d'entraînement ? Cela n'arriverait jamais. » Néanmoins ses résultats dans la continuité de 2023 furent suffisamment éloquents pour qu'il déclare la course au championnat réglée en faveur du champion en titre Max Verstappen : « Je pense que 19 pilotes dans le paddock savent maintenant qu'ils ne gagneront pas le titre. Ça arrive 99 % du temps dans une carrière. C'est un sport brutal. » En dépit de l'exagération caractéristique de l'Espagnol, le début de saison allait lui donner raison. Pour Aston Martin, Alonso ne se voyait pas monter sur le podium au premier Grand Prix et ne savait pas si l'équipe allait ou non surprendre. Il tapa également juste ici.

Reculer sans mieux sauter…

En début d'année 2023, Alonso prévoyait cette saison-ci comme une d'apprentissage et 2024 celle où Aston lutterait contre Ferrari et Mercedes. Ce fut finalement tout le contraire, sauf qu'avec une telle inversion, on ne pouvait plus vraiment parler d'apprentissage. Si sa sixième place en qualification pour l'ouverture à Sakhir offrait de belles promesses, il chuta en neuvième place en course, confirmant qu'Aston Martin restait à la régulière la cinquième force du plateau. Et jamais elle ne parvint à dépasser ce statut, si bien qu'Alonso ne monta pas sur le podium de toute la saison. Il finit neuvième du championnat avec un peu plus de quatre-vingts points d'écart sur le top 8. Pire encore, ses soixante-dix unités sont un total inférieur à ses deux campagnes chez Alpine, où il pointa les deux fois à quatre-vingt-un points. Pour l'équipe, sa cinquième place est située dans un no man's land complet, à plus de 370 points du quatrième Mercedes. Forcément, avec seulement vingt-quatre points pour son équipier Lance Stroll, l'écart ne pouvait qu'être agrandi.

Ainsi Stroll continuait d'alimenter les perfidies de ses détracteurs. Si sa plus grande sensibilité aux problèmes de la voiture – en opposition à un Alonso à l'adaptabilité éprouvée – permettait d'obtenir une analyse plus complète dans la quête des meilleurs réglages, à aucun moment il ne donnait l'impression de progresser en piste.

Le Canadien semblait de plus en plus dépassé par les événements, aboutissant à des erreurs risibles comme en Chine où il percuta Daniel Ricciardo sous safety car et reporta la faute sur l'Australien, alors que la caméra embarquée démontra qu'il regardait son point de corde plutôt que devant lui ! Si sa sortie initiale dans le tour de chauffe au Brésil n'était pas entièrement de son fait, voir Lance Stroll se tanquer dans le bac à gravier en tentant de repartir fit grandement regretter au public brésilien de ne pas voir à sa place leur compatriote Felipe Drugovich, champion F2 2022 et pilote de réserve Aston Martin. Bien entendu, cela n'empêcha pas Alonso de garder le même discours plein d'entrain et de bienveillance envers son cadet, comme s'il observait le pilote depuis un autre univers. Au point de n'émettre aucune plainte lorsque celui-ci ne respecta pas une consigne d'équipe en Hongrie, où il devait laisser passer son aîné pour la dixième place. Mais de l'aveu du directeur général Mike Krack lui-même, « Aston Martin est la maison de Lance, l'ensemble du projet a toujours tourné autour de lui ». Nous voilà rassurés.

Ce qui est d'autant plus regrettable, c'est que la mainmise de Red Bull en début de saison, qui laissait craindre une resucée de 2023, finit par s'étioler. Ce qui ouvrit la voie à une grande variété de vainqueurs et une dynamique complètement opposée à celle subie l'année précédente. On retrouva quatre équipes – Red Bull, McLaren, Ferrari et Mercedes – et sept pilotes différents sur la plus haute marche pour la première fois depuis 2012, et ceux-ci s'imposèrent au minimum à deux reprises, une situation inédite dans l'histoire du championnat. Jamais Aston Martin ne fut en position d'en profiter. Et parce qu'Alonso n'est plus à une situation ironique prête, la seule équipe à sécuriser un podium en dehors du carré d'as fut Alpine à la suite d'un Grand Prix du Brésil aussi arrosé qu'improbable. Un Grand Prix où Aston Martin eut tout faux tout le week-end : élimination en première partie des qualifications du Sprint, dernières places durant cette mini-course, deux accidents en qualifications pour les deux pilotes, et quatorzième rang final pour Alonso après une sortie de piste. Le tout avec le rythme moyen le plus faible des dix équipes du plateau.

Cette course faisait partie des neuf courses que Fernando acheva hors des points. Là encore Alpine ne lui avait pas proposé un tel bilan en 2021 et 2022. Et là encore, il fut rarement responsable de ces résultats décevants, hormis en Autriche (dix-huitième) où il poussa Guanyu Zhou hors piste lors d'une attaque trop optimiste, qui lui valut une pénalité sans contestation possible. Parfois le timing joua contre lui, avec une élimination en Q1 à Monaco après avoir été piégé par le trafic. Cela le condamna d'emblée à une course hors des points sans circonstances favorables, et il put s'estimer heureux de finir à la porte de ceux-ci. Une course où il joua le bouchon une deuxième année de suite, mais dans le but de favoriser la fuite en avant de son équipier Lance Stroll, une course d'équipe gâchée par la crevaison du Canadien. Mais dans l'ensemble, Aston Martin se montra aussi peu capable de développer sa monoplace dans le bon sens qu'en 2023. Au mieux, les progrès étaient moins importants que ses rivaux, au pire, l'équipe régressa, au point de revenir à une spécification précédente pour certaines pièces en fin de saison. Et avec un calendrier surchargé, les courses très rapprochées les unes des autres freinaient l'apport de nouvelles pièces. Pas étonnant que son directeur technique Dan Fallows finisse par faire les frais de cette situation, d'autant qu'un nom bien plus connu allait prendre sa place.

Alonso continua de ne rien lâcher en piste, mais ses performances les plus notables faisaient pâle figure par rapport à ses prouesses de 2023. Au mieux, il sécurisa plusieurs places d'honneur au détriment de monoplaces plus rapides. Il finit notamment cinquième à Jeddah (sa meilleure place de l'année) devant deux Mercedes, une McLaren et une Ferrari, et résista à George Russell presque toute la course, sans issue dramatique ici contrairement à la course suivante en Australie. On put aussi apprécier sa septième place en Chine avec une belle remontée en fin de course, ainsi que sa neuvième position de Miami, obtenue de haute lutte contre l'Alpine d'Esteban Ocon. Heureusement, les deux avaient mis de côté les anicroches du passé « C'est un compétiteur, mais toujours avec respect », conclut Alonso après la course. Et bien entendu la rengaine « meilleure course de ma carrière » fit son apparition annuelle, ici lors du Grand Prix du Japon où il partit cinquième et finit sixième, des places au-delà des capacités supposées de sa monoplace ce week-end Cela dit, il parla plutôt de top 5 cette fois-ci, ce qui reste plus nuancé.

Coup de frein

Une chose aussi immuable en F1 que les plus belles courses d'Alonso restait la contestation des sanctions données par la direction de course, toujours aussi aléatoires. Et comme chaque année ou presque, Fernando se retrouva au centre des débats auxquels il participait volontiers, non sans parfois crier au favoritisme ou l'acharnement national.

La première injure à son encontre intervint lors de la troisième course en Australie. Placé sixième devant la

Mercedes de George Russell, ce dernier finit par s'accidenter dans l'avant-dernier tour, surpris par un ralentissement de Fernando au virage six. Celui-ci n'était pas aussi marqué que celui du Nürburgring 2003 qui faillit envoyer David Coulthard sur orbite, si bien que les commentateurs – francophones comme britanniques – n'y virent aucune malice sur le moment, et comprirent que Russell avait perdu le contrôle en subissant les turbulences de l'Aston Martin. Un simple incident de course donc. Mais la télémétrie accabla davantage Alonso car sa décélération se produisit 100 mètres plus tôt que les tours précédents, en plus d'avoir freiné et rétrogradé contrairement à son habitude dans ce virage. Ce ralentissement atypique signifiait selon les commissaires une violation du règlement sportif, qui stipulait l'interdiction de piloter d'une façon « inutilement lente, imprévisible ou d'une manière qui serait potentiellement dangereuse pour les autres ». Mais dans le même temps, les commissaires admirent qu'Alonso ne pouvait pas être déclaré responsable de l'accident, ni ne l'accusèrent d'un « brake test » délibéré. Pourtant, il fut malgré tout sanctionné d'une pénalité de vingt secondes ! On notera l'ironie de déclarer ne pas tenir compte des conséquences, à savoir l'accident de Russell, alors que cette action aurait échappé à toute investigation sans ledit accident !

En vérité Alonso avait adopté le même pilotage défensif qu'en Hongrie 2021 ou au Brésil 2023, celui même qui fut unanimement salué par la planète F1. Il avait ralenti à l'entrée afin de mieux réaccélérer en sortie pour se protéger dans la prochaine zone DRS. Son erreur fut de l'appliquer dans un passage rapide comme le virage 6 de Melbourne, ce qui empêcha Russell d'anticiper assez vite cette manœuvre et rendit la chose plus dangereuse. Si Alonso ne fusilla pas les autorités pour la sévérité de la sanction, sinon son existence, il partagea son incompréhension sur les réseaux sociaux. « Un peu surpris par la pénalité à la fin de la course concernant notre approche des virages et comment nous devrions piloter. Nous ne voulons aucunement mal agir à ces vitesses. Je pense que sans gravier dans ce virage ou dans n'importe quel autre virage, il n'y aurait jamais eu d'investigation. Changer de ligne et sacrifier de la vitesse en entrée de virage afin de mieux ressortir à la sortie fait partie de l'art du sport automobile. Nous ne sommes jamais à 100 % dans chaque virage à chaque tour, nous économisons l'essence, les pneus, les freins, donc être tenu responsable de ne pas faire chaque tour de la même façon est un peu surprenant. »

Problème, il donna une nouvelle opportunité à la FIA d'agir deux Grands Prix plus tard durant le Sprint du Grand Prix de Chine. Excellent troisième, il se trouva à la lutte avec Carlos Sainz et finit par toucher la Ferrari en tentant de reprendre sa position dans un virage serré à gauche. Sainz vira au large, ce qui permit à Sergio Perez de passer… et Alonso de subir une crevaison à l'avant-droit. Alonso reçut en conséquence dix secondes de pénalité ajoutées à son temps de course Sprint. Une nouvelle sanction dont l'ampleur ne semblait pas à la hauteur de l'infraction, d'autant que plusieurs batailles de ce genre restèrent épargnées. De quoi crier à l'injustice ? Alonso s'y essaya au Sprint suivant à Miami lorsqu'au départ, un freinage tardif de Lewis Hamilton provoqua une touchette collective entre lui, son équipier Stroll et Lando Norris, mais Lewis ne fut nullement inquiété par les autorités. Ainsi après avoir gardé son calme durant deux sanctions de suite, Fernando explosa et considéra que Hamilton évita toute sanction « parce qu'il n'est pas espagnol ». Lance Stroll puni pour sa propre gaffe chinoise n'avait pourtant pas changé de nationalité. Et cette réaction à chaud gardait de la valeur puisqu'il insista un peu plus tard en souhaitant une discussion avec le président de la FIA pour s'assurer que sa nationalité n'était pas un facteur aggravant « pour moi, mais aussi pour la future génération de pilotes espagnols. Ils ont besoin d'être protégés ». À croire que la constante inconstance des commissaires poussait certains à détecter une tendance – pourtant inexistante – juste pour donner un semblant de cohérence à ces sanctions. De la part des fans, c'est une chose, mais du cartésien Alonso, cela sonnait particulièrement faux, aussi pénibles que soient ces pénalités ou leur absence.

Et si Fernando nia toute frustration par rapport au recul d'Aston Martin dans la hiérarchie, on retrouva malgré tout l'un ou l'autre comportement que l'on pouvait associer à ce sentiment. Le plus visible intervint au Grand Prix des États-Unis. S'estimant tassé par le rookie Liam Lawson sur sa Visa-Cash RB (ex-Alpha Tauri) durant le Sprint, Alonso l'enguirlanda vivement après la « course » et promit de lui rendre la monnaie de sa pièce. La vengeance prit la forme d'un dépassement en sortie des stands durant la qualification. Un moindre mal mais une attitude puérile et de l'énergie gaspillée alors qu'on pouvait imaginer l'Espagnol plus économe de ses efforts avec le temps. Si ses détracteurs prêtaient attention à un semblant de « karma », ils furent exaucés avec Lawson neuvième pour son sixième Grand Prix quand Alonso conclut son escapade américaine avec une treizième place des plus anonymes.

Cette dispersion était d'autant moins pertinente qu'Alonso disputa la fin de saison relativement diminué. D'abord une infection intestinale lui fit manquer la journée médias du Grand Prix du Mexique puis du

Brésil. Les deux courses se suivaient d'une semaine sur l'autre, soit pas le meilleur contexte pour un prompt rétablissement. À peu près remis sur pied pour la course, il rencontra un autre inconvénient sous la forme d'une blessure à l'épaule, résultat combiné du revêtement bosselé du tracé et du marsouinage de sa monoplace qui le secouèrent de bout en bout. Relégué loin des points, il envisagea un temps l'abandon mais choisit de finir malgré la douleur eu égard aux mécaniciens qui durent travailler d'arrache-pied pour remettre à neuf les deux monoplaces accidentées des qualifications. Il souhaitait aussi tenir en solidarité des victimes des tragiques inondations qui touchèrent Valence en Espagne à cet instant. Une noble attention qui lui faisait déjà plus honneur que sa gaminerie d'Austin.

Il n'était d'ailleurs pas le seul à souffrir durant cette période, plusieurs pilotes finirent la saison sur les rotules, ce qui était hélas fortement prévisible : cette saison 2024 fut la plus longue de l'histoire de la discipline avec ses vingt-quatre courses et six Sprint inclus. Alonso lui-même admit en début d'année que le rythme effréné de la F1 moderne pourrait davantage jouer un rôle dans sa décision de lever ou non le pied que son âge. Ce rythme nécessitait une préparation en conséquence de plus en plus énergivore mentalement comme physiquement, une pression qui avait participé à son premier départ fin 2018.

Lorsque Fernando fit cet aveu, il n'avait pas encore prolongé son contrat, lequel s'achevait en fin d'année. Mais peu de gens voyaient Alonso se retirer à cet instant. En revanche, une légère incertitude plana un temps sur la poursuite de son aventure avec Aston Martin, principalement en raison d'un mouvement majeur sur le marché des transferts amorcé dès l'intersaison 2023-2024.

New(ey) World Order

Le 1er février, un des plus gros transferts de l'histoire récente de la F1 devint officiel : Lewis Hamilton allait rejoindre Ferrari en 2025. Si le timing fit moins débat qu'en 2006 avec Alonso et McLaren, cette nouvelle laissait donc un baquet fort alléchant disponible et Fernando fut cité comme candidat potentiel à ce volant de par sa réputation et ses exploits passés. Et bien entendu, il en était le premier conscient « Ils ont vu mes performances et mon investissement l'an dernier. Il n'y a que trois Champions du monde sur la grille, et un seul disponible », dira le toujours fier hidalgo. Sauf que ce baquet était devenu moins attractif depuis que Mercedes avait chuté de son piédestal ces deux dernières saisons. Le constructeur à l'étoile n'avait remporté qu'une course dans ce laps de temps et ne donnait pas de signe concret de reprise en main, ce qui encouragea probablement Hamilton à tenter ce dernier défi en rouge avant qu'il soit trop tard. Pourquoi quitter une équipe en pleine ascension et construction pour une autre plus instable et ne pouvant offrir de garanties de victoire à court terme ? C'est pourquoi Alonso dira donner sa priorité à Aston Martin peu après que ce transfert fut rendu public. Mercedes finit par engager son protégé italien Andrea Kimi Antonelli pour 2025.

Une autre option agita les amateurs de rumeurs folles : Red Bull. En dépit de sa dynamique diabolique en piste, l'équipe était traversée par une lutte de pouvoir entre les partisans du directeur général Christian Horner et ceux du conseiller spécial Helmut Marko, surtout depuis la mort en 2022 du fondateur de la marque Red Bull, Dietrich Mateschitz. Dans le second camp se trouvait leur champion Max Verstappen, qui n'hésita pas à programmer un départ immédiat si son mentor venait à prendre une retraite forcée. Et entre Verstappen et Alonso, le champion le plus intéressant pour Mercedes n'était pas le plus expérimenté, et son patron Toto Wolff ne cacha pas son intérêt pour le Néerlandais. Ainsi, cela laissait une hypothétique place libre chez Red Bull.

Alonso et Red Bull était un marronnier dans la presse F1 tant l'association fut citée de nombreuses fois, non sans contradictions de la part des deux parties. Lors de sa première retraite en 2018, Alonso prétendit avoir reçu une offre de l'équipe pour remplacer Daniel Ricciardo en partance pour Renault, ce que démentit formellement Christian Horner, clamant qu'Alonso n'aurait pas été un choix très sain pour l'équipe. Fernando était alors au pic de sa frustration toxique avec McLaren et répondit en s'attendant à des excuses de la part de Horner pour ses propos étant donné que Red Bull en était déjà selon lui à sa cinquième ou sixième tentative pour obtenir ses services ! La seule proposition reconnue par Horner datait de 2007 après qu'Alonso ait fui McLaren. Pourtant en 2024 pour le podcast officiel Beyond the Grid, Alonso se remémora une rencontre de 2008 entre lui, Christian Horner et le directeur technique Adrian Newey sur le parking de l'aéroport près de Spa-Francorchamps. Partant de là, et avec un Verstappen décidé à rester – pour le moment – chez Red Bull, on comprit qu'Alonso allait finalement poursuivre avec Aston Martin, lui qui croyait toujours autant au projet britannique de toute façon. Et surtout, il se sentait encore frais pour subir le rythme effréné de la F1, lequel n'était pas près de se ralentir. « Je pense que les sacrifices que je dois faire sont moins importants que la joie et la passion que j'ai pour le pilotage. Je respire F1, je vis F1, je m'entraîne et je mange pour être en forme pour piloter des F1. Et je n'ai jamais eu ce sentiment que je devais changer de style de vie. Mon mode de vie est excellent et j'aime ce que je fais. »

Alonso prit sa décision après le Grand Prix d'Australie et la prolongation fut officialisée le 11 avril entre les Grands Prix du Japon et de Chine, couvrant au minimum les deux prochaines saisons. Ce qui était logique avec la nouvelle réglementation de 2026 et les éternelles promesses de bouleversement qui vont avec. Et si l'espoir d'un nouvel ordre en F1 en faveur d'Alonso est aussi récurrent que sa dernière « meilleure course de ma carrière », la suite des événements en 2024 lui offrit un argument de poids, avec l'enrôlement d'Adrian Newey par Aston Martin. Étant arrivé au bout de sa route avec Red Bull et fatigué à presque 70 ans des intrigues politiques minant l'équipe championne en titre, il fallait un dernier défi pour renouveler la motivation d'un des plus grands ingénieurs de son sport. Comme Alonso, l'ambition et les infrastructures d'Aston Martin lui firent de l'œil. De plus il obtint un privilège qu'il guettait de longue date, à savoir des parts de l'actionnariat de l'écurie, lui donnant donc une influence dépassant le simple cadre technique. Ce n'était pas le premier directeur technique à être actionnaire minoritaire d'une équipe – Patrick Head chez Williams le fut longtemps – mais cela restait une rareté dans le milieu.

Newey allait enfin travailler avec Alonso, lui qui avait exprimé plus d'une fois son regret de ne pas avoir eu cette opportunité jusqu'à présent. Mais il allait aussi retrouver des têtes connues, notamment côté moteur puisqu'en 2026, Aston Martin allait être propulsé par… Honda. Encouragé par la nouvelle réglementation moteur qui prévoit notamment un bloc plus écologique et en accord avec son temps, le constructeur signera officiellement[1] son retour après son retrait fin 2021. Une nouvelle qui n'a pas manqué de faire sourire bon nombre d'observateurs : personne n'a oublié comment a tourné la dernière collaboration entre Alonso et Honda. Mais les deux parties n'émirent aucune objection, bien conscients que le contexte n'était pas le même et que de l'eau avait coulé sous les ponts depuis. Peu après le titre de Red Bull-Honda en 2021, Alonso disait avoir développé une bonne connexion avec Masashi Yamamoto, le directeur de Honda F1 qui lui avait entre autres permis de tester une Honda de Moto GP en 2015. Yamamoto fut même la première personne que Fernando félicita juste après Max Verstappen. Sans rancune donc, au point qu'Alonso cita Honda parmi les facteurs qui l'avaient poussé à prolonger chez Aston Martin. Il y avait de toute façon peu de chance que le scénario catastrophe de 2015 se répète. Mais peu de gens avaient anticipé ce déroulement-ci à l'époque n'est-ce pas ?

---

1. L'activité F1 de Honda fut reprise par Red Bull en 2022 sous l'identité « Red Bull Powertrains », bien qu'il s'agisse encore de moteurs Honda.

Épilogue

Le projet d'une vie

Il s'agira certainement du dernier contrat d'Alonso en F1, à l'entendre le plus long de sa carrière et « le projet d'une vie ». Bien conscient qu'il ne lui reste plus beaucoup de saisons derrière le volant, il insiste néanmoins sur la possibilité de prolonger son activité au-delà des normes de son sport. L'Espagnol a constamment adapté sa préparation selon le rythme imposé par le sport et se voit testé à chaque intersaison sur sa condition physique. Durant la pause 2023-2024, il obtint même à nouveau les meilleurs résultats après certains tests où une baisse marginale fut constatée après avoir perdu un peu de muscle. Désormais accompagné d'un nutritionniste, il modifia son alimentation en se tournant vers un régime plus végétal. Mentalement, il fit en sorte de réduire ses opérations promotionnelles pour s'offrir plus de repos, et planifia plus de visites de sa famille sur les Grands Prix pour compenser l'impossibilité de revenir chez soi régulièrement avec un calendrier surchargé. Cette constance adaptation et réinvention de lui-même lui permit de garder ce niveau de performance à son âge, au point qu'il se voyait désormais conserver cette capacité jusqu'à ses 50 ans ! Lui qui avait passé la barre historique des 400 Grands Prix au Mexique pensait atteindre des âges actifs qui n'étaient plus d'actualité depuis les années 1950 !

Mais on l'a vu, Alonso a plus de chance de prendre du recul à cause de l'usure psychologique et des sacrifices que la F1 impose. « La F1 exige un dévouement total, j'ai donné vingt-quatre ans de ma vie à ce sport, ce dont je suis heureux et ça me convient. Je peux continuer à le faire pendant quelques années encore. Mais je ne sais pas si je courrai jusqu'à 50 ans, avec un calendrier aussi exigeant et ce genre de choses. Pas pour des questions de capacité, mais parce qu'il y a d'autres choses dans la vie qui m'intéressent. » Il est donc fort probable que d'ici ces 50 ans, il se dirige vers une discipline moins exigeante, qui lui permette de davantage lâcher prise et donner plus de temps pour sa vie privée. Car parmi les vétérans du plateau, au milieu de tous ces pères de famille, Alonso ne s'est toujours pas donné le temps de fonder sa propre lignée. Quelque chose de parfaitement calculé de sa part. Lorsque le journaliste belge Gaëtan Vigneron le questionna sur sa motivation peu après la retraite de Sebastian Vettel en 2022, il lui répondit « Tu te demandes peut-être pourquoi il arrête et pourquoi je suis toujours là ? Nos situations personnelles ne sont pas compatibles. Vettel est marié, il a des enfants. Lewis Hamilton n'est pas marié et n'a pas d'enfants. Moi non plus. C'est plus facile pour nous de rester obnubilés par la compétition. » Si la paternité n'a pas freiné tous les champions du monde – Michael Schumacher notamment en témoigna –, c'était un de ces sacrifices qu'Alonso accepta d'encaisser tout au long de sa carrière, tel Ayrton Senna en son temps.

Alonso ne se ferma pourtant pas aux relations amoureuses, mais comme beaucoup, chercha à bien distinguer sa vie publique de sa vie privée. La plus médiatisée fut celle avec la chanteuse espagnole Raquel del Rosario, avec qui il fut marié durant ses deux premières périodes chez Renault et ses débuts chez Ferrari. Une fois l'explosion des réseaux sociaux, il n'hésita pas à partager ses escapades en couple avec ses conquêtes suivantes, certaines assistant aux Grands Prix comme le mannequin Dasha Kapustina durant la finale d'Interlagos 2012. Le documentaire Fernando inclut même des images et commentaires de sa compagne du moment, Linda Morselli. Et comme toute célébrité, il n'échappa pas aux potins et rumeurs de liaison, la plus reprise le rapprocha en 2023 de la superstar Taylor Swift. Alonso s'amusa de la rumeur en postant une vidéo sur les réseaux sociaux où il consulta son téléphone portable, fit un clin d'œil à la caméra avec une chanson de Taylor Swift en fond. La chanson choisie ? Karma. Évidemment. Et lorsqu'une chanson de l'artiste mentionna Aston Martin dans ses paroles, la machine à potins reprit de plus belle, et Alonso répondit de la même façon sur TikTok : posture silencieuse, occupé sur sa tablette, posant un doigt devant sa bouche avec ladite chanson de Swift en fond sonore. Pas de doute, Alonso a un bon sens de l'humour.

Après une carrière si remplie et une vie qui ne tourna pratiquement qu'autour des sports mécaniques, à quoi pourrait bien ressembler l'existence de Fernando Alonso une fois le casque rangé sur une étagère ? Beaucoup de pilotes et de sportifs en général sont tellement focalisés sur leur carrière et passion qu'il leur est difficile de réfléchir à l'après. Plusieurs gardent un contact avec le sport, notamment en tant que consultants pour la télévision, quand d'autres coupent tout lien et développent un cursus très éloigné des circuits. Le champion du monde 1979 Jody Scheckter parvint même à connaître trois carrières : en tant que pilote, puis à la tête d'une entreprise de simulateur de tir aux États-Unis, et enfin en tant que fermier en Angleterre ! Or même un pilote organisé et cartésien comme Alonso eut le plus grand mal à deviner ce qui l'attendait de l'autre côté de la barrière. « J'aime trop courir pour arrêter, j'ignore ce qui m'attend après les sports mécaniques. Je ne veux pas fermer cette porte. Je n'ai pas peur, mais je ne suis pas encore prêt à passer de l'autre côté » dira-t-il durant sa pause F1 de 2019-2020. Il est clair qu'avec son renouvellement de contrat avec Aston Martin et les fameux 50 ans mentionnés plus tôt, il n'était toujours pas prêt. « Je n'ai pas de plan B. J'ai été pilote de course toute ma vie et si je suis bon dans cette discipline, c'est parce que je n'ai rien appris d'autre », disait-il en 2022. La seule chose à peu près certaine, c'est qu'il tentera à nouveau le Dakar après avoir quitté la F1, là où la Triple Couronne passe au second plan dans son esprit.

L'héritage d'Alonso

Que restera-t-il d'Alonso une fois qu'il quittera définitivement la F1 ? Probablement le même sentiment que celui qui domina les esprits lors de sa première retraite en 2018 : un pilote au palmarès des plus enviables mais qui ne reflète que partiellement toutes ses capacités. Un éternel « et si… » où les uns vantent ses mérites et le voient quadruple champion du monde au minimum, et les autres voient un retour de bâton face à ses choix d'équipes peu concluants et une attitude destructrice quand le vent ne tourne pas en sa faveur.

Alonso lui-même souffla le chaud et le froid sur ce qu'il laissa derrière lui. Il sut parfois relativiser et apprécier cette chance de courir en F1, de gagner, et d'avoir l'opportunité de partir et revenir de lui-même, ce qu'il répéta souvent durant son come-back. De l'autre, son constant rappel de ses accomplissements en dépit de son matériel, et de ses capacités intactes quel que soit son âge témoigne d'une frustration, comme s'il n'était pas reconnu à sa juste valeur malgré moult compliments acclamant sa maestria.

« Quand j'ai arrêté, c'était au plus bas et je ne voulais pas de ça parce que mes performances et ma compétitivité étaient plus élevées que jamais à l'époque, mais personne ne le voyait », confia-t-il au *New York Times* en 2023. Encore une fois, la réalité ne concorde pas avec son ressenti, mais un ressenti peut être si puissant qu'il devient la réalité pour celui qui l'éprouve. Et ainsi se résume le paradoxe Alonso : un pilote brillant, complet, fascinant, qui mérite quantité de louanges mais parfois trop conscient de l'être et développant en réponse un sentiment décalé de la réalité, qui pousse à nuancer tous ces compliments y compris chez ses admirateurs.

Mais Alonso ne vit pas constamment dans une bulle. Cette motivation à se renouveler et son expérience acquise au fil des ans lui conférèrent aussi un certain recul sur son parcours. S'il cita la perte des titres mondiaux de 2010 et 2012 avec Ferrari parmi ses plus grands regrets potentiels, il souligna surtout le revers de la médaille de son perfectionnisme et de sa compétitivité extrême : ne pas avoir assez savouré l'instant présent. « Ce que je regrette c'est de ne pas avoir profité davantage de mon temps, de ma carrière, admit-il au podcast High Performance en 2023. Je sais qu'elle touche à sa fin et qu'une nouvelle vie sans conduire s'annonce dans quelques années. Quand je repenserai à ma carrière, je verrai beaucoup de bonnes choses, de bonnes amitiés et des expériences incroyables mais j'aurais dû davantage en profiter. Si j'avais eu l'opportunité de revivre tout cela, je ne changerais peut-être pas mes choix d'équipes ou le titre avec Ferrari, je chercherais juste à vivre davantage ces moments et essayer d'en avoir plus de souvenirs. J'ai remporté le titre mondial au Brésil en 2005 et 2006, et je n'ai presque aucun souvenir de ces après-midi et ces nuits, ce qui est triste. Donc ce sont les choses que je changerais. » Voilà un sacrifice dont il se serait bien passé.

En revanche, il n'a jamais regretté ses choix d'équipe. « Red Bull n'était qu'une boisson énergisante quand j'avais l'opportunité de signer pour eux. Avec Mercedes, Michael [Schumacher] venait de revenir en F1 et signer avec eux, c'était un beau projet mais il s'est souvent retrouvé hors de la Q3 durant ces trois années. Personne n'a de boule de cristal amenant à la bonne monoplace, dit-il à *Motorsport Magazine* en 2016. Sur le moment j'estimais qu'il s'agissait des bons choix, j'ai toujours suivi mon instinct, ce qui me rendait heureux. Quand vous agissez ainsi, vous ne pouvez pas avoir de regrets. »

Une chose est certaine, il laissa et laissera sa trace dans le sport automobile, même s'il craint d'être un jour oublié. « Viendra le jour où, quand j'entrerai dans un paddock, on me verra comme une curiosité, conta-t-il dans son documentaire. C'est déjà le cas avec les anciennes gloires de la F1. Quand ils passent dans un paddock on les remarque moins qu'avant parce que les jeunes ne les connaissent pas. Le jour où personne ne te reconnaît plus, toi ou la carrière que tu as accomplie, ça doit faire bizarre. Ce jour-là, je n'irai plus dans les paddocks, ça sera moins sympa. » Sauf qu'Alonso offrit une quantité de moments de bravoure qui agrandit l'impact de l'Espagnol sur son sport, jusqu'à toucher ses propres rivaux, de sa génération ou ceux l'ayant d'abord suivi à la télévision avant de se mesurer à lui. Lesquels inspireront la génération suivante et ainsi de suite. Son héritage ne sera donc jamais totalement perdu.

Un pilote qui ne se cacha jamais son lien fort avec Alonso était son compatriote Carlos Sainz Junior. Fils du double champion du monde des rallyes, lui-même proche d'Alonso, il mentionna à de nombreuses reprises qu'il considérait Fernando comme son héros et son idole durant sa jeunesse, lui qui n'avait qu'une petite dizaine d'années lors de ses titres mondiaux. Il était donc naturel qu'il apprit de son aîné durant son parcours initiatique pour accéder au plus haut niveau, et qu'une fois confronté à lui en piste à partir de la saison 2015, il était moins pris au dépourvu que d'autres en dépit de son inexpérience. Il se satisfit notamment à Austin en 2016 qu'Alonso le double de façon plus classique – avec l'aspiration du DRS – et non *via* une attaque plus typique du pilote qu'il pouvait deviner. Hasard amusant : jusqu'en 2024, Sainz suivit exactement la même trajectoire qu'Alonso dans ses choix d'équipe. Il débuta avec Toro Rosso – qui avait repris Minardi – pour passer ensuite chez Renault, McLaren – où il remplaça Fernando – et Ferrari. La trajectoire divergea en 2025 où il rejoignit Williams.

D'autres pilotes plus jeunes que Sainz grandirent en admirant le double champion du monde et essayèrent de s'inspirer de lui autant que possible. L'un des exemples les plus touchants est celui de Guanyu Zhou. Premier chinois à avoir accédé à la catégorie reine en 2022, Zhou découvrit le monde du sport automobile à cinq ans en 2004, lors du premier Grand Prix de Chine. Rubens Barrichello remporta la course sur Ferrari mais c'est Alonso qui attira l'attention de Zhou et plaça la graine dans son esprit qui germa aussitôt : un jour, il fera comme lui. L'année suivante, il fut ainsi conquis puisque Fernando signa la pole et la victoire, devant ses yeux de fan. « Je me considère plutôt comme quelqu'un à part, je n'aime pas vraiment suivre l'avis du plus grand nombre, je suis mon cœur. Michael [Schumacher] était déjà considéré comme une légende par tout le monde, il avait beaucoup de fans en Chine. Supporter Fernando, vouloir être comme lui était facile pour moi, je le trouvais spécial[1]. » Ainsi durant sa formation, Zhou

1. Podcast *Beyond the Grid*, mars 2023.

étudia le pilotage de son idole et repéra ses principales forces, dont ses départs. Or non seulement Zhou parvint en F1 avec Alonso encore en activité, mais ayant fait ses gammes dans la filière Alpine, il eut l'occasion de travailler à ses côtés. Son premier roulage officiel en F1 se fit avec sa voiture lors des essais libres du Grand Prix d'Autriche 2021. Alonso ne manqua pas de lui conseiller la bonne trajectoire lors de la traditionnelle marche du jeudi sur le circuit afin de le mettre en confiance. Et lors de son premier Grand Prix à Bahreïn 2022, contre lui devait-il se battre pour obtenir le dernier point ? Fernando, encore.

Autre pilote asiatique qui croisa le fer avec son héros pour sa course inaugurale (Bahreïn 2021) : Yuki Tsunoda. Né seulement un an avant les débuts d'Alonso en 2001, il assista au Grand Prix du Japon 2012 et son père lui indiqua la trajectoire que prenait l'Espagnol avec une impressionnante régularité à chaque tour. Son admiration pour Fernando ne faiblit jamais depuis. Bien qu'en piste, les pilotes oublient généralement les sentiments et prennent chaque concurrent comme un adversaire de plus, Yuki admit avoir dû prendre sur lui pour ne pas réagir comme un fan lambda lorsque ce dernier lui proposa d'échanger leurs casques ! Comme d'autres, il étudia au mieux ses trajectoires et stratégies de défense, notamment Budapest 2021 qu'il tenta d'appliquer contre Lewis Hamilton plus tard dans l'année en Turquie. Même des pilotes moins sentimentalement attachés à Alonso mentionnèrent publiquement auprès de la presse sa profonde influence. Outre ses équipiers comme Stoffel Vandoorne ou Esteban Ocon, Charles Leclerc dira avoir appris deux fois plus face à lui qu'avec n'importe quel autre pilote durant une bataille roue dans roue à Barcelone en 2018, alors sa première saison.

Cette influence, Alonso l'exerce même directement depuis 2022 *via* sa société de management A14 (son numéro de course). En 2024, celle-ci a vu son premier pilote accéder à la F1 en la personne de Franco Colapinto. L'Argentin remplaça le décevant Logan Sargeant chez Williams et impressionna son monde par son aisance, finissant huitième dès son deuxième Grand Prix. Hélas pour lui, le duo 2025 était déjà réservé par Alex Albon et Carlos Sainz, mais une deuxième chance ailleurs à l'avenir est toujours envisageable. Ce qui n'empêcha pas A14 de défendre ses couleurs grâce au champion de F2 2024, Gabriel Bortoleto, engagé par Kick Sauber. Bortoleto et Colapinto qui n'étaient pas encore nés lorsqu'Alonso débuta en F1…

Reste maintenant à poser lui-même son histoire sur papier s'il veut perpétuer son héritage comme d'autres avant lui, tels que le champion 1996 Damon Hill ou son ancien équipier Romain Grosjean. Un projet sur lequel Alonso travaillait avant même son premier départ de la F1 en 2018 mais qu'il décida de reporter au moment où sa carrière en sport automobile sera derrière lui, considérant que sortir un tel ouvrage en tant que sportif actif pouvait être « un peu bizarre » pour reprendre ses mots durant un live Instagram en 2021. Mais avec un tel attrait pour le sport automobile et une si longue carrière, il faudra probablement s'armer de patience avant de retrouver ce qui devait s'appeler *Racer* dans les librairies. En ce sens, il partage un point commun avec Lewis Hamilton qui se fait aussi attendre avec un livre de révélations promis depuis 2016. En attendant, d'autres ouvrages surent couvrir le champion britannique[1].

Et maintenant Alonso.

---

1. Disponible chez City.

Retrouvez-nous sur les réseaux sociaux :

City éditions

www.city-editions.com
@cityeditions
www.facebook.com/cityeditions/
@CityEditions
@cityeditions

Achevé d'imprimer en mai 2025
sur les presses de la Nouvelle Imprimerie Laballery
58500 Clamecy
Numéro d'impression : 504277

Imprimé en France

La Nouvelle Imprimerie Laballery est titulaire de la marque Imprim'Vert®